Ulrich Thiele
Die politischen Ideen

W0083844

Ulrich Thiele

Die politischen Ideen

Von der Antike bis zur Gegenwart

marixverlag

FSC
www.fsc.org
MIX
Papier aus ver-
antwortungsvollen
Quellen
FSC® C006701

Copyright © by Marix Verlag GmbH, Wiesbaden 2008
Covergestaltung: Nele Schütz Design, München
nach der Gestaltung von Thomas Jarzina, Köln
Bildnachweis: akg-images GmbH, Berlin
Lektorat: Dr. Lenelotte Möller, Speyer
Satz und Bearbeitung: C&H Typo-Grafik, Miesbach
Gesamtherstellung: CPI books GmbH, Ulm

ISBN: 978-3-86539-939-7
www.marixwissen.de
www.marixverlag.de

INHALT

INHALT

1. EINLEITUNG

Jede Darstellung der politischen Ideengeschichte steht vor zwei grundsätzlichen Problemen: Einerseits besteht die politische Theoriegeschichte nicht nur aus klassischen Texten (wie z. B. dem Gesellschaftsvertrag Rousseaus), sondern ebenso aus deren Rezeption, die oft genug deren zentrale Inhalte verfälscht, wenn nicht gar (wie im Fall der Rousseau-Deutung Carl Schmitts) unkenntlich macht. Daher steht die politische Ideengeschichtsschreibung mindestens auch vor der Aufgabe, die gröbsten Verzerrungen, die den Klassikern geschahen, aufzuzeigen und die originären Intentionen zu akzentuieren. Da auch diese sekundäre Interpretation tendenziös ausfallen kann, bleibt die Beurteilung ihrer Plausibilität letztlich dem Leser überlassen. Um dies zu erleichtern, sucht die vorliegende ideengeschichtliche Studie ihre Sicht durch die entsprechenden Originalzitate und deren jeweilige Interpretation zu belegen.

Andererseits kann kein Abriss der politischen Ideengeschichte beanspruchen, einen vollständigen Überblick zu bieten. Wer dies zu unternehmen versuchte, könnte bestenfalls eine hochabstrakte und in ihrer Abstraktion auch wieder problematische Skizze anbieten, die die Entwicklung der politischen Ideen allenfalls in groben Strichen nachzeichnen würde. So lässt sich nicht vermeiden, bestimmte Sachgebiete oder Epochen auf Kosten anderer in den Vordergrund zu stellen.

Man könnte z. B. die Entwicklung der Völkerrechtslehren oder die Geschichte der Menschen- und Bürgerrechtstheorien zum Leitfaden der Darstellung nehmen. Aber auch die Ideengeschichte der politischen Utopien wäre – zumal diese Gattung mittlerweile zu den bedrohten Arten zu rechnen ist – geeignet, die unterschiedlichen Staatskonzeptionen vorzustellen. Denn untereinander sind die Fragen nach der Legitimierbarkeit eines politischen Herrschaftsverbandes, seinem Zweck, seiner Organisation und seinen Beziehungen zu anderen Staaten auf vielfältige Weise ineinander verwoben, so dass immer auch die jeweils komplementären Aspekte der darzustellenden Theorien mitzubehandeln wären. Immer aber wirkt die Auswahl der Gesichtspunkte, unter denen die politische Ideengeschichte rekonstruiert wird, zurück auf den dargestellten Gegenstand.

Die einzig seriöse Lösung dieses methodischen Problems besteht darin, die Auswahlkriterien von vornherein zu benennen, die der jeweiligen Theoriegeschichte zugrunde liegen. In Anlehnung an die bekannte und oft verkannte Hegelsche Formel, nach der das Vernünftige wirklich und das Wirkliche vernünftig ist (Hegel, Grundlinien, 24), nimmt der vorliegende Abriss der politischen Ideengeschichte das derzeitig gültige Verfassungsrecht der Bundesrepublik zum Ausgangspunkt. Dies aus drei Gründen: Zum einen sind die tragenden Prinzipien des Grundgesetzes im Großen und Ganzen dieselben wie die Verfassungsordnungen der anderen westlichen Staaten (bezogen auf die postkommunistischen Staaten Osteuropas trifft dieses nur teilweise zu). Zum anderen haben sich in den grundlegenden Prinzipien des bundesdeutschen Verfassungsrechts die staatsrechtsgeschichtlichen Erfahrungen seit der Neuzeit niedergeschlagen. Das lässt sich insbesondere an der Einbeziehung des Sozialstaatsprinzips ablesen. Dessen Ausgestaltung überantwortet man allerdings vor allem dem Gesetzgeber, womit eine Lehre aus der Weimarer Verfassungskrise gezogen wird, die letztlich dem Nationalsozialismus den Weg bereitete. Schließlich reflektieren sich in Verfassungen des Grundgesetz-Typs die wesentlichen Erkenntnisfortschritte der politischen Philosophie Europas.

Die Verfassungsgrundsätze der bundesdeutschen Rechtsordnung werden in Art. 20 GG aufgezählt: *(1) Die Bundesrepublik Deutschland ist ein demokratischer und sozialer Bundesstaat. (2) Alle Staatsgewalt geht vom Volke aus. Sie wird vom Volke in Wahlen und Abstimmungen und durch besondere Organe der Gesetzgebung, der vollziehenden Gewalt und der Rechtsprechung ausgeübt. (3) Die Gesetzgebung ist an die verfassungsmäßige Ordnung, die vollziehende Gewalt und die Rechtsprechung sind an Gesetz und Recht gebunden. (4) Gegen jeden, der es unternimmt, diese Ordnung zu beseitigen, haben alle Deutschen das Recht zum Widerstand, wenn andere Abhilfe nicht möglich ist.*

Zunächst wird die *Bundesrepublik Deutschland* als ein *demokratischer und sozialer Bundesstaat* definiert (Art. 20 Abs. 1 GG), womit eine verfassungsrechtliche Verpflichtung des Staates ausgesprochen wird, Ungleichverteilungen des Eigentums und Einkommens jedenfalls nicht in **beliebigem** Grad zuzulassen; so jedenfalls der Tenor der Rechtsprechung des Bundesverfassungsgerichts. Keinesfalls ist hier bloß ein ‚vorsorgender' Sozialstaat gemeint, der z. B. mit bildungs- oder familienpolitischen Mitteln zukünftiger Armut vorzubeugen hätte, sondern ebenso der ‚nachsorgende' Sozialstaat, der für eingetretene materielle Notlagen zuständig ist.

Anschließend benennt Art. 20 GG das Legitimationsprinzip der Volkssouveränität: *Alle Staatsgewalt geht vom Volke aus* [...] und wird innerhalb der verfassungsmäßigen Ordnung *in Wahlen und Abstimmungen und durch besondere Organe der Gesetzgebung, der vollziehenden Gewalt und Rechtsprechung ausgeübt*. Das heißt zunächst, dass Parlamentswahlen nur **eine** Artikulationsart der Volkssouveränität darstellen, denn sonst wären sowohl die Präambel als auch Art. 146 GG sinnlos. In beiden Fällen wird schließlich die verfassungsändernde bzw. verfassunggebende Gewalt des Volkes von der Volksouveränität unterschieden, wie sie sich im Rahmen der Konstitution äußert. Außerdem hat der Verfassunggeber mit dem Zusatz *Abstimmungen* mindestens die rechtliche Möglichkeit zur Ergänzung der parlamentarischen Gesetzgebung um Plebiszite offen gehalten.

Indem die *vollziehende Gewalt und die Rechtsprechung [...] an Gesetz und Recht gebunden* werden, ist nicht nur Gewaltenteilung im Allgemeinen gefordert, sondern eine hierarchische Version der Gewaltenteilung, die alle Rechtsetzungskompetenzen der Verwaltung den Vorgaben des demokratischen Gesetzgebers unterstellt. Schließlich wird ein Widerstandsrecht des Volkes gegen etwaigen Missbrauch durch die beauftragten Stellvertretungsorgane festgeschrieben, worunter offensichtlich auch der parlamentarische Gesetzgeber fallen würde. Liest man das nicht unproblematische Postulat vom Widerstandsrecht aus der Perspektive der Lehre von der verfassunggebenden Gewalt des Volkes (Präambel GG), dann ergibt sich folgender Befund: Dem *Menschenwürdegrundsatz* des Art. 1 GG, der *alle staatliche Gewalt* verpflichtet, die Würde

9

des Menschen *zu achten und zu schützen*, entsprechen genau vier *Verfassungsgrundsätze*, die teils formal-organisatorische, teils materiale Prinzipen für die Setzung und Durchsetzung staatlicher Normen bezeichnen: Das **Prinzip der verfassunggebenden Gewalt des Volkes,** das **Demokratieprinzip,** das **Prinzip des gewaltenteiligen Rechtsstaats** und das **Sozialstaatsprinzip.**

Diese komplementären Verfassungsgrundsätze, die aus vielfältigen Gründen nicht leichtfertig um weitere ergänzt werden sollten, wird für unsere ideengeschichtliche Skizze das Grundgerüst liefern. Dieses Auswahlkriterium hat nämlich einen entscheidenden Vorzug im Vergleich mit einer chronologischen Periodisierung: Es ist nicht neutral, sondern legt den normativen Standort des Autors offen. Die genannten vier Verfassungsgrundsätze bilden einerseits das Gerüst des bundesdeutschen Verfassungsrechts. Andererseits sollen sie auch das sachliche Strukturierungsschema für die vorliegende Ideengeschichte abgeben. Vorausgesetzt wird dabei, dass die Überlegungen der Hauptakteure der politischen Theoriegeschichte objektiv Eingang in die Endredaktion des Grundgesetzes gefunden haben.

2. GESCHICHTE DES STAATSBEGRIFFS

Carl Schmitt ist darin zuzustimmen, dass die Ära des Staates in der zweiten Hälfte des 16. Jh. mit der Durchsetzung des Souveränitätskonzepts beginnt: Der politische, d. h. mehr oder minder säkulare Staat ist die Antwort auf den konfessionellen Bürgerkrieg, der dazu führte, dass die christlich-universale Vorstellungswelt ihre Integrationsfunktion einbüßte. Der moderne Staat im Sinne einer *territorial geschlossenen Einheit* (Schmitt, Staat, 381) entspringt einer doppelten Abgrenzung gegen mittelalterliche Ordnungskonzepte: Nach innen werden sämtliche *potestates indirectae* den Entscheidungen des einen Souveräns unterworfen und nach außen tritt an die Stelle des von Papst und Kaiser repräsentierten göttlichen *ordo* ein *pluriversum* gleichrangiger, d. h. gleichsouveräner Mächte.

Eine Pointe der Argumentation Carl Schmitts besteht darin, dass man von der Tatsache der historischen Kontextgebundenheit der Genese des Staates ausgehend, auf dessen zeitliche Begrenztheit schließen kann: Die geschichtsblinde, naive *Erhebung des Staatsbegriffs zum allgemeinen Normalbegriff der politischen Organisationsform aller Zeiten und Völker wird wahrscheinlich mit dem Zeitalter der Staatlichkeit selbst bald ein Ende nehmen* (ebd., 376).

Freilich besagt die historische Verortung der Entstehung von Staaten noch nichts über die kausalen Faktoren, die dies ermöglichen. Wie Max Weber plausibel macht, ist es die zutiefst revolutionäre Gewalt der vordringenden Marktwirtschaft, die die *monopolistischen Verbände ökonomisch sprengt, ihre Mitglieder zu Marktinteressenten macht*, indem er ihnen die *Basis jener Interessengemeinschaft [entzieht], auf welcher auch ihre legitime Gewaltsamkeit sich entfaltet hatte. Mit zunehmender Befriedung und Erweiterung des Markts parallel geht daher auch 1. jene Monopolisierung legitimer Gewaltsamkeit durch den po-*

litischen Verband, welche in dem modernen Begriff des Staats als der letzten Quelle jeglicher Legitimität physischer Gewalt, und zugleich 2. jene Rationalisierung der Regeln für deren Anwendung, welche in dem Begriff der legitimen Rechtsordnung ihren Abschluss finden (Weber 1980, 519). Es ist demnach die rationalisierende Gewalt des Marktes, auf dem die mittelalterlichen Stände und Zünfte ökonomisch nicht bestehen können. An deren Stelle treten schließlich ‚freie' Arbeitskräfte und Kapitalbesitzer auf der einen Seite und ein zentralisierter, durch formelle Regeln gesteuerter Herrschaftsverband auf der anderen Seite.

Eine knappe und überaus treffende Definition lautet dementsprechend: Der Staat ist ein *Anstaltsbetrieb, der die Herrschaft seines Verwaltungsstabes und seiner Ordnungen für ein Gebiet in Anspruch nimmt und gewaltsam garantiert* und dessen *Verwaltungs- und Rechtsordnung [...] durch Satzungen abänderbar ist* (29 f.).

Eine weniger anspruchsvolle, aber deswegen nicht unsachgemäße Definition verwendet den Ausdruck *Staat* als Synonym für einen Zusammenschluss von Menschen, die bezwecken, ihr physisches Überleben zu sichern, ihr materielles Lebens zu verbessern und schließlich ihr Leben insgesamt nach sittlichen Prinzipien gestalten wollen. Dieser Minimalbegriff des Staates entstammt einer Verdeutschung der sehr verschiedenen politischen Ordnungsbegriffe wie *polis* bzw. *politeia* [**Aristoteles** (384–322 v. Chr.), **Platon** (427–347 v. Chr.) oder *res publica* (**Cicero** (106–43 v. Chr.)]. Entscheidend ist dabei, dass die Ordnungen der Gesellschaft und des Politischen ebenso wenig getrennt gedacht wurden, wie die Moralität und die Legalität des individuellen Handelns.

Auch wenn der Ausdruck *polis* ursprünglich auf die jeweilige Stadt bezogen war, so wandelte sich seine Bedeutung im 6. und 5. Jh. v. Chr. doch gravierend. Nun bezeichnet der Begriff ein politisches Gemeinwesen, d. h. einen kollektiv verantwortlichen, zu verbindlicher Entscheidung im Inneren und gemeinsamem Handeln nach außen befähigten Verband. Seine Ordnung beruht auf Recht und Gesetz (worunter jedoch keinesfalls allein positivrechtliche Normen zu verstehen sind, sondern ebenso und vor allem kollektiv verbindliche Tugendnormen). Mit einem politischen Staat, wie er sich in der Neuzeit entwickelte, ist die Polis aber schon deswegen nicht gleichzusetzen, weil letztere allemal unter dem Schutz einer Gottheit stand, die ihren Bestand verbürgte. Dementsprechend konstituierte sich die Polis geradezu im gemeinsamen religiösen Kultus. Statt mit den Staats- bzw. Stadtmauern identifiziert zu werden, konstituiert sich die *polis* nun aus den Mitgliedern des Verbandes, den Bürgern, denen zugleich die Verteidigung gegen äußere Feinde zukommt. Die Hauptgefahr im Inneren besteht in der stets drohenden Spaltung der Bürgerschaft, die sich nicht selten bis zum Bürgerkrieg steigerte. Deswegen hing die Stabilität der Polis vorzüglich von der tugendhaften Parteinahme der Bürger für ihr Gemeinwesen, aber auch von ihrer Freundschaft (Platon, Protagoras, 322 c) und Eintracht (**Demokrit, Xenophon**) untereinander ab. So beruht nach Platon ein gerechter und wohlgeordneter Staat darauf, dass jeder Stand das ihm Gemäße tut, so dass in der Polis zugleich die Einheit der Bürger erscheint, insofern in ihr alle exklusiven Interessen ebenso aufgehoben sind, wie es bei der menschlichen Seele bzw. beim gesunden menschlichen Körper der Fall ist (Platon, Politeia, 434 c–e; 435 aff.; 462 c/d).

Hinsichtlich der Motive, um deretwillen die Individuen auf ihre ursprüngliche ‚wilde Freiheit' verzichten und sich zu einem Gemeinwesen zusammenschließen, herrscht bei den klassischen Autoren im wesentlichen Übereinstimmung: Nach **Platon** hätten sich die ursprünglich isoliert lebenden Menschen zunächst zum Schutz gegen die wilden Tiere in *poleis*, d. h. befestigten Siedlungen zusammengeschlossen (Platon, Protagoras, 322 b 1 f.). Platons Theorie der Polis-Genese geht demnach von der Prämisse aus, dass der Mensch ein Mängelwesen ist (Platon, Politeia, 369 b–372 c).

Auch **Aristoteles** sieht das Hauptmotiv für die Gründung einer Polis in der Sicherung des Lebens (Aristoteles, Politik, 1278 b 18 ff.), jedoch soll dies mit der Annahme verträglich sein, nach der der Mensch von Natur auf das Leben in der politischen Gemeinschaft (*koinonia politike*) hin angelegt sei (*zoon politikon*). Die Synthese beider Teilannahmen gelingt Aristoteles mit der Formel, dass die Polis um des (Über-)Lebens willen entstanden sei, jedoch um des guten Lebens willen bestehe (ebd. 1252 b 29 f.; vgl. 1278 b 24).

Etwa seit der zweiten Hälfte des 5. Jh. kommt der neue Begriff *politeia* in Umlauf. Er bezeichnet die Bürgerschaft im vierfachen Sinn: 1. meint er die Gesamtmenge der Vollbürger, 2. das Bürgerrecht und 3. das bürgerliche Leben im Sinne politischer Partizipation und schließlich 4. die politische Ordnung im Sinne von *Verfassung*. Dabei ist allerdings zu berücksichtigen, dass nach damaligem Verständnis Bürgerschaft und Verfassung nahezu bedeutungsgleiche Ausdrücke waren, so dass man eher sagen könnte, dass die Bürgerschaft die Verfassung *ist*, als dass sie sie hätte (Ritter u. a., Bd. 7, 1989, 1034 f.).

Zwar wäre es müßig, unseren modernen Verfassungsbegriff im Sinne eines Systems präskriptiver All-Sätze, die insbesondere die Organisation der öffentlichen Gewalt regelten und den einzelnen Staatsorganen spezifische Kompetenzen und Kompetenzgrenzen normativ zuschrieben, in der griechischen Antike vorfinden zu wollen. Dennoch trifft es zu, dass der Begriff der *politeia* u. a. die Ordnung (*táxis*) der Polis in Hinblick auf die Einrichtung und Verteilung der Ämter bezeichnet, insbesondere die Vergabe des höchsten und wichtigsten von allen. Dies ist nämlich stets das *politeuma* der Stadt, wobei unter *politeuma* das Herrschaftssubjekt einer Polis verstanden wird (Aristoteles, Politik, 1278 b 8 ff.; 1279 a 25 ff.), das aber nur die Bürgerschaft (*politeia*) (1278 b 8 ff.) sein kann, genauer: die Gesamtheit der Vollbürger, die in allen griechischen Ordnungen die letztentscheidende Körperschaft war, da Repräsentation außerhalb des Vorstellbaren lag. Mit dem Begriff der *politeia* findet der Verfassungsbegriff im weiteren Sinne Eingang in die politische Ideengeschichte, da er die politische Ordnung im Ganzen wie die Bürgerschaft als deren oberstes Organ bezeichnet.

Schließlich trat in der römischen Antike (etwa ab dem 3. und 2. Jh. v. Chr.) der Begriff der **res publica** das Erbe des Ausdrucks *politeia* an, der seinerseits auf den neuzeitlichen Begriff der Republik verweist (engl. *republic*; frz. *république*; ital. *repubblica*; span. *república*). Der Ausdruck stand für die Angelegenheiten und Interessen des Volkes (*populus*), d. h. der in den *Komitien* zusammentretenden und politisch handelnden Bürger (*cives*). Für den Ursprung des modernen Staatsbegriffes ist es bedeutsam, dass *res publica* als Gegenbegriff zu *res privata* fungierte, womit das Sonderinteresse eines jeden einzelnen Bürgers gemeint war. Noch wichtiger ist allerdings, dass der Ausdruck *res publica* häufig in Verbindung mit *status* vorkam, vor allem in der Wendung *status rei publicae*. **Status** hatte die Bedeutung *fester Stand, Wohlstand, Nutzen, Heil*, so z. B. bei **Ulpian** (um 170–228), von dem die Definition stammt: *Das öffentliche Recht bezieht sich auf das Wohlergehen der römischen Sache [d. h. der res publica], das Privatrecht auf den Nutzen eines jeden einzelnen: Die Angelegenheiten sind nämlich teils von öffentlichem, teils von privatem Nutzen* (Ulpian, Digestae, 1. 1. 1. 2). Seit Ulpian steht der Ausdruck *status rei publicae* bzw. *status rei Romanae* nicht für einen beliebigen Zustand des *populus*, sondern ausschließlich für dessen gute innere und äußere Verfassung. Dies änderte sich in der Kaiserzeit: Einerseits verstand man unter *res publica* nach wie vor *Gemeinwohl, Gemeinnutz* und *Interesse des Volkes*, doch andererseits trat nun die Bedeutung *Verwaltung* bzw. *Behörden* hinzu, d. h. man meinte jetzt zusätzlich die organisatorische Einheit des Herrschaftsapparates. Damit war bereits der erste Schritt in Richtung auf den neuzeitlichen Staatsbegriff getan.

Augustinus' (354–430) Schrift **De Civitate Dei** (Über den Gottesstaat) entstand in den Jahren zwischen 413 und 426. Ihr zweiter Teil (Bücher XI bis XXII) enthält eine spekulativ-theologische Geschichtsdeutung, die von der Annahme ausgeht, dem *Weltstaat* (*civitas terrena*) stünde der jenseitige *Gottesstaat* gegenüber. Während die Anhänger des Gottesstaates von der selbstlosen Gottesliebe (*amor dei*) beseelt seien, die sich zur Demut bzw. Selbstverachtung steigern könne, würden die Anhänger des Weltstaates durch Selbstliebe (*amor sui*) angetrieben, deren Extrem in der Gottesverachtung erreicht würde (XIV, 13). Institutionelle Realität besäßen die beiden ideellen ‚Reiche' im Staat (*res publica*) einerseits und der Kirche (*ecclesia*) andererseits, deren Herrschaftsanspruch sich zum einen auf Macht und Furcht und zum anderen auf moralische Autorität gründe, die durch Sakramente und Lehre vermittelt würde. Um das harmonische Zusammenleben im Gottesstaat zu verdeutlichen, verwendet Augustinus Organismus-Metaphern (XXII, 30), während er sich in Bezug auf den weltlichen Staat einer mechanistischen Sprache bedient, in der der Vertragsgedanke zentral ist, so dass Hegels spätere Kritik des Gesellschaftsvertrages auch aus dieser Quelle schöpfen kann.

Augustins Geschichtsdeutung ist streng genommen keine dualistische, sondern eine finalistische Konstruktion, die die Menschheitsgeschichte als zielgerichteten Prozess auffasst. Denn *im Weltlauf* seien zwar beide Reiche *einstweilen gewissermaßen ineinander verwirrt und vermengt* (II, 7 f.), doch beim jüngsten Gericht würden Weltstaat und Gottesstaat getrennt und als solche erkennbar. Ewige Verdammnis und ewige Seligkeit würden darauf den Anhängern der beiden Reiche zuteil (XIX bis XXII). Zwar sei der heilsgeschichtliche Verlauf des Konfliktes zwischen Welt- und Gottesstaat durch die göttliche Vorsehung (*providentia*) determiniert, doch schließe das die freie Entscheidung der Menschen keineswegs aus, da auch die Freiheit Gottes Wille sei. Dies ändere nichts daran, dass das Ziel der Geschichte kein irdisches ist, sondern ewige Seligkeit in der Anschauung Gottes bedeutet, während die diesseitige Welt den Schauplatz des Kampfes zwischen Gut und Böse darstellt, in dem sich der einzelne Mensch zu bewähren habe.

Erst in der Neuzeit kam der Begriff *Staat* in Umlauf. Zwar sprachen noch **Leibniz** und **Pufendorf** von *civitas*, **Thomas Hobbes** von *commonwealth* und **John Locke** schließlich von *body politic*. Vor dem 16. Jahrhundert – soviel ist jedenfalls sicher – taucht der Begriff *Staat* nirgends auf. Doch spätestens bei **Nicolo Machiavelli** (1469–1527) wird dann der Ausdruck *stato* im dreifachen Sinne verwendet, nämlich als Synonym für Verfassungs- und Regimentsform, Regiment und Macht.

Die schwierige Geburt des Staatsbegriffs verweist jedoch keineswegs auf ein terminologisches Unvermögen antiker und mittelalterlicher Philosophen, sondern auf ein objektives Problem: Die scharfe begriffliche Unterscheidung der gesellschaftlichen Sphäre von der des Politischen wird erst dort möglich, wo staatliche Institutionen unabhängig von sozialen Verbänden organisiert sind und als eigenständiges und eigenlogisch funktionierendes System von den anderen gesellschaftlichen Teilsystemen separiert sind. Mit der Emanzipation des Staates von der Gesellschaft entsteht allerdings zugleich ein gravierendes Folgeproblem: Die Rechtfertigung existierender politischer Herrschaft wird jetzt, weil sie als asymmetrische Beziehung problematisch ist, als Basisproblem der politischen Philosophie erkannt. Jetzt wird eine plausible Herleitung staatlicher Befehlsgewalt aus dem Willen der Herrschaftsunterworfenen unabdingbar und die Bemühungen, dies zu leisten, zählen sicher zu den Glanzstücken der europäischen Rechtsphilosophie.

3. THEORIEN ÜBER DEN URSPRUNG UND DEN WANDEL VON VERFASSUNGEN

Die Frage, auf welche Weise es sich rechtfertigen lässt, dass Staaten rechtlichen Zwang gegenüber ihren Bürgern ausüben, zieht sich wie ein roter Faden durch die politische Ideengeschichte der Moderne. Es galt den Staat als existierende Zwangsgewalt in irgendeiner Weise mit dem freien Willen derjenigen zu versöhnen, die sich diesem Zwang zu fügen haben. Die wichtigsten, noch heute plausiblen Antworten wurden von Autoren des 17. und 18 Jahrhunderts gegeben, und sie sind in überraschender Weise aktuell geblieben.

So berühren jüngste Debatten über die Zukunft der EU-Verfassung das Thema **Legitimation durch Vertrag** gleich in doppelter Weise: Einerseits ist schon durch die europäischen Verträge ein supranationales politisches Gebilde entstanden, das massiv in die nationalstaatlichen Hoheitsrechte eingreift. Manche Kritiker erheben den Einwand, es hätte geradezu eine **Souveränitätsentäußerung** seitens der Mitgliedsstaaten stattgefunden, da die Substanz der einzelstaatlichen Verfassungen de facto verändert worden sei. Aus diesem Blickwinkel gilt eine europäische Verfassunggebung als unerlässlich. Beanstandet wird dementsprechend, das in der Bundesrepublik gewählte parlamentarische Verfahren sei unterlegitimiert gewesen, weil das Grundgesetz seine Zuständigkeit auf partielle Verfassungsänderungen beschränkt habe.

Auf der Gegenseite wird für eine allmähliche Verstetigung der institutionellen Praxis europäischer Organe geworben, die durch verfassunggebende Akte nur behindert werden würde. *Eine Verfassung* – so warnte schon Carl Schmitt – *ist schnell gemacht, sie liegt, wenn es sein muss in wenigen Minuten fertig auf dem Tisch. Aber wenn sie einmal da ist, so wird man sie nicht leicht wieder los; sie ist dann nämlich eine Quelle der Legalität* (Schmitt, Wirtschaft, 30).

Die Frage, auf welche Weise das neu entstandene staatsähnliche Gebilde legitimiert werden können und welche Relevanz dabei einer Verfassung zukäme, wird uns also zwangsläufig auch in Zukunft beschäftigen müssen. Dazu bieten uns die Strömungen der politischen Philosophie, die sich an vertragsförmigen Legitimationskonzepten orientieren, wichtige Hilfsmittel an.

Ich möchte im Folgenden eine grobe Skizze der politischen Ideengeschichte der Theorien vom Ursprung politischer Herrschaftsgewalt zeichnen, die ihren Höhepunkt im 17. und 18. Jahrhundert erreichten, wobei mit Ausnahme des Herrschaftsvertrages alle übrigen Legitimationskonzepte noch heute für Theorieentwürfe modellgebend sind.

Theorien der *vertraglichen Begründung politischer Herrschaft* lassen sich in zweierlei Hinsicht unterscheiden: Zum einen ist kennzeichnend, welche Stellung der Vertragsgedanke in den entsprechenden Legitimationskonzeptionen einnimmt, und zum anderen differenzieren sich die Vertragstheorien danach, ob und – wenn ja – wie das Problem der *rechtlichen Kodifizierung* der Staatsorganisation erörtert wird. Die klassischen Theorien des *Herrschaftsvertrages,* des *Gesellschaftsvertrages* und der *verfassunggebenden Gewalt* beanspruchen, hierauf eine Antwort anbieten zu können. Gemeinsam ist ihnen, dass die Vergesellschaftung der Menschen und die Entstehung von politischer Herrschaft auf Verträge zurückgeführt werden, die die Menschen untereinander oder aber das Volk mit dem Herrscher abgeschlossen haben.

3.1. Herrschaftsvertrag

Der Herrschaftsvertrag (auch *Unterwerfungsvertrag* oder *pactum subiectionis* genannt) zeichnet sich im Unterschied zum Gesellschaftsvertrag dadurch aus, dass er eine zweiseitige Übereinkunft zwischen einem faktischen Souverän und seinen Untertanen zugrundelegt. Die beiden Vertragspartner erzeugen keinen Souverän, sondern einer von beiden ist bereits als Souverän vorhanden. Sinn dieser Art Vertrag ist es, dem Souverän Bedingungen legitimer Herrschaftsausübung abzutrotzen, die in der Regel mit der Festschreibung von bestimmten Privilegien einhergehen, die dem Vertragspartner zustehen sollen.

Die Rechtsfigur des Herrschaftsvertrages, der ein *pactum* zwischen Volk (bzw. Adel) und Monarch unterstellt, lässt sich auf Interpretationen der römischen *lex regia*, zurückführen, die im Zusammenhang mit dem *Investiturstreit* zwischen kaiserlichem *regnum* und kirchlichem *sacerdotium* (1075–1122) bedeutend waren. Die *lex regia* sollte die Befugnisse des *princeps* regeln und besagte, dass das Volk seine ganze Befehlsgewalt und Macht auf ihn übertragen hat. So wurde die Formel *utpote cum lege regia, quae de imperio eius lata es, populus ei [sc. principi] et in eum omne suum imperium et potestatem conferat* dahingehend ausgelegt, dass das Volk mit diesem Akt seine Gewalt dem König endgültig und restlos übertragen habe (Reibstein, Bd. I, 131).

Die Gegenpartei wandte ein: Auch wenn das Volk dem Herrscher seine *potestas* übertragen hätte, könnte dies doch nicht für den Missbrauchsfall gelten. So könne kein Volk damit einverstanden sein, wenn der von ihm eingesetzte Herrscher seine Macht zum Schaden seiner Untertanen einsetzte. Ein zum Tyrann gewordener König hätte offensichtlich seine dem Volk durch Vertrag zugesicherte Treuepflicht, die gerechte Ordnung zu wahren, verletzt und könnte deshalb seinerseits vom Volk abgesetzt werden (z. B. Thomas von Aquin, De regim. princ. I, 6). Die calvinistischen und katholischen **Monarchomachen** (u. a. **Johannes Calvin** (1509–1564), **George Buchanan** (1506–1582), **Hubert Languet** (1518–1581),

John Milton (1608–1674) und schließlich **Johannes Althusius** (1557–1638) die in den konfessionellen Bürgerkriegen die absolutistischen Tendenzen der Monarchen bekämpften, haben aus der geschilderten Konstruktion des Herrschaftsvertrages die Rechtmäßigkeit des Widerstandes und auch des Tyrannenmordes abgeleitet (vgl. Ritter u. a., Bd. 3, 476 f.).

Typisches Kennzeichen echter Herrschaftsverträge ist ein grundsätzlich anerkanntes, normiertes und institutionalisiertes Widerstandsrecht für den Fall der Rechtsverletzung seitens des Souveräns. Das idealtypische Beispiel eines Herrschaftsvertrages ist bis heute die Britische *Magna Charta Libertatum* von 1215 geblieben. Dort werden in 54 Artikeln die vom König zu respektierenden Sonderrechte der Kirche, der Barone und Grafen und anderer Vasallen festgelegt. Von besonderer Bedeutung sind aber auch die verschiedenen Bestimmungen am Schluss des Dokumentes. So werden in Artikel 61 Kontroll- und Beschwerderechte der Barone gegenüber der Krone im Detail geregelt, was im Falle der einseitigen Vertragsverletzung seitens des Monarchen gegebenenfalls auch eine rechtliche Erlaubnis und Verpflichtung zum organisierten Widerstand gegen den König einschließt.

Noch bei **Gottfried Achenwall** (1719–1772), dessen berühmtester Schüler Immanuel Kant war, muss ein besonderer Übertragungsvertrag vom Vereinigungsvertrag abgegrenzt werden, wobei jener zugleich als Unterwerfungsvertrag gedacht ist, der noch deutliche Züge des bipolaren Herrschaftsvertrages in der Tradition der *Magna Charta Libertatum* aufweist: *Jedes Recht des obersten Herrschers beruht auf dem Unterwerfungsvertrag und auf dem Willen des Volkes, darüber hinaus hat er keines, und deshalb [...], binden den Herrscher die dem Vertrag beigefügten Bedingungen [...]. Was einen Vertrag im allgemeinen wahr, rechtmäßig und wirksam, oder nichtig, unrechtmäßig und unwirksam macht, das hat diese Wirkung auch für den Unterwerfungsvertrag. Schließlich [...] allgemein müssen der Herrscher und das Volk in Bezug auf den Unterwerfungsvertrag wie zwei Personen betrachtet werden, die im Naturzustand einen Vertrag schließen* (§ 669, 21).

Untrügliches Kennzeichen eines Herrschaftsvertrages ist demnach die positivrechtliche Vertragsgarantie eines mithin legalen *Zwangsrechtes* (Kant) gegen den vertragsbrüchigen Herrscher. Demnach handelt es sich beim Herrschaftsvertrag definitiv nicht um einen allseitigen Vertrag zwischen sich zum Staat zusammenschließenden Individuen, die einen Souverän einsetzen, sondern um einen bipolaren Vertrag zwischen dem faktischen Inhaber souveräner Herrschaftsgewalt und seinen Untertanen, der explizit die Bedingungen nennt, unter denen Widerstand rechtlich erlaubt bzw. geboten wäre. Dann träte der Fall ein, dass der legitime und gegebenenfalls auch legale Meta-Souverän gegen den De-Facto-Souverän aufträte, dessen Herrschaftsanspruch von diesem Augenblick an als lediglich usurpiert erschiene. Die Revolution wird damit legalisiert.

Zusammenfassend lässt sich sagen: Ein wesentlicher Unterschied zwischen dem Typ des Herrschaftsvertrages und dem des Gesellschaftsvertrages besteht demnach darin, dass gemäß dem ersten Modell Herrscher und Volk **vorfindliche** Vertragssubjekte sind, während im zweiten Modell sowohl das Staatsvolk als auch der Souverän durch (allseitigen) Vertragsschluss **allererst konstituiert** werden. Eine zweite fundamentale Differenz zwischen beiden Kontraktualismen liegt darin, dass nach herrschaftsvertraglichem Denken das Recht des (monarchischen) Souveräns als ursprünglich gilt, während die Rechte der Untertanen einer zusätzlichen Verschriftlichung bedürfen, um zu gelten. In Gesellschaftsvertragstheorien dagegen ist das Volk der ursprüngliche Eigner aller Souveränität, während die Befugnisse des faktischen Herrschers nicht als gegeben gelten, sondern als Sekundärrechte aus dem Willen des Volkes abgeleitet werden, für die (in der Regel) eine schriftliche Kodifizierung erforderlich ist. Die Befugnisse des Souveräns werden als repräsentative Ausübung der Gesetzgebungsrechte des Volkes angesehen, das diese Kompetenzzuweisung jederzeit widerrufen und entweder sein Souveränitätsrecht selbst in Anspruch nehmen oder einen anderen Stellvertreter an die Stelle des ersten setzen kann. Da in Gesellschaftsverträgen nur die (jederzeit reversible) stellvertretende **Ausübung** der Souveränität, **nicht aber das Souveränitätsrecht selbst** übertragen oder entäußert wird, bedarf es keines kodifizierten Widerstandsrechtes, während dieses im Herrschaftsvertrag Residualrechte des Untertanenvolkes gewährleisten soll. Schließlich enthalten Herrschaftsverträge in der Regel lediglich materiale Limitationen in Hinblick auf die legitime Herrschaftsausübung, während Gesellschaftsverträge vor allem organisatorische Vorgaben hinsichtlich der Staats- und Regierungsform enthalten (zum mittelalterlichen Herrschaftsvertrag vgl. Kielmannsegg 1997, 16 ff.; zur Unterscheidung der Herrschaftsvertragstheorie englischer Provenienz und der französischen Volkssouveränitätstheorie Maus 1992, 79 ff.; vgl. auch Kersting 1984, 215 ff.).

3.2. Gesellschaftsvertrag

Die Begriffe **Herrschaftsvertrag** und **Gesellschaftsvertrag** bezeichnen Idealtypen, die in der ideengeschichtlichen wie in der verfassungsgeschichtlichen Entwicklung überwiegend als Mischformen auftreten. Die theoriegeschichtliche Entwicklung lasse sich im Großen dahingehend bestimmen, *dass die Anfänge im Altertum zu suchen sind, dass im Mittelalter erst vereinzelt vor das nunmehr in den Vordergrund gerückte pactum subjectionis ein besonderer Vereinigungsvertrag gelegt wird, dass sodann die Naturrechtslehre in dem Maße, in dem sie ihren individualistischen Grundzug entfaltet, den juristischen Ausbau des Gesellschaftsvertrages als Quelle der Einheit der den Herrschaftsvertrag abschließenden Volksgesamtheit vollzieht, dass endlich bei den Vorkämpfern der Volkssouveränität dieser Sozialkontrakt mehr und mehr den Unterwerfungsvertrag zurückdrängt, ihn bei Locke fast zu einem Schatten verflüchtigt und zuerst bei Rousseau völlig verschlingt* (von Gierke, 380).

Eines der ersten historischen Vertragsdokumente, das ohne Abstriche dem Typus des Gesellschaftsvertrages zugerechnet werden muss, ist nach Reibstein die am 23.1.1579 unterzeichnete *Union von Utrecht*, auf deren Grundlage sich die sieben nördlichen Provinzen Spaniens zu den heutigen Niederlanden vereinigten. Während noch das *Groot Privilegie* von 1477 eindeutig herrschaftsvertragliche Grundzüge in der Tradition der *Magna Charta Libertatum* aufweise, werde im Unionsvertrag von 1579 interessanterweise nicht nur die *Tätigkeit des Fürsten selber [als] eine übertragene, nicht eine eigenständige Autorität* dargestellt, sondern dasselbe treffe für die rechtliche Stellung der Provinzialstände und der Generalstaaten innerhalb der Union zu; die Kompetenzen des

Fürsten wie der Volksvertretung gelten nicht als *Souveräni-*
tät, sondern [als] von der Souveränität, die im strikten naturrecht-
lichen Sinne, nur das Volk haben kann, abgeleitet (Reibstein, Bd.
1, 199 ff.).

Ich möchte mich im Folgenden auf die mit Bodin und
Hobbes einsetzende moderne Geschichte der **Gesellschafts-**
vertragstheorie konzentrieren und dabei Theorien der
Konstituierung staatlicher Herrschaft in besonderer Weise
berücksichtigen. Theorien der **Etablierung politischer Herr-**
schaft werden also danach unterschieden, ob und wie sie das
Problem der **Kodifizierung** der Staatsorganisation in Form
geschriebenen Verfassungsrechts behandeln. Dabei stehen
besonders profilierte Theorien des **Gesellschaftsvertrages**
einerseits und der **verfassunggebenden Gewalt** andererseits
im Vordergrund. Doch deren theoretische Rivalen dürfen
darüber keinesfalls unbeachtet bleiben, zumal sie sich insbesondere in der deutschen Verfassungsgeschichte immer
wieder als die gewichtigeren erwiesen haben.

So lassen sich zahlreiche Autoren identifizieren, die eine
Theorie der Legitimität des Staates vertreten, die dem Ver-
tragsdenken geradezu feindlich gegenübersteht. Ihnen allen
ist gemeinsam, dass sie Gesellschaftsvertragstheorien deswegen zurückweisen, weil diese nicht in der Lage seien, die
Souveränität des Staates bzw. der Staatsgewalt hinreichend
zu begründen. Der Kardinaleinwand, den diese im weiteren
Sinne ‚etatistischen' Theoretiker immer wieder erheben, lautet: Den Staat aus einem (realen oder ideellen) Vertrag von
Individuen hervorgehen zu lassen, bedeute, ihn dem subjektiven Belieben und der vorbehaltlichen ‚Nachachtung' der
Bürger auszusetzen.

Als Gegenentwürfe zum Kontraktualismus kommen einerseits **sittlichkeitstheoretische Konzepte** in Betracht, die
von Platon über Hegel bis zum heutigen Kommunitarismus
reichen. Gemeinsam ist ihnen der Einwand, der Vertrag sei
kein tauglicher Ansatz, um die Frage nach den Legitimati-
onsgründen politischer Herrschaft erschöpfend zu beantworten. Der Staat und seine Rechtsordnung würden nämlich
durch den Kontraktualismus in etwas nur relativ Gültiges
verwandelt, dessen Bestand vom schwankenden Willen der
Privatpersonen abhängig erklärt werde.

Anderseits kommen **diktaturtheoretische Konzepte** in Frage, die den Staat und sein Recht nicht aus einem *allseitigen* Konsens hervorgehen lassen, sondern aus einem *einseitigen* Dezisionsakt des faktischen Herrschaftsinhabers. Beiden Varianten ist gemeinsam, dass **der Begriff der Verfassung in einem doppelten Sinne verwendet** wird, so dass außer seiner Verwendung im Sinne eines positiven Dokumentes eine überpositive Verwendung stattfindet, sei es, dass die Verfassung eher im gewohnheitsrechtlichen Sinn verstanden wird als ein auf überkommene Sitten gegründetes institutionelles System, sei es dass das Konzept einer „lebendigen Verfassung" gegen die Verfassung im Sinne materialer, prozeduraler und organisatorischer Normen in Stellung gebracht wird.

Die Theorien, die sich zweifelsfrei dem Oberbegriff des Gesellschaftsvertrages zuordnen lassen, müssen noch weiter spezifiziert werden. Folgende Leitfrage bietet sich dazu an: Welche Beziehungen bestehen zwischen den jeweiligen Begriffen des Gesellschaftsvertrages und normativen Aussagen zu den Verfahren, durch die Verfassungen gegeben bzw. verändert werden können? Gefragt wird danach, ob die philosophische Konstruktion des Gesellschaftsvertrages praktische Folgen für die Erzeugung sowie spätere Revisionen des Staatsrechts hat und, wenn ja, welche dies sind. Von besonderem Interesse ist dabei die Frage, wie groß jeweils die Nähe der Vertragstheorie zum Legitimitätsprinzip der verfassunggebenden Gewalt des Volkes ist:

Der Gesellschaftsvertrag könnte als bloßes **hypothetisches Konstrukt** bzw. als eine bloße Idee gedacht sein. Dann steht er in gar *keiner* normativen Beziehung zur Genese der Verfassung. Die Etablierung eines Staates wäre völlig unabhängig von der Frage zu behandeln, ob überhaupt eine geschriebene Verfassung vonnöten ist. Wird eine solche verlangt, bleibt offen, welche Art Verfassung auf welche Weise zustande kommen soll. Aus dieser Sicht ließe sich ein Staat beispielsweise bereits dann rechtfertigen, wenn er als gesellschaftliche Ordnungsinstanz wirksam wäre. Er benötigte jedoch keine wohldefinierte **Form**, die spezifische Kompetenzgrenzen für die einzelnen politischen Institutionen fixierte.

Wo die Legitimation des Staates ausschließlich auf seiner ordnungspolitischen Effizienz beruhen soll, wären allenfalls

spärliche Garantien der bürgerlichen Freiheitsrechte denkbar. Im Extremfall ließe sich sogar denken, dass der Inhaber
politischer Herrschaftsgewalt allen Pflichten den Untertanen
gegenüber entbunden wäre. Diese Tendenz besteht zumindest dann, wenn man die den Alltag entwaffnende Wirksamkeit einer zentralen Zwangsgewalt als Zweck an sich selbst
wertet. Legitimität und Effektivität politischer Herrschaft
fallen im Rahmen dieser ,etatistischen' Version des Gesellschaftsvertrags zusammen. Der Zweck – die Aufrechterhaltung des politischen Gewaltmonopols, d. h. die permanente
Entwaffnung der Gesellschaft – heiligte in diesem Modell
den Einsatz der tauglichen Zwangsmittel, die folglich allein
durch ihre Zweckmäßigkeit gerechtfertigt wären.

Diese Art Gesellschaftsvertragslehre hätte demnach keinerlei interne Bezüge zum Prinzip der Volkssouveränität.
Sie sollte zutreffender als Herrschaftsvertragslehren bezeichnet werden. Aber: eine kontraktuelle Theorie der Legitimität
politischer Herrschaft bleibt auch diese dem Normativismus
denkbar fern stehende Variante: Die Rechtmäßigkeit der
Herrschaft beruht immer noch auf dem Konsens der Herrschaftsunterworfenen, auch wenn deren Einverständnis
nicht aus einem förmlichen Beschluss hervorgeht, sondern
sich lediglich aus *konkludentem Verhalten* (etwa der Perma-
nenz des Wohnsitzes) indirekt erschließen lässt.

Auf der anderen Seite ließe sich der Gesellschaftsvertrag
von vornherein als ein Akt der Volkssouveränität denken.
Diese Art von Gesellschaftsvertrag würde dann in einem
ersten Akt keine zentrale Zwangsgewalt begründen, sondern vor allem anderen einen gesetzgebenden Souverän
auszeichnen, der mit dem Volk identisch oder aber dessen
Stellvertreter sein kann. Der Gesetzgeber erhielte damit die
Befugnis, eine exekutive und eine judikative Gewalt einzurichten, deren Rechtssetzungskompetenzen aber den Norm-
befehlen des Gesetzgebers untergeordnet blieben. Diese Art
Gesellschaftsvertragslehre wäre von Grund auf volkssouveränitär konstruiert, weil eine ,lückenlose' Reihe von gestuften Souveränitätsausübungsrechten zustande käme, die von
der jeweils ,höheren' auf die jeweils ,niedrigere' Funktion
übertragen würde. Allen ,politischen' Funktionen wäre jedoch gemeinsam, dass sie lediglich übertragene **Ämter** wä-

ren, die im Falle des Missbrauchs auch wieder entzogen und anderweitig vergeben werden könnten. Auch wenn John Locke zweifellos der idealtypische Vertreter dieser Art Gesellschaftsvertragslehre ist, so findet sich doch insbesondere das Theoriemoment der gestuften Übertragung von Rechtssetzungskompetenzen bei zahlreichen Vertretern des aufgeklärten Kontraktualismus, so z. B. bei Sieyes.

Eine Variante der demokratischen Gesellschaftsvertragstheorie ergänzt das Prinzip gesetzgebender Volkssouveränität durch das der **Verfassunggebung**: Der Akt, in dem sich Individuen zum Staatsvolk konstituieren, legt zugleich die innere Organisation des Staates fest, insbesondere die Verteilung der Teilkompetenzen der öffentlichen Gewalt. Vor allem wird bestimmt, wer in Zukunft befugt sein soll, die speziellen Gesetze zu geben, durch die die Verfassung revidiert werden kann.

Aus der Perspektive demokratischer Theorien des *pouvoir constituant* ist die ursprüngliche Verfassung nichts anderes als die Artikulation des Willens der Gesellschaft, die sich vertraglich als Staatsvolk konstituiert. Folglich müsste dieser konstituierende Vertrag so *beschlossen* werden, dass jeder von ihm Betroffene maßgeblich an seiner Inkraftsetzung beteiligt wäre. Dieses prozedurale Legitimitätsprinzip impliziert auch, dass alle späteren Revisionen des positiven Verfassungsrechts maximalen, mindestens aber doch: gesteigerten demokratischen Ansprüchen genügen müssen. Begnügt man sich, wie in der Bundesrepublik, mit der Forderung nach qualifizierten parlamentarischen Mehrheiten, dann können Kontroversen darüber entstehen, ab wann eine Verfassungsrevision keine bloße Änderung mehr darstellt, sondern eine Verfassungssubstanzänderung, etwa indem die gesetzgebende Souveränität ganz oder teilweise auf andere als die verfassungsrechtlichen Organe übertragen würde. Republiken des eidgenössischen Typs sind dieser Problematik enthoben, insofern buchstäblich jede Verfassungsänderung – und sei es die Einfügung eines neuen Satzzeichens – allein durch obligatorische Referenden beschlossen werden kann.

Eine vierte Theorievariante beruft sich auf die Theorie der verfassunggebenden Gewalt des Volkes, um sie für eine antidemokratische Legitimationskonzeption nutzbar zu machen. Die französische Lehre vom *pouvoir constituant* wird aller prozeduralen Aspekte beraubt und dient in dieser diffundierten Gestalt zur Rechtfertigung einer Diktaturlehre, die sich missbräuchlich als demokratisch bezeichnet.

Im Groben lässt sich sagen, dass die erste und die vierte Theorievariante den Gesellschaftsvertrag (bzw. die verfassunggebende Gewalt des Volkes) als bloßes **theoretisches Konstrukt** betrachtet, während sie gemäß der zweiten und der dritten Konzeption eine **praktische Idee** ist, die normative Festlegungen enthält: Sowohl das Verfahren der Verfassunggebung als auch die Qualität des in Geltung zu setzenden Staatsrechts kann nun nicht beliebig ausfallen. Zwischen diesen gedanklichen Extremen sind selbstredend zahlreiche Zwischentypen möglich, deren Nähe zu dem einen oder anderen Idealtyp sich dann auch spezifizieren lassen sollte.

Der Philosoph, der in der Regel als Begründer der neuzeitlichen Gesellschaftsvertragslehre angesehen wird, ist **Thomas Hobbes** (1588–1679). Zwar zeichnet er den Naturzustand in denkbar düsteren Farben, doch lässt sich dies kaum seinem angeblichen anthropologischen Pessimismus zuschreiben, sondern ist – angesichts der heute in afrikanischen *failed states* herrschenden Bürgerkriege – als großes Verdienst zu werten, weil Hobbes die unausweichlichen praktischen Folgen eines Zusammenbruchs des staatlichen Gewaltmonopols in aller Konsequenz schildert.

Unter dem Naturzustand versteht Hobbes einen gesellschaftlichen Zustand, in dem es keine, alle Individuen an Macht übertreffende Zentralgewalt gibt. Insofern der Mensch naturgesetzlich dazu bestimmt ist, sich selbst zu erhalten, habe er auch das Recht, sich die Mittel für sein Überleben zu beschaffen (Hobbes, Leviathan, Kap.14, 99). Da die benötigten Güter jedoch knapp sind, wird jedes Individuum genötigt, seine Selbsterhaltung auf Kosten anderer zu betreiben. Denn er kann sein Überleben nur auf Dauer sichern, wenn er den, der ihn in seiner Existenz (jedenfalls potenziell) bedroht, unterwirft. Also hat *in einem solchen Zustand jedermann ein Recht auf alles* (ebd.) und also auch die Befugnis, präventiv Gewalt gegen potenzielle Feinde auszuüben, was jedoch dazu führt, dass niemandes Leben auf Dauer gesichert sein kann. Dieser Zustand, in dem sich das Leben nur durch permanente gegenseitige Aufrüstung verlängern lässt, sei der Zustand des Krieges aller gegen alle (*bellum omnium contra omnes*) – ein Zustand, in dem es beispielsweise sinnlos wäre, einen Acker zu bestellen. Das Leben der Individuen sei unter diesen Bedingungen *einsam, armselig, ekelhaft, tierisch und kurz* (Leviathan, I, 14, 98).

Das Einzige was vernünftigerweise getan werden kann, um jenen Zustand permanenter Unsicherheit zu beenden, wäre die Beherzigung der Goldenen Regel: Wenn ich nicht Opfer fremder Gewalteinwirkung werden will, muss ich meinerseits auf jede Gewaltanwendung, selbst die präventiver Art, verzichten. Da jedoch jeder seine eigene *Neigung [...] über andere den Meister zu spielen* (Kant, Rechtslehre, § 42) kennt, kann das wechselseitige Versprechen des Gewaltverzichts auf keinen Fall genügen: *Die bloße Übereinstimmung oder das Übereinkommen zu einer Verbindung* **ohne** *Begründung einer gemeinsamen Macht, welche die einzelnen durch Furcht vor Strafe leitet, genügt daher nicht für die Sicherheit, welche zur Übung der natürlichen Gerechtigkeit nötig ist* (Hobbes, De Cive, 5.5, 127).

Damit Leben und Eigentum jedes Einzelnen geschützt wären, können Verträge, wie sie im Privatrecht üblich sind, nicht genügen. Auch wenn sich alle gegenseitig ihrer gutmeinenden Gesinnung versichern würden, so hinderte sie im Konfliktfall doch nichts daran, erneut zur Gewalt zu greifen.

Entscheidend für das Zustandekommen und die Stabilität des Rechtszustandes sind demnach zweierlei Dinge: Erstens müssen alle einzelnen zugunsten eines Dritten auf ihre Souveränität verzichten. Zweitens muss diesem begünstigten Dritten das Monopol physischer Gewaltsamkeit übertragen werden. Der Staat ist *als letzter Wolf* der Einzige, dem ein Recht auf alles und auf alle zukommt (Kersting 1994, 88).

Weil der Zweck des Staates die dauerhafte Beendigung der *wilden gesetzlosen Freiheit* der Privatpersonen ist, muss der ihn begründende Vertrag zwei Funktionen erfüllen: Er ist einerseits ein *Unterwerfungsvertrag*. Alle sich zum Staat Vereinigenden müssen auf ihre ursprüngliche Freiheit verzichten ohne sich irgendwelche Rechte zu reservieren. Andererseits aber ist der Hobbessche Gesellschaftsvertrag ein *Ermächtigungsvertrag*. Durch ihn *autorisieren* die Untertanen den Herrscher nämlich auch, *alle* die Rechtsbefehle zu erteilen, die zur Aufrechterhaltung des inneren Friedens erforderlich und geeignet sind. Sie verzichten dabei auf jedes Freiheitsgrundrecht, so dass die Souveränitätsentäußerung sowohl in quantitativer als auch qualitativer Hinsicht unbegrenzt scheint. Beispielsweise wird dem Souverän sogar das Recht übertragen, zu entscheiden welche Religion die herrschende sein soll.

Eines ist der Hobbessche Gesellschaftsvertrag demnach auf gar keinen Fall: ein **Herrschaftsausübungsvertrag**, durch den der faktische Souverän den normativen Vorgaben der Vertragsschließenden unterstellt würde. Stattdessen sollte man diese Art Vertrag zutreffender als **Herrschaftsübertragungsvertrag** bezeichnen, durch den ein Souverän geschaffen wird, *der die Selbstbestimmungsrechte der Individuen absorbiert und zugleich ihr autorisierter Vertreter ist* (Kersting 1992, 93). Herrscher und Beherrschte sind hier deswegen identisch, weil die Untertanen alle ihre Rechte ,an der Staatspforte' abgegeben haben und solange der Souverän seine *Sorge um die Sicherheit des Volkes* (Hobbes, Leviathan, 30, 255) erfolgreich betreibt, kann er staatliche Hoheitsrecht in beliebiger Weise ausüben.

Entscheidend ist, dass der Hobbessche Gesellschaftsvertrag schlechterdings *kein rechtsetzender* Akt ist (Kersting 1992, 85). Denn durch Recht würde die Ausübung politischer Herrschaft limitiert. Weder werden Grundrechte oder Gewaltenteilung angeführt, noch wird überhaupt eine geschriebene Verfassung gefordert, so dass die Frage nach Formen, in denen Verfassungsänderungen vor sich zu gehen hätten, erübrigt. Man könnte meinen – und Carl Schmitt tendiert dazu – der Hobbessche Souverän wäre im Optimalfall gänzlich unverfasst. Denn nur in einer ,lebendigen Verfassung' ließe sich der Zweck der Staatssouveränität, die gesicherte Selbsterhaltung der Bürger, optimal erreichen. Der einzige Zweck, zu dessen Erfüllung sich die Individuen *einem Menschen oder einer Versammlung [...] unterwerfen*, ist aber ihre gesicherte Selbsterhaltung (Hobbes, De Cive, 5, 6, 128). Ausschließlich deswegen legen die Menschen wechselseitig ihre Waffen nieder, und stellen sich gemeinsam unter den Schutz des staatlichen Gewaltmonopolisten.

Versagt jedoch der Staat (z. B. durch den Zerfall einer Dynastie in Bürgerkriegsparteien) in dieser ordnungspolitischen Funktion, dann treten die Individuen unmittelbar in den Zustand ursprünglicher Freiheit zurück, in dem jeder ein Recht auf alles und alle *(ius in omnia et omnes)* hat. Wenn nämlich der Staat seinen Zweck der Friedenssicherung nicht mehr erfüllen kann, dann ist genau der Zustand eingetreten, um dessen Überwindung willen der Gesellschaftsvertrag geschlossen worden war: der Bürgerkrieg: *Die Verpflichtung der Untertanen gegen den Souverän dauert nur so lange, wie er sie auf Grund seiner Macht schützen* **kann**, *und nicht länger. Denn das natürliche Recht der Menschen, sich selbst zu schützen, wenn niemand anderes dazu in der Lage ist, kann durch keinen Vertrag aufgegeben werden. Die Souveränität ist die Seele des Staates, von der die Glieder keinen Bewegungstrieb empfangen können, wenn sie einmal den Körper verlassen hat. Der Zweck des Gehorsams ist Schutz* (Leviathan, II, 21, 171).

Solange der Herrscher den Zweck des politischen Zusammenschlusses, den innerstaatlichen Rechtsfrieden, allerdings erreicht, bleibt der Gesellschaftsvertrag uneingeschränkt in Kraft. In dieser zentralen Friedenstiftungsfunktion sieht Hobbes den Souverän allerdings als *Stellvertreter* des Volkes an, der von diesem beauftragt wurde. Nirgends wird Hobbes' Nähe zur ,demokratischen Gesellschaftsvertragslehre' augenscheinlicher als in folgender Passage: *[Was die bürgerlichen Freiheiten betrifft], so hängen sie vom Schweigen des Gesetzes ab. In den Fällen, wo der Souverän keine Regel vorgeschrieben hat, besitzt der Untertan die Freiheit, nach eigenem Ermessen zu handeln oder es zu unterlassen. Und deshalb ist die Freiheit mancherorts und zu manchen Zeiten größer oder geringer, je nachdem es die Inhaber der Souveränität für am zweckmäßigsten halten [...]. Verfolgt nämlich der Souverän seine Forderung auf Grund eines erlassenen Gesetzes und nicht kraft seiner Gewalt, so erklärt er dadurch, dass er nicht mehr verlangt, als was nach diesem Gesetz offenbar geschuldet wird. [...] Fordert oder beschlagnahmt der Souverän aber etwas auf Grund seiner Gewalt, so ist dies kein gesetzmäßiges Verfahren, denn alles, was er kraft seiner Gewalt tut, geschieht auf Grund der Autorität jedes Untertanen, und wer ein Verfahren gegen den Souverän in Gang setzt, setzt es folglich gegen sich selbst in Gang* (Leviathan, II, 21, 170 f.).

Indem Hobbes andeutet, dass zwischen dem Willen der Beauftragenden und dem des Beauftragten selbst dann ein Symmetrieverhältnis besteht, wenn letzterer **gesetzlichen** Zwang ausübt, verwendet er eine *Sprache*, die definitiv nicht mehr dem Modell der *Magna Charta Libertatum* gehorcht, sondern zu den Gesellschaftsvertragslehren passt. Denn die Befugnisse des Herrschaftsinhabers werden aus dem Willen derjenigen abgeleitet, denen ursprünglich alle Souveränität eigen ist: den sich vertraglich als Staatsvolk konstituierenden Individuen. Allerdings entspricht der *Inhalt* der Beauftragung noch ganz der Tradition des Herrschaftsvertrages: Unbedingten Rechtsgehorsam sind die Untertanen nämlich jedem von ihnen eingesetzten Herrscher schuldig, der sie *effektiv* vor privater Gewalt schützen kann: *Da der Zweck dieser Einsetzung Frieden und Verteidigung aller ist, und jeder, der ein Recht auf den Zweck hat, auch ein Recht auf die Mittel dazu hat, so gehört es zu dem Recht jedes souveränen Menschen oder jeder souveränen Versammlung, Richter über die Mittel zum Frieden und zur Verteidigung sowie über das zu sein, was diese hindert oder stört* (II, 18, 160).

Die Entscheidung darüber, in welchen Formen, d. h. in welchen Grenzen die Souveränität ausgeübt werden soll, **scheint** mit dem Vertragsschluss zur ausschließlichen Angelegenheit des Herrschers geworden zu sein. Doch das ist nicht die ganze Wahrheit!

Hobbes Vertragslehre ist durch diese spezifische Ambivalenz zwischen einem durch und durch gesellschaftsvertraglichen Inhalt und einer sprachlichen Darstellung gekennzeichnet, die stilistisch noch am überkommenen Absolutismus orientiert ist. Auf der einen Seite erscheint der Staat als Mittel der Selbstnormierung der Bürger und auf der anderen wird die Souveränität der Gesellschaft auf eine einzige Handlung beschränkt: den Vertragsabschluss. Damit steht der *Leviathan* an der Schwelle, die den vormodernen Souveränitäts*übertragung*vertrag vom modernen Souveränitäts*ausübungs*vertrag trennt.

Seit Hobbes verläuft die weitere Entwicklung des Naturrechts in kontraktualistischen Bahnen, sodass von nun an der faktische Souverän mehr oder minder strikt als Stellvertreter des Volkes aufgefasst wird, der an dieses als den Ureigentümer jeglicher Souveränität durch ein Verhältnis der treuhänderischen Beauftragung („trusteeship") gebunden bleibt. Damit wird einerseits der Weg in Richtungen einer formalen, prozeduralistischen Legitimationskonzeption politischer Herrschaft eröffnet. Doch andererseits rekurriert der *Leviathan* nach wie vor auf eine materiale Legitimitätskonstruktion, die, wenn auch hochgradig rationalisiert, an Output-orientierte Staatszwecklehren der Vormoderne erinnert.

Bereits bei **John Locke** (1632–1704) ist diese Schwelle zu einer demokratischen Variante der Vertragstheorie überschritten. In seiner Perspektive nämlich ist der Gesellschaftsvertrag zugleich ein Akt, der den Souverän bestimmt und damit mindestens die Staatsform festlegt, ohne dass jedoch eine endgültige Übertragung der Souveränität stattfände. Der Lockesche Typ der Gesellschaftsvertragstheorie lässt sich am besten mit dem Attribut **volkssouveränitär** kennzeichnen.

Demokratisch ist die Vertragskonzeption des *Second Treatise of Government* aus zwei Gründen: Erstens enthält sie normative Aussagen über Staatsverfassungen, die mit den ursprünglichen Rechten der Individuen auf Leben, Freiheit und Eigentum unvereinbar sind. So sei insbesondere die absolute Monarchie *inconsistent with civil society*. Insofern nämlich ein **absoluter Monarch** Richter in eigener Sache bliebe, würde er im Unterschied zu seinen Untertanen den Übertritt in den bürgerlichen Zustand verweigern: *[T]hose persons are still in the state of nature* (Second Treatise, VII, 90).

Zweitens ist Lockes Gesellschaftsvertragstheorie als *volkssouveränitär* zu bezeichnen, weil sie die Staatsgründung aus einen demokratischen Akt der Gesetzgebung hervorgehen lässt, der seinerseits zuallererst eine gesetzgebende Gewalt zu institutionalisieren hat: *Das erste und grundlegende positive Gesetz aller Staaten ist daher die* **Begründung der legislativen Gewalt** *[the establishing of the legislative power] – so wie das erste und grundlegende natürliche Gesetz, welches selbst über der legislativen Gewalt gelten muss, die Erhaltung der Gesellschaft und [...] jeder einzelnen Person in ihr ist. Diese legislative Gewalt ist nicht nur die höchste Gewalt des Staates, sondern sie liegt auch geheiligt in jenen Händen, in die die Gemeinschaft sie einmal gelegt hat* (XI, 134).

Nach Locke ist der Staat kein Zweck an sich selber, sondern wesentlich Mittel. Es dient dem überpositiven Naturrecht der Menschen, welches die Selbsterhaltung der Gesellschaft sowie aller ihrer Mitglieder fordert. Der schlechterdings für jede Staatsgründung elementare Akt sei aber nicht etwa wie bei Hobbes die Errichtung einer monopolisierten Zwangsgewalt, sondern die Einrichtung einer gesetzgebenden Gewalt. Die Bestimmung des Legislativorgans sei eine derart folgenschwere Entscheidung, dass sie unbedingt durch ein positives Verfassungsgesetz festgeschrieben werden müsse.

Doch der Gesellschaftsvertrag ermächtigt nicht nur eine Personengruppe zur Gesetzgebung, sondern er legt dem Gesetzgeber auch bestimmte *Verpflichtungen* auf. Lockes *Second Treatise of Government* enthält normative Aussagen, die dem Souverän Schranken auferlegen, indem sie die **rechtstaatlich-liberale** Komponente der Volkssouveränitätslehre betonen:

So sei es der parlamentarischen Legislative erstens untersagt, *willkürliche Macht über Leben und Schicksal des Volkes* auszuüben. Insofern nämlich die Legislativkörperschaft als vermittelndes Organ der rechtlichen Selbstorganisation der Gesellschaft anzusehen sei, könne *sie niemals das Recht haben, die Untertanen zu vernichten, zu versklaven oder mit Vorbedacht auszusaugen* (XI, 135). Denn Gesetze, die die Untertanen wie willenlose Sachen behandelten, könnten unmöglich aus dem Willen der Bürger hervorgegangen sein.

Zweitens *kann sich die Legislative oder höchste Gewalt nicht die Macht anmaßen, durch willkürliche Maßnahmeverordnungen [extemporary arbitrary decrees] zu regieren, sondern ist gehalten, nach öffentlich verkündeten stehenden Gesetzen und durch anerkannte und autorisierte Richter für Gerechtigkeit zu sorgen und Recht zu sprechen* (XI, 136).

Die Hierarchie der verschiedenen Normsetzungskompetenzen an deren Spitze die Gesetzgebung stehen soll, verlangt strikte Gewaltenteilung und zwar sowohl in organisatorischer als auch in normlogischer Hinsicht. Die Gesetzgebung darf sich nur eines bestimmten Typs von Rechtsnormen bedienen, die nicht nur durch einen formellen Gesetzesbegriff, sondern auch durch einen materiellen bestimmt sind: Gesetze haben positive, öffentlich verkündete, dauerhaft geltende Rechtsnormen zu sein, die dem Grundsatz der Gleichheit vor dem Gesetz genügen, also auf jede Diskriminierung von Minderheiten verzichten.

Außerdem wird dem Souverän untersagt, sich seiner Gesetzgebungskompetenz ganz oder teilweise zu entäußern. Indem das Volk vermöge des Gesellschaftsvertrages eine moralische Person mit der Legislationskompetenz ausstattet, überträgt sie ihr demnach sowohl ein Recht als auch eine Pflicht, die von Seiten des Verpflichteten nicht aufgekündigt werden kann: *[Die] Legislative [kann] die Gewalt, Gesetze zu geben, nicht in andere Hände legen. Da diese Gewalt ihnen vom Volk* übertragen wurde, können sie diejenigen, die sie in Händen haben, nicht an andere weitergeben. Einzig das Volk kann die Staatsform [the form of the commonwealth] bestimmen (XI, 140).

Als oberste vom Volk verliehene Gewalt kann demnach Souveränität weder geteilt werden noch auf andere Personen übertragen werden. Denn die Legislation ist kein ursprüngliches Recht jenes Organs, sondern stammt aus einer allem positiven öffentlichen Recht normativ vorausliegenden Rechtsphäre, dem Naturrecht. Das Volk, dem naturrechtlich alle Gewalt zukommt, beauftragt nämlich zuallererst eine besondere Personengruppe mit der **stellvertretenden Ausübung** seines Gesetzgebungsrechtes. Kein Parlament kann demnach von sich behaupten, **Eigentümer** der Souveränität zu sein.

Im Original wird noch deutlicher, dass die Legislative eine vom Volk entliehene Kompetenz besitzt, die ursprünglich diesem eigen ist und jederzeit dem jetzigen Stellvertreter genommen und auf eine andere Körperschaft übertragen werden könnte: *The Legislative cannot transfer the power of making laws to any other hand; for it being but a delegated power from the people, they who have it cannot pass it over to others. The people alone can appoint the form of the commonwealth, which is by constituting the legislative, and appointing in whose hand that shall be* (XI, 141).

Da aber auch die Gesetzgebung nur eine treuhänderische, um bestimmter Zwecke willen auszuübende Gewalt (*fiduciary power*) ist, verbleibt die allerhöchste Gewalt nach wie vor beim Volk. Denn dieses steht auch über der Legislative, die sie bestimmten Personen zur stellvertretenden Ausübung anvertraut und die sie jederzeit auf andere Personen übertragen kann, wenn der Zweck, die Sicherung von Freiheit und Eigentum, vom bisherigen Gesetzgeber verfehlt wurde: *And thus the community perpetually retains a supreme power of saving themselves from the attempts and designs of any body, even of their legislators, whenever they [...] carry on designs against the liberties and properties of the subject* (XI, 149).

Weil Gesellschaft und Staat nicht identifiziert werden, sondern der Staat als bedingt taugliches Instrument gesellschaftlicher Selbsterhaltung individueller Freiheiten betrachtet wird, kann das Volk im Extremfall ein (freilich ungeschriebenes) *Widerstandsrecht* in Anspruch nehmen. Dieser Fall tritt laut Locke aber nicht nur dann ein, wenn die Regierung sich über die Vorgaben des Gesetzgebers hinwegsetzt und tyrannisch herrscht (ebd., XVIII, 199 ff.), sondern ebenso wenn die Legislative den Gesellschaftsvertrag verletzt. Dies geschieht insbesondere durch willkürliche Gesetzgebung, die das *fundamental, sacred, and unalterabel law of self-preservation* verletzt (XIII, 148), um dessentwillen die Individuen ihre ursprüngliche Freiheit aufgaben:

Das Volk ist daraufhin jeden weiteren Gehorsams entbunden und ist jener Zuflucht überlassen, die allen Menschen gemeinsam gegen Macht und Gewalt von Gott gegeben ist. Wann immer daher die Legislative dieses grundlegende Gesetz der Gesellschaft überschreiten und [...] den Versuch unternehmen sollte, entweder selbst absolute Gewalt über Leben, Freiheit und Besitz des Volkes an sich zu reißen oder eine solche Gewalt in die Hände eines anderen zu legen, verwirkt sie durch einen solchen Vertrauensbruch jene Macht, die das Volk mit weit anderen Zielen in ihre Hände gegeben, und die Macht fällt zurück an das Volk. Das Volk hat dann ein Recht, zu seiner ursprünglichen Freiheit zurückzukehren und durch die Errichtung einer neuen Legislative (wie sie ihm selbst am geeignetsten erscheint) für sein eigenes Wohlergehen und seine Sicherheit zu sorgen (XIX, 222).

Mit Händen zu greifen ist hier Lockes Intuition, die Art von Gesetzen, mittels derer ein Souverän geschaffen wird, müsse von prinzipiell anderer Qualität sein, als die Gesetze, die danach von eben dieser mit der Gesetzgebung beauftragten Instanz verabschiedet werden: Die ersten Gesetze müssten eigentlich **konstituierende Gesetze** genannt werden und die zweiten wären entsprechend als **konstituierte Gesetze** zu bezeichnen. Ihr Urheber wäre im ersten Fall das Volk, dem alle konstituierende Gewalt zukäme, und im zweiten Fall das Parlament, welchem vom Volk eine konstituierte Gewalt zur stellvertretenden Ausübung übertragen wurde.

Der Sache nach kann demnach Locke (und nicht erst Sieyes) als Erfinder der Unterscheidung zwischen **verfassunggebender Gewalt** (*pouvoir constituant*) und **verfasster Gewalt** (*pouvoir constitué*) gelten, auch wenn die terminologische Differenzierung noch rund 50 Jahre auf sich warten ließ. Schon Locke kennt nämlich eine **Hierarchie** von Rechtsnormen und Rechtsnormsetzungsorganen. An der Basis dieser Normsetzungshierarchie können trivialerweise noch keine Staatsorgane existieren. Hier agiert allein die vorpolitische

Gesellschaft von Individuen. Locke vermeidet mit dieser zweistufigen Konstruktion der Volkssouveränität die Aporien, die bislang jeder Widerstandslehre eigen waren, die ein **Recht auf Rebellion** postulierte: Sie konnten nicht vermeiden, neben dem faktischen Souverän noch einen potenziellen zweiten Souverän zu postulieren, der im Konfliktfall neben den regulären Herrscher träte und mit ihm rivalisierte.

Locke löst dieses Problem, indem er das Volk und nicht den von ihm beauftragten Gesetzgeber zum Eigner aller Souveränität erklärt, so dass nun eine konstituierte von einer konstituierenden Ausübung der Souveränität unterschieden werden kann. Diese **zweistufige Souveränitätskonstruktion** meidet die Fallstricke eines dualen Modells, das mit einem angenommenen Widerstandsrecht zugleich den Preis der Souveränitätsdiffusion zahlen musste. Bei Locke werden zwei verschiedenrangige Souveränitätsdimensionen unterstellt, die, insofern sie verschiedenen Legitimationsniveaus zugeordnet sind, nicht in Konkurrenz zueinander treten können: Wo immer und wann immer die Kompetenzen übertragende Gewalt auftritt, erlischt im selben Augenblick die Kompetenz jeder stellvertretenden Gewalt.

3.3. VERFASSUNGGEBENDE GEWALT DES VOLKES

Die terminologischen Konsequenzen, die diesem zweistufigen Schema der Volkssouveränität eingeschrieben sind, wurden dann allerdings erst von **Emmanuel Joseph Sieyes** (1748–1836) gezogen. Bei diesem dritten Typ der Gesellschaftsvertragstheorie, den ich als **konstituierenden Kontraktualismus** bezeichnen möchte, wird die bei John Locke angedachte Zweistufigkeit der Volkssouveränität organisatorisch und prozedural ausdifferenziert. Hatte schon der Lockesche Gesellschaftsvertrag nicht nur die Funktion, einen Staat (im Sinne eines effektiven Gewaltmonopols) zu begründen, sondern ihn zugleich rechtlich zu normieren, so wird nun diese reflexive Gesetzgebung als Verfassungsgesetzgebung von der einfachen Gesetzgebung kategorial unterschieden: Der Staatsgründungsvertrag ist hier wesentlich ein die Staatsgewalt verrechtlichender Vertrag und daher notwendig ein Staatsverfassungsvertrag. Der idealtypische Vertreter dieser Art Kontraktualismus ist Emmanuel Joseph Sieyes.

Dieser interne Zusammenhang von Gesellschaftsvertrag und Verfassunggebung wird nirgends deutlicher als in einer wenig beachteten Passage aus dem Pamphlet über den Dritten Stand. Betrachtet man, um ein besonders markantes Beispiel zu nennen, das fünfte Kapitel, dann wird klar: Sieyes' Theorie des *pouvoir constituant* knüpft eindeutig an die Tradition des liberalen bzw. liberaldemokratischen Gesellschaftsvertrages an. Neu ist allerdings, dass die Gesellschaftsvertragslehre zugleich in prozeduraler Hinsicht spezifiziert wird:

Sieyes' Vertragskonstruktion unterscheidet zunächst zwei Stadien der politischen Einheitsbildung, die der Verfassunggebung vorhergehen: In der ersten Phase konstituiert sich ein gemeinsames Selbstverständnis der Individuen als *eine Nation: sie haben alle Rechte einer solchen [...]. Diese erste Epoche ist gekennzeichnet durch das Spiel der Einzelwillen. Sie erst schaffen die gesellschaftliche Vereinigung; sie sind der Ursprung aller öffentlichen Gewalt* (Dritter Stand, 165).

Auf der zweiten (Vor-)Stufe der Verfassunggebung beschließen die *associés, [...] ihrer Verbindung Beständigkeit [zu] verleihen* (ebd.). In dieser Phase organisiert sich der nationale Wille in Form einer *außerordentlichen,* zur Verfassunggebung autorisierten Repräsentation. Dieser besonderen Nationalrepräsentation werden, wie jeder Repräsentation, begrenzte Kompetenzen zur stellvertretenden Ausübung des nationalen Willens übertragen. Nach Sieyes sind allerdings für diesen konstituierenden Akt *nicht so viele Vorkehrungen nötig, um Machtmissbrauch zu verhindern,* wie bei einer verfassungsmäßigen Legislative erforderlich wären. Denn die außerordentlichen zur Verfassunggebung autorisierten Repräsentanten seien schließlich *nur für eine einzige Angelegenheit und für eine begrenzte Zeit abgeordnet* (170). Die durch ein eigenständiges Wahlverfahren (172) auf Zeit gebildete verfassunggebende Versammlung beschließt endlich die Verfassung im Sinne von positiven *Grundgesetzen*, d. h. Verfassungsgesetzen, mittels derer die Organisation und die Funktionen der gesetzgebenden und der ausführenden Körperschaften festgeschrieben werden (167).

Sieyes entwickelt ein dreistufiges Konstituierungsschema, in dem das Volk seine Vertreter zunehmend durch prozedurale und organisatorische Rechtsnormen bindet: *In der ersten Epoche hat sie [die Nation] alle Rechte einer Nation, in der zweiten übt sie sie aus, in der dritten lässt sie durch ihre Stellvertreter alles ausführen, was zur Erhaltung und Ordnung der Gemeinschaft nötig ist. Wenn man diese Aufeinanderfolge einfacher Ideen verlässt, fällt man von einer Ungereimtheit in die andere* (81).

In der ersten *Epoche* beschließt eine Anzahl von Personen in *individuellen Willensakten*, sich zur Gesellschaft zu vereinigen. Diese ursprüngliche *Nation* ist *das Gesetz selbst. Vor ihr und über ihr gibt es nur das natürliche Recht.* In der zweiten Phase *vergleichen sich* die gesellschaftswilligen Individuen und *kommen untereinander überein*, einen Staat zu gründen und beschließen *in ein und demselben Akt* über dessen verfassungsrechtliche Konstruktion (im Sinne der positiven Fixierung der Prinzipien des organisatorischen Aufbaus der öffentlichen Gewalt). Diese den Staat formende Verfassunggebung bzw. verfassunggebende Staatsgründung ist die erste Tat des politisch vereinigten Willens der Individuen.

Die zu verabschiedende Grundverfassung enthält zwei Gruppen von Verfassungsgesetzen: Die einen dienen der Organisation der *gesetzgebenden Versammlung*, die anderen der der ‚ausführenden' Gewalten. Sieyes betont, dass diese gewaltenteilige Staatsverfassung nicht das Werk einer konstituierten, sondern der konstituierenden Macht ist.

Zwar ist der *pouvoir constituant* als Legitimitätsquelle des geltenden Verfassungsrechts permanent wirksam, aber er ist keineswegs permanent aktiv, sondern, so die Schrift über den Dritten Stand, nur für den außerordentlichen Fall erneut zu befragen, dass im Rahmen der geltenden Verfassung eine normale Gesetzgebung unmöglich geworden ist. Falls eine Verfassungsänderung erforderlich wäre, könnte dies legitimerweise nur dadurch geschehen, dass neue *représentans extraordinaires* der Nation vom Volk gewählt würden. Allein das Volk als dem letzten *Ursprung aller Gesetzlichkeit* könnte diese neuerliche Aktivität seines *pouvoir constituant* veranlassen (82).

Der Clou der Sieyesschen Argumentation besteht darin, aus der Erkenntnis der qualitativen Höherrangigkeit von Verfassungsgesetzen prozedurale Konsequenzen zu ziehen: Die Ausübung der verfassunggebenden Gewalt musste von der der verfassten Gewalten strikt getrennt werden. Zwar ist nach Sieyes die Nation als *pouvoir constituant* frei in der Wahl ihrer (repräsentativen) Artikulationsmittel: Es wäre sowohl denkbar, dass zur Verfassunggebung andere Delegationsmodi verwendet würden als zur Verfassungsänderung, als auch, dass beide konstituierenden Befugnisse von derselben Körperschaft ausgeübt würden.

Sieyes Überlegungen bezüglich der Verfahren der *Verfassungsänderung* zielen darauf, dreierlei Gefahren zu bannen: *Die außerordentlichen Stellvertreter erhalten jede neue Gewalt, welche die Nation ihnen zu geben beliebt. Da sich eine große Nation nicht jedesmal, wenn außerordentliche Umstände es vielleicht erfordern, wirklich selbst versammeln kann, muss sie die in solchen Fällen notwendigen Vollmachten außerordentlichen Stellvertretern anvertrauen. [...] An die Stelle der Versammlung dieser Nation tritt nun die Körperschaft der außerordentlichen Stellvertreter. Sie bedarf zwar nicht einer umfassenden Vollmacht des Nationalwillens, sondern nur einer besonderen Vollmacht, und auch dies nur in seltenen Fällen; aber sie vertritt die Nation in ihrer Unabhängigkeit von allen Verfassungsformen. Hier sind nicht so viele Vorkehrungen nötig, um Machtmissbrauch zu verhindern; denn jene Stellvertreter sind nur für eine einzige Angelegenheit und für eine begrenzte Zeit abgeordnet. Ich sage nun, dass sie nicht durch die Verfassungsformen gebunden sind, über die sie zu entscheiden haben. 1. Sonst wäre dies ein Widerspruch, denn jene Formen sind unbestimmt; die außerordentlichen Stellvertreter sollen sie ja erst festlegen. 2. In solchen Angelegenheiten, für die man feste Formen bestimmt hat, haben sie nichts zu sagen. 3. Sie vertreten die Stelle der Nation, die selbst über die Verfassung bestimmt. Sie brauchen nur zu wollen wie die Individuen im Naturzustand; auf welche Weise sie auch bestellt worden sind, wie sie sich auch versammeln und beraten, ihr gemeinschaftlicher Wille wird immer als Wille der Nation gelten, sofern nur unverkennbar feststeht (und wie sollte die Nation, die sie beauftragt, das verkennen?*), *dass sie aufgrund eines außerordentlichen Auftrags der Bevölkerung handeln* (170).

Ausgeschlossen wird erstens eine formlose, d. h. bei Sieyes repräsentationslose Betätigung. Denn es soll der verfassunggebende Wille des *empirischen* und nicht des hypothetischen Volkes ermittelt werden. Zweitens sei durch die gewählten Verfahren sicherzustellen, dass es der *pouvoir constituant* des *Volkes* ist, der sich mittels seiner außerordentlichen Repräsentanten artikuliert. Deren freie Mandatierung schließt nämlich eine funktionale Begrenzung ihrer Kompetenzen sehr wohl ein. Sieyes versteht z. B. unter einer *unbeschränkte[n] Vollmacht das Recht der Abgeordneten, nach bestem Vermögen für den Zweck zu arbeiten, für den man beauftragt ist,* nicht aber die *Vollmacht, alles zu tun* (Empfehlung, 225). So dürfen beispielsweise die bereits in Kraft gesetzten positiven Verfassungsnormen nicht ohne besonderes Mandat geändert oder suspendiert werden; andernfalls könnte sich die verfassunggebende Versammlung als permanente superkompetente Diktaturgewalt etablieren, indem sie verfassungsrechtlich (bereits) normierte Kompetenzen der ordentlichen Staatsorgane beliebig aufhebt bzw. sich aneignet, ohne hierzu befugt zu sein. Drittens wird das *Gewaltenteilungsprinzip* auf das Verhältnis zwischen konstituierenden und konstituierten Befugnissen ausgedehnt. Die Absonderung konstituierender Repräsentationsverfahren soll verhüten, dass außerordentliche Befugnisse von regulären, verfassungsrechtlich in ihrer Funktion limitierten Repräsentanten angeeignet würden. Könnte eine in ihrer Kompetenz verfasste Gewalt die Verfassung modifizieren, geriete sie in einen performativen Selbstwiderspruch, denn sie könnte einen verfassungsrechtlich unbestimmten Gebrauch von ihrer verfassungsrechtlich wohldefinierten Kompetenz machen. Sieyes will mit der legitimationstheoretisch begründeten Lehre von der prozeduralen Zweistufigkeit der Tätigkeit der Organe der konstituierenden Volkssouveränität und der der verfassten Gewalten in erster Linie der Gefahr entgegenwirken, dass verfasste Staatsgewalten das Volk als den verfassunggebenden Souverän neutralisieren, indem sie sich faktisch die Funktion der Verfassungsänderung oder -suspendierung aneignen und damit das System der funktionalen Gewaltenteilung zerstören: *[Seh]t ihr denn nicht ein, dass keiner, der bloß Partei in einem Streite ist, die Verfassung antasten darf? Eine an Verfassungsregeln gebundene Körperschaft kann nur nach ihrer Verfassung entscheiden. Eine andere Verfassung kann sie nicht geben* (Dritter Stand 171).

Eine konstituierte Staatsgewalt, die sich anheischig machte, Verfassungsgesetze und damit die kodifizierte Grundlage ihrer Befugnisse eigenmächtig zu ändern, befände sich in einem performativen Selbstwiderspruch, der ihre verfassungsrechtliche Legitimität untergraben würde und der zwangsläufig über kurz oder lang in einer überverfassungsrechtlichen Diktatur der Legislative, Judikative oder Exekutive ‚aufgelöst' würde. Insbesondere in den Frühschriften richtet sich Sieyes' diesbezügliches Misstrauen vorzüglich gegen die Regierung und die Verwaltungsorgane: *Sehr viel mehr hat die persönliche Freiheit von den Unternehmungen der Beamten zu befürchten, denen die Ausübung irgendeines Zweiges der öffentlichen Gewalt anvertraut ist. Vereinzelte schlichte Amtsträger, ganze Körperschaften, ja selbst die Regierung in ihrer Gesamtheit können aufhören, die Rechte des Bürgers zu achten. [...] Eine gute Verfassung aller öffentlichen Gewalten ist die einzige Gewähr, die die Nationen und die Bürger vor diesem äußersten Unglück bewahren kann* (Einleitung, 248). Damit diese Gefahr aber gebannt werden kann, hält es Sieyes für unbedingt erforderlich, dass die positive Verfassung in gesetzlicher Form das Verfahren ihrer Revision regelt: *Es gehört übrigens in das erste Kapitel eines Verfassungsentwurfs, die Mittel zur Bildung und Umbildung aller Teile einer Verfassung darzulegen* (251).

Sollten an dieser Stelle noch Zweifel daran bestehen, *ob die Theorie des pouvoir constituant eine Gesellschaftsvertragstheorie ist*, sei noch eines erwähnt: Sieyes sieht auf allen drei Stufen der repräsentativen Ausübung der Volkssouveränität Diskurse vor, in denen sich der jeweilige Gemeinwille als Schnittmenge der Individualwillen allererst heranbildet. Auch in dieser Hinsicht steht Sieyes' Lehre vollkommen im Einklang mit kontraktualistischen Legitimitätstheorien des politischen Liberalismus und dem dort vorausgesetzten subjekttheoretischen Individualismus: *Die Willen der Einzelnen sind stets dessen [des Bürger-Ganzen] Ursprung und bilden dessen wesentliches Element* (Dritter Stand, 78).

3.4. VERFASSUNGSEVOLUTION

Eine plausible Alternative zur Lehre von der verfassung-gebenden Gewalt des Volkes hat **Georg Wilhelm Friedrich Hegel** (1770–1831) angeboten. Jede Verfassung wird als Mani-festation des jeweiligen Volksgeistes aufgefasst, und zwar so, dass die Verfassung den Stand des Lernprozesses über das Wesen rechtlicher Freiheit wiederspiegelt, den ein bestimm-tes Volk bislang durchlief (Hegel, Grundlinien, § 274, 440). Damit positioniert Hegel seine eigene evolutionäre Theorie des Verfassungswandels in Gegnerschaft zur Gesellschafts-vertragstheorie im Allgemeinen und zur Theorie der ver-fassunggebenden Volkssouveränität im Besonderen. Hegels Kardinaleinwand gegen die Gesellschaftsvertragslehren zielt darauf, dass für diese Art politischen Denkens die Souveräni-tät des Staates undenkbar bleiben muss – ein Einwand, des-sen Berechtigung Rousseau sicher nicht bestritten hätte: *Wenn der Staat mit der bürgerlichen Gesellschaft verwechselt wird [...], so ist das Interesse der Einzelnen als solcher der letzte Zweck, zu welchem sie vereinigt sind, und es folgt hieraus, dass es etwas Be-liebiges ist, Mitglied des Staats zu sein* (Grundlinien, § 258, 399).

Zwar gebühre Rousseau (und ihm teilweise folgend Kant) das Verdienst, zuerst das Prinzip des Staatsrechts im souve-ränen **Willen** gefunden zu haben; freilich habe er die poli-tische Souveränität noch ausgehend von den *einzelnen* Wil-len gedacht, weswegen der im Staat realisierte allgemeine Wille nur immer als **gemeinschaftlicher** gefasst werden kön-ne, der sich ‚mechanisch' aus einzelnen (bzw. vereinzelten) Willen zusammensetze und sich ebenso gut wieder in seine Elemente auflösen könne. *Allein indem er den Willen nur in bestimmter Form des einzelnen Willens [...] und den allgemeinen Willen [...] nur als das Gemeinschaftliche, das aus diesem einzel-nen Willen als bewusstem hervorgehe, fasste, so wird die Verei-nigung der Einzelnen im Staat zu einem Vertrag, der somit ihre Willkür, Meinung und beliebige, ausdrückliche Einwilligung zur Grundlage hat* (§ 258, 400).

Gegen Rousseau will Hegel demonstrieren, dass ein Ge-sellschaftsvertrag als (reale oder gedachte) Legitimationsquelle von öffentlichem Recht immer nur mangelhaftes Recht zustandebringen kann. Denn die objektive Geltung der auf diesem Weg erzeugten Rechtsordnung bleibe von der subjektiven Willkür der Herrschaftsunterworfenen abhängig. Wenn aber der Vertrag als mögliche Quelle sowohl des inneren wie des äußeren Staatsrechts ausscheiden soll, so hätte Hegel konsequenterweise auf die Gewalt als den klassischen Modus der einseitigen Stiftung öffentlichen Rechts verweisen können. Zwar finden sich gelegentlich derartige Aussagen. Doch dies scheint nicht Hegels eigentliches Argument gewesen zu sein. Die Frage nach dem Realursprung einer Verfassung soll vielmehr einerseits als rechtsphilosophisch irrelevant und andererseits als legitimationsuntergrabend ausgegrenzt werden. Die Frage als solche sei nämlich geeignet, den Patriotismus der Bürger zu beeinträchtigen: *Die Verfassung ist die Grundlage, der Boden, auf dem alles geschieht. Die Verfassung muss daher als eine ewige Grundlage angesehen werden, nicht als ein Gemachtes* (Naturrecht, § 134, 190).

Der Glaube an die Konstruierbarkeit von Verfassungen hatte speziell bei Sieyes ihren rationalistischen Höhepunkt erreicht. Verfassungen sind aber für Hegel keine ‚auf dem Reißbrett' zu konstruierenden Kunstwerke, sondern quasiorganische Gebilde, die aus den Sitten der Völker erwachsen. Verfassungen können also nicht ‚gemacht' werden. Sie sind vielmehr als ‚Organe der Volksgeister' gedacht, die sich mit der Zeit entwickeln können, deren willkürliche Veränderung sich aber verbiete.

Aus Hegels Sicht untergrabe die nüchtern-prozeduralistische Denkungsart des Franzosen die Legitimität jeder Verfassung: das Gelten einer Verfassung werde zu etwas nur Relativem, der Willkür Überantwortetem: Dagegen sei an der Erkenntnis festzuhalten, *dass die Verfassung, obgleich in der Zeit hervorgegangen, nicht als ein Gemachtes angesehen werde; denn sie ist vielmehr das schlechthin an und für sich Seiende, das darum als das Göttliche und Beharrende und als über der Sphäre dessen, was gemacht wird, zu betrachten ist* (Grundlinien, § 273, 439).

Gelegentlich tendiert Hegel sogar dazu, auch Sieyes' Pouvoir-Constituant-Theorie mit der terroristischen Entgleisungsphase der Französischen Revolution in Zusammenhang zu bringen, besonders dort, wo das Prinzip der Volkssouveränität im Allgemeinen problematisiert wird (§§ 279, 301, 317).

Hegel wertet die *Schreckenszeit der Französischen Revolution* als Ergebnis eines übersteigerten *Fanatismus*, der allenfalls *ein Abstraktes*, aber *keine Gliederung* hervorgebracht habe und er erklärt diese Tendenz aus einer Übersteigerung des repräsentations- und institutionenfeindlichen Aspektes der Gleichheitsidee: *Deswegen hat auch das Volk in der Revolution die Institutionen, die es selbst gemacht hatte, wieder zerstört, weil jede Institution dem abstrakten Selbstbewußtsein der Gleichheit zuwider ist* (§ 5, 52.).

Auch die Volkssouveränität zählt für Hegel zu den ambivalenten Ideen: Zum einen bringe dieser Grundsatz zum Ausdruck, dass die Freiheit bzw. der Wille zum modernen *Prinzip des Staats* geworden ist. Zum anderen jedoch könne die Losung der Volkssouveränität die verfehlte Meinung hervorrufen, alle staatliche Autorität sei von der *Willkür, Meinung und beliebige[n], ausdrückliche[n] Einwilligung* der Bürger abhängig. Geschieht dies, dann werde jede institutionelle Verfestigung ihres Gemeinwillens unter Verdacht gestellt. In der Französischen Revolution sei die Idee der Volkssouveränität zur realen *Gewalt* geworden, was eine Staatsverfassung hervorgebracht habe, die, nach *Umsturz alles Bestehenden und Gegebenen*, ausschließlich *vom Gedanken* und nicht mehr von bestehenden Sitten und Lebensformen ausgegangen sei. Der Versuch, von allem Bestehenden abzusehen und der Verfassung nicht das wirkliche, sondern *bloß das vermeinte Vernünftige zur Basis geben zu wollen*, sei dementsprechend zur *fürchterlichsten und grellsten Begebenheit* geraten (§ 258, 400), denn **Abstraktionen in der Wirklichkeit geltend machen, heißt Wirklichkeit zerstören** (Philosophie der Geschichte, 529).

Dementsprechend sei die politische Lage auch höchst fragil gewesen: Verfassungen seien bedenkenlos geändert, durchbrochen oder suspendiert worden. Auch hätte man Regierungen oder reguläre Parlamente immer wieder durch Staatsstreiche abgesetzt. Dies könne zwar nicht die welthistorische Bedeutung der Revolution schmälern (ebd.), doch müsse man eben auch die Brüchigkeit des französischen

Staatsrechts zur Kenntnis nehmen, die aus der Verwirklichung eines abstrakten Gleichheitsideals resultierte: *So geht die Bewegung und Unruhe fort* (ebd., 535).

Aus Hegels Perspektive wird die Instabilität des politischen Institutionensystems Frankreichs wesentlich durch Mängel der bisherigen Verfassungen verursacht. Dabei hat er besonders die Systeme der Gewaltenteilung im Blick. Speziell die organisatorische Kompetenzverteilung zwischen Legislative und Exekutive sei bisher unzulänglich geregelt gewesen, mit dem Ergebnis, dass beide Funktionen meistenteils in dichotomer Beziehung zueinander gestanden hätten. So sei die Legislative häufig beherrscht worden von *Männer[n] der Prinzipien,* die abstrakte Ideale beschworen hätten, statt, wie es erforderlich gewesen wäre, der Exekutive hinreichend präzise gesetzliche Normen vorzugeben und sie damit zum Handeln zu ermächtigen und zu befähigen. Aktivitäten der Regierung bzw. der Verwaltung hätten demgegenüber immer schon unter dem Verdacht gestanden, die Menschen- und Bürgerrechte zu verletzen.

Das Hauptmanko der revolutionären Politik sieht Hegel darin, dass zwar eine *weiter bestimmte Gesetzgebung, eine Organisation der Staatsgewalten und der Behörden der Administration [...] als notwendig zugegeben* wird. In der politischen Praxis dagegen habe man weder die eine noch die andere Forderung eingelöst. Statt legislative Pflichten (auf der einfachgesetzlichen wie der verfassungsrechtlich-organisatorischen Ebene) zureichend zu erfüllen, habe sich die politische Führungsschicht deklamatorisch auf die Menschen- und Staatsbürgerrechte berufen: *Die Staatsgesetzgebung ist für die Männer der Prinzipien im wesentlichen ungefähr mit den [...] Droits de l'homme et du citoyen erschöpft.* Vor dem Hintergrund dieser pathetisch beschworenen Legitimationsformel der Rechtedeklaration hätte man tendenziell jede *Betätigung der Institutionen, welche [in Wahrheit] die öffentliche Ordnung und die wirkliche Freiheit ist,* per se als gleichheitswidrig verdächtigt: *Gehorsam gegen die Gesetze wird notwendig zugegeben, aber von den Behörden, d. h. von Individuen gefordert, erscheint er der Freiheit zuwider; die Befugnis, zu befehlen, der Unterschied [...] des Befehlens und Gehorchens überhaupt, ist gegen die Gleichheit; eine Menge von Menschen kann sich den Titel von Volk geben, und mit*

Recht, denn das Volk ist diese unbestimmte Menge; von ihm aber sind die Behörden und Beamten, überhaupt die der organisierten Staatsgewalt angehörigen Glieder unterschieden, und sie erscheinen damit in dem Unrecht, aus der Gleichheit herausgetreten zu sein und dem Volke gegenüberzustehen, das in dem unendlichen Vorteil ist, als der souveräne Wille anerkannt zu sein. Dies ist das Extrem von Widersprüchen, in dessen Kreise eine Nation herumgeworfen wird, deren sich diese formellen Kategorien bemächtigt haben (Reformbill, 127).

Da Hegel nicht nur die unzureichende Gesetzgebung, sondern die mangelnde rechtliche Normierung der öffentlichen Gewalt(en) insgesamt für diesen Zustand verantwortlich macht, kann man folgern, dass er das Missverhältnis zwischen Legislative und Exekutive, nicht allein revolutionärem Enthusiasmus, sondern gravierenden Konstruktionsfehlern der bislang diskutierten, verabschiedeten bzw. in Kraft getretenen Verfassungen zuschreibt. Es hätte nahegelegen, Sieyes als einen der bedeutendsten Architekten der französischen Revolutionsverfassungen für diese Mängel in die Verantwortung zu nehmen.

Doch weder dessen persönliches Engagement, noch der eminente verfassungspolitische Einfluss speziell seiner frühen Schriften werden in diesem Zusammenhang erwähnt. Obwohl Hegel im Ganzen das übersteigerte Ideal der Volkssouveränität zu den Hauptursachen der instabilen französischen Verfassungsgeschichte zählte und speziell Sieyes' Schrift über den Dritten Stand gemeinhin als das demokratische Manifest galt, das als Fanal die revolutionären Ereignisse beschleunigt, wenn nicht sogar initiiert hätte, hält sich Hegel in dieser wirkungsgeschichtlichen Frage auffällig bedeckt.

Meines Wissens erwähnte Hegel nur ein einziges Mal – und dies sehr spät – Sieyes ausdrücklich:

Bekanntlich hat Sieyes, der den großen Ruf tiefer Einsichten in die Organisation freier Verfassungen hatte, in seinem Plane, den er endlich bei dem Übergang der Direktorialverfassung in die konsularische aus seinem Portefeuille hervorziehen konnte, damit nun Frankreich in den Genuss dieses Resultates der Erfahrung und des gründlichen Nachdenkens gesetzt werde, einen Chef an die Spitze des Staats gestellt, dem der Pomp der Repräsentation nach außen

und die Ernennung des obersten Staatsrats und der verantwort-
lichen Minister wie der weiteren untergeordneten Beamten zu-
stände, so dass die oberste Regierungsgewalt jenem Staatsrat an-
vertraut werden, der Proclamateur-électeur aber keinen Anteil an
derselben haben sollte (117 f.).

Hegels Bemerkung ist aufschlussreich: Auf den ersten
Blick wird Sieyes' verfassungsrechtliche Kompetenz gelobt,
wenn ihm *Erfahrung und gründliches Nachdenken* zuerkannt
werden. Doch lässt Hegel dabei auch durchblicken, dass er
auch Sieyes' Verfassungspläne für ungenügend hält, weil ihnen ein solides rechtsphilosophisches Fundament fehle. Entsprechend wird die ‚Oberflächlichkeit' und ‚Abstraktheit',
die französische Verfassungstheorien und ihre öffentliche
Diskussion kennzeichne, mit der analytischen Strenge und
Systematik der deutschen Verfassungstheorie konfrontiert,
die sich nicht zuletzt durch deutlich größeren politischen
Realitätssinn und Praktikabilität sowie entsprechende öffentliche Akzeptanz auszeichne. *Ideen, welche die Grundlagen*
einer reellen Freiheit ausmachen [...], die in Frankreich mit vielen
weiteren Abstraktionen vermengt und mit den bekannten Gewalt-
tätigkeiten verbunden [waren], [sind] in Deutschland längst zu
festen Prinzipien der inneren Überzeugung und der öffentlichen
Meinung geworden [...] und [haben] die wirkliche, ruhige, allmäh-
liche, gesetzliche Umbildung jener Rechtsverhältnisse bewirkt [...],
so dass man hier mit den Institutionen der reellen Freiheit schon
weit fortgeschritten, mit den wesentlichsten bereits fertig und in
ihrem Genusse ist (121).

Nach Hegels Überzeugung ist die diskontinuierliche
französische Verfassungsgeschichte einerseits aus der revolutionären ‚Verwirklichung' abstrakter Rechts- und Verfassungsprinzipien zu erklären, während die entsprechende
Entwicklung in Deutschland, auch ohne geschriebene Verfassung, als behutsame, aber doch kontinuierliche Reform
der politischen Institutionen nach Maßgabe vernunftrechtlich begründeter Prinzipien vonstatten gehe (Langer 1986,
bes. 11 ff., 81 ff., 95–137). Nicht nur in den Grundlinien, sondern ebenso in anderen Vorlesungen über Rechtsphilosophie
widerspricht Hegel der Auffassung, Verfassungen könnten
gemacht werden (Hegel, Grundlinien, § 274, 440). Im Kon-
trast zum revolutionären Enthusiasmus der Franzosen und

49

der entsprechend voluntaristischen Lehre von der verfassunggebenden Gewalt des Volkes plädiert Hegel für das *geduldige Abwartenkönnen* in der Gewissheit, dass die politische Realität ihrem rechtsphilosophischen Begriff nicht auf Dauer widersprechen kann: *Eine Verfassung überhaupt, wenigstens im Occident wo subjektive Freiheit ist, bleibt nicht stehen, verändert sich immer [...]. Das Bewusstsein läuft zwar der Wirklichkeit voraus, aber diese kann nicht bestehen, ist nur leere Existenz wenn sie als Äusseres nicht mit dem Geiste identisch ist* (Grundlinien, § 272, 660).

Dies wirft nun ein ganz anderes Licht auf die Bemerkung zu Sieyes. Hegels insgesamt kritisches Urteil über die französische Staatsrechtsphilosophie lässt an dem, was zunächst als Würdigung der Verdienste Sieyes' erschien, einen ironischen Hintersinn erkennen. Wer konstatiert, Sieyes hätte den *Ruf tiefer Einsichten in die Organisation freier Verfassungen*, der sagt damit noch nicht, ob er diesen Ruf für berechtigt hält. Wenn es zudem heißt, Sieyes habe seinen Entwurf der Konsularverfassung *aus dem Portefeuille* ziehen können, dann wird zumindest nahegelegt, Sieyes könnte eine ‚Verfassungskünstler' sein, dem die nötige Umsicht abgeht (Reformbill, 127).

Eine (allerdings mehrdeutige) Erklärung für die ungleichartige Entwicklungsrichtung der deutschen und der französischen Verfassungstheorie und -praxis seit 1789 gibt der späte Hegel selbst: *[In der deutschen Philosophie] ist die Revolution als in der Form des Gedankens niedergelegt und ausgesprochen [...]. In Deutschland ist dies Prinzip als Gedanke, Geist, Begriff, in Frankreich in die Wirklichkeit hinausgestürmt. Was in Deutschland von Wirklichkeit hervorgetreten, erscheint als eine Gewaltsamkeit äußerer Umstände und Reaktion dagegen. [...] Die Franzosen sagen: Il a la tête prè du bonnet; sie haben den Sinn der Wirklichkeit, des Handelns, Fertigwerdens, – die Vorstellung geht unmittelbar ins Handeln über. So haben sich die Menschen praktisch an die Wirklichkeit gewendet. So sehr die Freiheit in sich konkret ist, so wurde sie doch als unentwickelt in ihrer Abstraktion an die Wirklichkeit gewendet; und Abstraktionen in der Wirklichkeit geltend machen, heißt Wirklichkeit zerstören. Der Fanatismus der Freiheit, dem Volke an die Hand gegeben, wurde fürchterlich. In Deutschland hat dasselbe Prinzip das Interesse des Bewusst-*

seins für sich genommen; aber es ist theoretischerweise ausgebildet worden. Wir haben allerhand Rumor im Kopfe und auf dem Kopfe; dabei lässt der deutsche Kopf eher seine Schlafmütze ganz ruhig sitzen und operiert innerhalb seiner (Geschichte der Philosophie, Bd. III, 314 u. 331 f.).

Natürlich will Hegel nicht bestreiten, dass Verfassungen faktisch gemacht werden können: Tatsächlich haben sich das französische Volk bzw. seine von ihm autorisierten oder selbsternannten Stellvertreter seit 1789 rund alle zwei Jahre eine neue Verfassung gegeben, während das preußische Staatsrecht noch lange Zeit seiner Kodifizierung harren musste. Wenn Hegel darauf besteht, Verfassungen könnten nicht gemacht werden, dann zielt er auf den ‚abgehobenen' und in diesem Sinn künstlichen Charakter von Vernunftverfassungen, die, im philosophischen Begriffslaboratorium konstruiert, der ‚rückständigen' Wirklichkeit abstrakte Ideale entgegenstellen. Das jedoch müsse bezogen auf die de facto geltenden Sitten zerstörerisch wirken, ohne dass aber höherstufige Sitten bereits an deren Stelle getreten wären.

Dagegen setzt Hegel, der sich in diesem Punkt durch die französischen Terror-Jahre 1793/94 bestätigt sehen kann, das Konzept einer **‚organischen' Verfassungsentwicklung.** Diese würden dem jeweiligen Stand des Volksgeistes nicht gewaltsam übergestülpt, sondern sie entspräche ihm. Verfassungen sollten demnach keine rechtlichen Abstraktionen auf die gesellschaftliche Wirklichkeit applizieren, sondern umgekehrt die innere Vernünftigkeit der gewachsenen gesellschaftlichen Sitten aufgreifen und sie, indem sie die in ihnen wirksamen Rechtsprinzipien zum Ausdruck brächten, wiederum stabilisieren. Insofern der Volksgeist nichts anderes darstelle als das aktuelle normative Selbstverständnis eines Volkes, gingen Versuche, volksgeistwidrige Vernunftverfassungen zu oktroieren in der Regel mit dem Risiko einher, den Bürgerkrieg und die schließliche Restauration des vernunftwidrigen alten Staatsrechts zu begünstigen.

Zwar bezieht Hegel eine äußerst kritische Position zu demokratischen Legitimationskonzeptionen, indem er die Machbarkeit von Verfassungen insgesamt bestreitet; auch ist sein Sieyes-Bild sicher nicht ganz frei von Verzerrungen. Doch von einer groben Fälschung kann keine Rede sein.

Bei **Carl Schmitt** (1888–1985) verhält es sich anders: Wer auch nur ein wenig Einblick in die Gedankenwelt des Abbé Sieyes genommen hat, den muss die Unbekümmertheit erstaunen, mit der er seine eigene Theorie der verfassunggebenden Gewalt als konsequente Sieyes-Auslegung präsentiert. Schließlich propagiert Schmitt de facto das dezisionistische und autoritative Gegenmodell zur liberal-demokratischen Gesellschaftsvertragtheorie. Schon die Diktaturschrift von 1921 kontaminiert die Begriffe der **verfassunggebenden Volkssouveränität** und der **souveränen Diktatur** und immer ist dabei der Name Sieyes präsent. Schmitts Verwendung des Begriffs der verfassunggebenden Volkssouveränität will eine antiliberale und dabei doch wahrhaft demokratische Diktaturtheorie entwickeln, die immer schon als Alternative zur staatsfeindlichen Gesellschaftsvertragslehre à la Locke bereitgestanden hätte.

In Hinblick auf Sieyes ergibt sich aus diesem Erkenntnisinteresse vor allem das folgende Deutungsziel: Jedwede verfahrensmäßige Regelung der Ausübung des *pouvoir constituant*, sei es plebiszitärer, sei es repräsentativer Art, käme für Schmitt einer verkehrten Erscheinung des Wesens der verfassunggebenden Ursprungsgewalt gleich. Diese betätigt sich – so Schmitts Interpretationstendenz – entweder formlos, d. h. unorganisiert, oder sie büßt ihre originäre konstituierende Autorität und Legitimität ein; eine sich durch bestimmte selbstgewählte Willensbildungs- und Entscheidungs*verfahren*, z. B. repräsentativer Art, betätigende Gewalt ist nämlich in Schmitts politisch-romantischer Sicht keine echte ‚Ursprungsgewalt‘ mehr, sondern ihre ‚liberale Perversion‘.

Dabei blendet Schmitt systematisch die Frage aus, ob ein Kollektivsubjekt, das sich wesentlich formlos betätigt, überhaupt in der Lage sein kann, die Beratung und Beschlussfassung über Verfassungsentwürfe (plebiszitär oder repräsentativ) zu organisieren, so dass eine Verfassung im Sinne eines positiven Systems von Verfassungsgesetzen zustande käme. Wenn sich der idealtypische *pouvoir constituant* **formlos** äußert, ihm demnach die Fähigkeit zur verfahrensmäßigen Selbstorganisation abgesprochen wird, dann liegt es nahe, die verfassunggebende Gewalt des Volkes als wesentlich vordiskursives, wenn nicht **irrationales** Phänomen zu stilisieren (Verfassungslehre, 79 f.).

Für Schmitt ist es von zentralem Interesse, den Sieyesschen *pouvoir constituant* als **unorganisiert** und auch **organisationsunfähig** darzustellen. Denn wenn sich die verfassunggebende Gewalt des Volkes notwendig formlos artikuliert, kann sie, weil ihr Votum zwangsläufig abstrakt bzw. diffus ausfiele, zwar eine **Verfassung überhaupt** akklamieren. Was sie aber nicht kann, ist, ein hinreichend differenziertes und kohärentes System von positiven Verfassungsgesetzen konzipieren, beraten oder beschließen. Diese rigorose Entprozeduralisierung des Sieyesschen *pouvoir constituant* ist eine notwendige Voraussetzung für Schmitts Konstruktion einer ‚volkssouveränitären Diktaturtheorie'. Nur auf diese Weise konnte es gelingen, statt des Volkes oder eines Verfassungsgerichtes den Weimarer Reichspräsidenten als den von der Verfassung vorgesehenen *Hüter der Verfassung* zu präsentieren, der doch an die Verfassung im positiven Sinn gerade nicht gebunden sein soll.

Carl Schmitts Dezisionismus führt einerseits an den Anfang des neuzeitlichen Kontraktualismus zurück: Wie bei Hobbes wird die Legitimität politischer Herrschaft vollständig von der Effizienz der Herrschaftsorganisation im Sinne erfolgreicher sozialer Ordnungsstiftung abhängig gemacht. Die Einrichtung einer politischen Zentralgewalt erweist sich daher immer erst nachträglich als gerechtfertigt, und sie kann, im Falle eines neu entstehenden Bürgerkrieges auch wieder schwinden.

Doch Carl Schmitt aktualisiert nicht nur Hobbessche Gedanken, sondern überbietet sie: Schmitt unternimmt eine über das Effizienzprinzip, aber auch das Konkludenzprinzip hinausgehende Legitimitätskonstruktion. Derjenige Staat, der in der Lage wäre, den stets drohenden Rückfall in den Bürgerkrieg ‚aufzuhalten', müsste in seiner gesamten Organisation auf den Ausnahmezustand zugeschnitten sein. Im Vergleich mit ‚liberaldemokratischen' Verfassungen soll diese, das gesellschaftliche Chaos bannende ‚Verfassung' zudem noch ‚demokratischer' genannt werden können, weil sie das Prinzip der Volkssouveränität unverkürzt zur Geltung bringe. Bei genauerer Betrachtung erweist sich allerdings die von rechtsstaatlichem Hemmnissen befreite, **beschleunigte Volksdemokratie** als Etikettenschwindel: Schmitts Demokratietheorie der 20er und 30er Jahre ist insofern zutiefst antidemokratisch, als sie die reellen Möglichkeiten der Normunterworfenen, die Staatswillensbildung zu beeinflussen, auf die Akklamation der mit Diktaturvollmachten ausgestatteten Herrschaftselite reduziert wissen will.

Schmitts extremer Antikontraktualismus beruft sich paradoxerweise auf eine Theorie, die sich selbst zu Recht als Vollendung der liberalen Gesellschaftsvertragtheorie versteht: die Volkssouveränitätstheorie. Ihr gelingt es nämlich, das Prinzip der Erzeugung von Rechtsnormen durch deren Adressaten nicht nur für den staatsrechtlichen Gründungsakt, sondern ebenso für alle weiteren Verfassungsänderungen zu spezifizieren. Schmitts Versuch einer Indienstnahme der Theorie des *pouvoir constituant* für seine eigene pseudodemokratische Diktaturtheorie läuft auf eine radikale **Uminterpretation** der Sieyesschen Lehre hinaus: Alles Prozedurale und Kontraktuelle, jede formelle und materiale Einschränkung der konstituierten Souveränität wird aus ihr getilgt. Damit aber verwandelt man sie in eine Karikatur ihrer selbst. Freiheitsgrundrechte und Gewaltenteilung auf der einen Seite und gesetz- sowie verfassunggebende Volkssouveränität sind nämlich nicht, wie Schmitt behauptet, Gegensätze, sondern komplementäre Ergänzungsstücke derselben liberaldemokratischen Staats- und Verfassungslehre.

Diese Sieyes-Umdeutung wirkt ideengeschichtlich bis in die Gegenwart nach: Die politische und wissenschaftliche Elite der Bundesrepublik war im Jahr 1989 überwiegend der Meinung, dass es eines verfassunggebenden Aktes seitens der Bürger nicht bedürfe, um die Fortgeltung des Grundgesetzes im vereinigten Deutschland zu legitimieren. Nur vereinzelt wurde angemerkt, dass die Verfahrensvorschrift des Art. 146 diesen Weg nicht nur erlaubt, sondern sogar nahe legt. Stattdessen griff man auf die schon 1949 bewährte Konstruktion zurück: Insofern die Bürger bei der ersten Bundestagswahl nach der Vereinigung mit überwältigender Mehrheit verfassungskonforme Parteien gewählt hätten, wäre damit zugleich auch ihr Willen zur unveränderten Fortgeltung des Grundgesetzes bekundet worden. Prekärerweise hatte schon Carl Schmitt dieses Modell der ‚Verfassunggebung' durch (vermeintliches) konkludentes (Zustimmung signalisierendes) Verhalten der Untertanen als vollgültiges Äquivalent eines demokratischen Verfassungswandels durch Gesetzgebung seitens der Bürger gewertet. Unbefriedigend ist diese Legitimationskonstruktion allein schon deswegen, weil der verfassunggebende Wille des Volkes nicht in Abstimmungen ermittelt, sondern diesem von den politischen bzw. juristischen Eliten zugeschrieben wurde. Die Legitimationsgrundlage des als demokratisch ausgegebenen Verfassungswandels ist demnach kein empirischer, sondern ein hypothetischer Wille. Für prekär halte ich diese Konstruktion aber auch deswegen, weil Carl Schmitt alles andere als ein prozeduraler Demokrat war. Für ihn war vielmehr die Diktatur die optimale Form demokratischer Herrschaftslegitimation – dies jedenfalls dann, wenn sich deren Protagonisten, ohne auf erheblichen Widerspruch zu stoßen, auf die *Idee* der verfassunggebenden Gewalt des Volkes berufen konnten (dazu Thiele, Volkssouveränität, 166 ff.).

4. DEMOKRATIE

Mit dem Ausdruck Demokratie bezeichnen nicht wenige Autoren einen Staat, der durch das Prinzip der *Identität der Regierenden und der Regierten* gekennzeichnet ist (z. B. Schmitt, Verfassungslehre, 234 f.). Dabei bezieht man sich meist auf **Rousseau** oder **Aristoteles**, der jedoch an der entsprechenden Stelle im 7. Buch der Politik von *Regieren und Regiertwerden* spricht und die Demokratie im übrigen zu den Verfallsformen rechnet (Politik, 1279a24-b10).

Carl Schmitts Behauptung, die Demokratie, wie sie **Rousseau** (1712–1778) in aller Konsequenz auf den Begriff gebracht habe, sei auf das Prinzip der *Identität von Regierenden und Regierten* aufgebaut, veranlasste *unzählige Missverständnisse in der demokratietheoretischen Literatur.* Denn oft genug hielt man *Carl Schmitts Missbrauch Rousseauscher Konstruktionen für authentische Rezeption* (Maus 1992, 201). Noch der 1982 erschienene Grundgesetzkommentar von Theodor Maunz und Reinhard Zippelius verwendet bedenkenlos Carl Schmittsche Kategorien: *Blickt man auf die Art, in der das Volk an der politischen Gestaltgebung mitwirkt, so kann man also die Staatsformen nach den Prinzipien der Identität und der Repräsentation unterscheiden. Wenn das Volk selbst als handelndes Subjekt der Staatsgewalt auftritt, liegt Identität vor: Die Regierenden sind dann mit den Regierten auch in der tatsächlichen Ausübung der Staatsgewalt identisch. Wenn das Volk aber durch andere Personen und Organe handelt, deren Akte ihm verfassungsmäßig zugerechnet werden, liegt Repräsentation vor* (Maunz/Zippelius 1982, 67).

Die Klassiker (etwa Locke, Rousseau oder Kant), bezeichnen mit dem Ausdruck *Demokratie* keine Regierungsform, sondern eine **Staatsform**, in der die **Gesetzgebung** direkt oder indirekt den Bürgern vorbehalten ist. Im Rahmen einer solchen Verfassung findet die Gesetzgebung sozusagen im Interferenzbereich zwischen Gesellschaft und Staat statt, weswegen die Rede von der gesetzgebenden Staatsgewalt immer auch problematisch ist: Die persönlich oder repräsentativ versammelten Bürger geben dem Staat mit den Gesetzen allgemeine Regeln vor, die die eigentlichen Staatsorgane, Regierung und Verwaltung (insbesondere Gerichtsbarkeit), nicht überschreiten dürfen. In der Demokratie normiert die Gesellschaft den Staat, ohne aber die Aufgabenbereiche der Exekutive und Judikative an sich zu ziehen. In Bezug auf diese nachrangigen Staatsfunktionen kann es für die Klassiker schlechterdings keine Alternative zur Repräsentation geben.

Der Weg zu dieser Konzeption **legislativer Volkssouveränität** war allerdings beschwerlich. Lang anhaltende Kämpfe waren auszufechten mit den Anhängern der konkurrierenden Theorie, der Lehre von der Staats- bzw. Fürstensouveränität, die um des innergesellschaftlichen Friedens willen nicht oder nur formell eingeschränkt werden dürfe.

4.1. Souveränität und Regierungsart

Erst dem französischen Juristen **Jean Bodin** (1530–1596) gelingt in seinen *Six livres de la république* eine überzeugende Verknüpfung von Republik, Staat und Souveränität. Dabei ist es wichtig, den historischen Kontext zu beachten: Allein seit 1562 fanden acht religiöse Bürgerkriege in Frankreich statt, wobei die Bartholomäusnacht 13000 Hugenotten das Leben kostete. Folgen der Religionskriege waren allgemeine politische Unsicherheit und Wirtschaftskrisen. Entsprechend aktuell war die Frage nach den **Bedingungen einer stabilen politischen Herrschaft**, die in der Lage wäre, den innenpolitischen Rechtsfrieden, besonders in konfessioneller Hinsicht, herzustellen.

Als einer der ersten suchte Bodin eine **Lösung** zu finden, indem er die allgemeinere Frage nach dem Wesen der **Souveränität** (bzw. *maiestas*) stellte. Er stieß dabei auf eine für uns naheliegende, aber zur damaligen Zeit ungewöhnliche Lösung: Souverän ist, so Bodin, wer die höchste Gewalt im Staat innehat, wer also niemand anderem untertan ist.

Unter *Republik* wird nun eine territorial begrenzte, (I, 1, 6) *dem Recht gemäß geführte, mit souveräner Gewalt ausgestattete Regierung einer Vielzahl von Familien und dessen, was ihnen gemeinsam ist* verstanden. Die Betonung der Rechtmäßigkeit des Regiments dient dazu, den *Unterschied hervorzuheben, der zwischen Staaten und Räuberbanden oder Piratenhorden besteht, mit denen man weder Beziehungen unterhalten noch Bündnisse abschließen darf* (I, 1, 1). Unter *Souveränität (souveraineté,* lat. *maiestas)* verstand Bodin *la puissance absoluë et perpetuelle d'une République,* d. h. *die absolute und ständige Gewalt in einem Gemeinwesen* (I, 8, 122). Auch heißt es: *Maiestas est summa in cives ac subditos legibusque soluta potestas – Die Souveränität/ Hoheit ist die höchste Gewalt über Bürger und Untertanen und losgelöst von den Gesetzen* (ebd.).

Weil der Souverän per definitionem niemandem untertan ist, können seine Befugnisse auch nicht als eingeschränkt gedacht werden. Der Souverän ist weder an die Gesetze seines Vorgängers noch an die eigenen gebunden, wohl allerdings sei er *seinen rechtmäßigen und vernünftigen Verträgen [unterworfen], an deren Einhaltung alle Untertanen interessiert sind* (I, 8, 133). Ebenso wenig aber sei es mit dem Begriff der Souveränität verträglich, dass sie unter verschiedenen Organen aufgeteilt würde. Aus dem Theorem von der Unteilbarkeit der Souveränität ergeben sich eine Reihe von teilweise überraschenden Schlussfolgerungen: Erstens erklärt Bodin gemischte Staatsformen für unmöglich, da sie dem Begriff der (ungeteilten) Souveränität widersprechen, zweitens ergebe sich aus der Singularität der Souveränität die Unmöglichkeit jedes Widerstands*rechtes* und drittens folge aus beidem, dass, wo immer Souveränität geteilt ist, kein Souverän und deswegen auch kein Staat existiert.

Eine ideengeschichtliche Sonderleistung Bodins besteht darin, dass er als erster den Staat ausdrücklich durch das Merkmal der Souveränität definiert: *Von einem Staat können wir nur sprechen, wenn eine souveräne Gewalt vorhanden ist* (I, 2, 12). Damit gibt uns Bodin eine heuristische Regel an die Hand, die sich noch heute vor allem in Hinblick auf politische Gebilde, deren Staatscharakter zweifelhaft ist, bewähren könnte. Mehr noch: Wir können nicht nur erkennen, ob ein Herrschaftsverband ein Staat ist, sondern ebenso, was für ein Staat er ist; denn auch die **Staatsform** hängt formal an der Auszeichnung der Person des Souveräns. Doch diese Begriffsbestimmungen muten ziemlich tautologisch an, wird doch scheinbar rekursiv Staat durch Souveränität und Souveränität durch Staat erläutert.

Umso dringlicher ist es, die wesentlichen Attribute der Souveränität zu identifizieren und dabei zwischen hauptsächlichen und nebensächlichen Merkmalen zu unterscheiden: Bodins *Six livres de la république* differenzieren insgesamt acht Attribute der Souveränität: 1. Recht der Gesetzgebung (einschließlich der Vergabe von Privilegien), 2. die Entscheidung über Krieg und Frieden, 3. das Recht der letzten Instanz, 4. das Recht, Beamte zu ernennen und abzusetzen, 5. das Besteuerungsrecht, 6. das Begnadigungsrecht, 7. das Recht, den Geldwert festzusetzen und schließlich 8. das Recht, Eide der Untertanen entgegenzunehmen. Bodin selbst gibt einen unzweideutigen Hinweis darauf, wie man zwischen substanziellen und akzidentiellen Merkmalen der Souveränität unterscheiden kann: Diese *Gewalt, Gesetze zu machen oder aufzuheben, umfasst zugleich alle anderen Rechte und Kennzeichen der Souveränität, so dass es streng genommen nur dieses eine Merkmal der Souveränität gibt* (I, 10, 223).

Es ist irritierend, dass Bodin sowohl die Gesetzgebung als auch das Begnadigungsrecht zum Wesen der Souveränität zu rechnen scheint, denn wenn Strafgesetze allgemeine Regeln angeben, nach denen auf einen bestimmten Tatbestand eine bestimmte Sanktion seitens der Staatsgewalt erfolgen soll, dann setzt die Begnadigung eben diese allgemeine Regel außer Geltung. Carl Schmitt nannte die Suspendierung der staatlichen Gesetze ein staatsrechtliches Analogon des Wunders (Schmitt, Diktatur, 135).

Einerseits erscheint Bodins Lösung inkonsequent, insofern sich der Souverän als Gesetzgeber in Frage stellen würde, wenn er die von ihm beschlossenen allgemeinen Verhaltensnormen jederzeit durchbrechen könnte, ohne sie durch ein neues Gesetz förmlich aufzuheben. Deswegen ist in den meisten modernen Verfassungen das Begnadigungsrecht dem Staatsoberhaupt und nicht der Legislative zugedacht. Andererseits besticht Bodins Ansatz durch seine Konsequenz. Denn wem außer der höchsten politischen Gewalt könnte das Recht zukommen, seine eigenen Rechtsgesetze momentan außer Kraft zu setzen? Dann jedoch wäre der Souverän gerade nicht durch die Gesetzgebung definiert, sondern durch eine der Gesetzgebung übergeordnete Befehlsgewalt.

Auch wenn Bodin diese Ungereimtheit nicht beseitigen kann – sie wird sich erst auf der Grundlage einer zweistufigen Theorie der Volkssouveränität auflösen lassen –, besteht sein großes Verdienst darin, erstmals ein triftiges Kriterium für die Bestimmung des Begriff des modernen Staates gefunden zu haben: Gegen die konfliktträchtige Zersplitterung der Herrschaften und Gerichtsbarkeiten des Feudalsystems soll die **einheitliche Gesetzesherrschaft** des Territorialstaates treten, die die legislativen Sonderrechte der Fürsten aufhebt und zugunsten einer singulären Instanz monopolisiert. Die Polykratie mittelalterlicher Teilsouveräne soll um des innergesellschaftlichen Rechtsfriedens willen durch die Monokratie des zentralstaatlichen Souveräns gebrochen werden: Das *hervorragendste Merkmal der fürstlichen Souveränität besteht in der Machvollkommenheit, Gesetze für alle und für jeden einzelnen zu erlassen, und zwar, wie ergänzend hinzuzufügen ist,* **ohne dass irgendjemand** *– sei er nun höhergestellt, ebenbürtig oder von niederem Rang –* **zustimmen müsste** (Bodin, I, 10, 221).

Jean Bodin gilt daher als der Erste, der die Souveränität (im Sinne von Gesetzgebung) als die zentrale Kategorie der politischen Philosophie erkannt und erläutert hat. Unter Souveränität wird seither die in einem Staat vorhandene höchste Gewalt verstanden, die als oberste Gesetzgebung nur eine *legibus soluta potestas* (eine übergesetzliche Macht) sein kann. Ihre wesentlichen Eigenschaften sind die Unteilbarkeit, die Unübertragbarkeit, und die Unlimitierbarkeit; denn wer seinen Rang mit einer anderen Person teilt oder ihr gar untertan ist, der kann unmöglich souverän sein. Bodins **Erkenntnisregel** zur Identifizierung eines Staates lautet demnach: Suche in einem beliebigen politischen Verband zuerst nach einem **singulären Gesetzgeber**. Mit dieser einheitlichen (physischen oder moralischen) Person findest du das Subjekt der Souveränität, worauf der Schluss erlaubt ist, dass es sich bei dem in Rede stehenden Verband um einen Staat handelt. Unter den Bodinschen Begriff des Staates – so die mit Bezug auf heutige *failed states* höchst aktuelle Pointe – fallen demnach ausschließlich monokratisch organisierte Gebilde, während alle politischen Verbände, die mehrere gleichrangige Machtzentren aufwiesen, in denen also die legislative Souveränität auf verschiedene Akteure verteilt ist, jedenfalls nicht als Staaten zu bezeichnen wären.

Als ideengeschichtliches Novum definierte Jean Bodin die Kategorie der Staatsform durch die Person des Gesetzgebers. Da aber, so seine Prämisse, die Souveränität per definitionem **unteilbar** ist, sind nur drei reine Staatsformen möglich, deren souveräne Gewalt ihrerseits auf dreierlei verschiedene Weisen ausgeübt werden kann. Allerdings beharrt er darauf, dass ausschließlich die Monarchie die *wahren Attribute* der Souveränität unverfälscht zur Darstellung bringen könne (I, 10, 41). Eine für die weitere Entwicklung des politischen Denkens kaum zu überschätzende Zusatzleistung Bodins besteht in der Differenzierung zwischen den Kategorien *Staatsform* und *Regierungsart*. Allerdings wird der letzte Ausdruck häufig synonym mit dem Begriff *Regierungsform* verwendet.

Der wichtigste Gewinn, den diese neue Terminologie mit sich brachte, bestand darin, dass nun komplexe Staatsorganisationen nicht mehr, wie seit Platon und Aristoteles angenommen wurde, als aus mehreren Staatsformen zusammengesetzt gedacht werden mussten. Nun konnte man am Prinzip der Unteilbarkeit gesetzgeberischer Souveränität festhalten, ohne damit auf jede weitere Differenzierung verzichten zu müssen.

Zwar verzichtet Bodin darauf, die terminologische Konsequenz zu ziehen und den Begriffen der *Staatsform* und der *Regierungsform* ausdrücklich eine dritte Kategorie an die Seite zu stellen. Erst Kant wird eine hinreichend präzise Unterscheidung der drei Termini vornehmen (vgl. Thiele, Repräsentation, 55 ff.). Dennoch bringt Bodin ein zusätzliches Differenzierungskriterium ins Spiel, das nicht formaler, sondern eindeutig materialer Natur ist: Die **Regierungsart**, unter der verschiedene Modi der Herrschaftsausübung zu verstehen seien. Nach Bodin sind bei jeder Staatsform genau drei Herrschaftsstile möglich: die tyrannische, despotische und legitime Herrschaft.

So soll der **tyrannische** Regierungsstil z. B. in der Monarchie darin bestehen, dass der Fürst die natürlichen Rechte der Untertanen (auf Freiheit und Eigentum) *mit Füßen* tritt, indem er *freie Untertanen wie Sklaven missbraucht und das Eigentum seiner Untertanen als das seine ansieht. Der despotische Monarch dagegen ist durch einen gerechten Krieg zum Herren über Fremde geworden, die er nun völlig zu Recht wie Sklaven beherrsche. Indem der Despot allerdings seinen Feinden ihre Freiheit und das Verfügungsrecht über ihren Besitz zurückgibt, so wird er ein wahrer König. Die despotische verwandelt sich in die legitime Monarchie. In dieser nämlich gehorchen die Untertanen den fürstlichen Gesetzen, die ihrerseits die Prinzipien der natürlichen Gerechtigkeit,* d. h. das Recht auf persönliche Freiheit und Eigentum respektieren (Bodin, II, 3, 279).

Nur die letzte Art der Herrschaftsausübung sorge dafür, dass nicht Personen, sondern *das Recht [...] herrscht* (280). Thematisch sind hier also nicht verschiedene Formen, in denen die Durchführung von Gesetzesbefehlen organisiert wird (*Regierungsform*), sondern das Verhältnis zwischen der Gesetzgebung und den natürlichen Freiheitsrechten der Normadressaten, die als materiale Grenzen jener geachtet oder missachtet werden. Bodin verwendet denn auch gelegentlich den treffenderen Ausdruck der *Herrschaftsform*, um die legitimen, despotischen und tyrannischen Spielarten der (monarchischen, demokratischen und aristokratischen) Gesetzgebung zu differenzieren (IV, 1, 507).

Wie bei Bodin ist auch für **Thomas Hobbes** (1588–1679) die Unteilbarkeit wesentliches Merkmal der Souveränität. Dessen politisch-philosophisches Hauptwerk, der *Leviathan or the Matter, Form and Power of a Commonwealth, Ecclesiastical and Civil* aus dem Jahr 1651 behandelt ebenso wie das 30 Jahre später erschienene *Behemoth* mehr oder minder explizit die Ursachen von Bürgerkriegen und die Mittel zu seiner Überwindung. Entscheidend ist auch hier das Diktum, dass es außer den in einem Staat geltenden Gesetzen keine maßgeblichen Verhaltensvorschriften geben kann.

Nur der Staat und die von ihm zur Gesetzesauslegung eingesetzten Organe sind demnach befugt, verbindliche Aussagen über Recht und Unrecht, Gut und Böse zu machen, wobei sich die Autorität des staatlichen Gesetzes allerdings nicht wiederum aus einer höheren moralischen Instanz herleiten soll: Die rund ein Jahrtausend geltende naturrechtliche Lehre von der *lex iusta* weicht nun einem strikten Gesetzespositivismus, denn nun wird das *Gesetz der Natur* nicht mehr als überpositiver Legitimationsmaßstab des positiven Rechtsgesetzes angesehen, sondern beide *schließen sich gegenseitig ein* (Leviathan, II, 26, 205).

Selbst wenn Hobbes keine überpositiven Kriterien zur Beurteilung der Gerechtigkeit von Gesetzen mehr gelten lässt, so wäre es – wie es leider allzu oft geschieht – völlig verfehlt, den Staat des *Leviathan* als ‚totalitär' zu bezeichnen. Der Hobbessche Souverän ist sicherlich ein absoluter Herrscher, auf dessen Willensbildung der Untertan jedenfalls keinen maßgeblichen Einfluss ausüben kann.

Doch das bedeutet keinesfalls, dass sich der Souverän um des Hauptzwecks innergesellschaftlicher Friedensbewahrung willen beliebiger Rechtsbefehle bedienen könnte. Vielmehr lässt sich ohne Übertreibung sagen, dass Hobbes *absolutistische[r] Staatskonstruktion [...] rechtsstaatliche Elemente* wesentlich sind (Maus 2006, 81 f.). Denn aller Machtfülle zum Trotz kann der monarchische Souverän seinen Willen nur in öffentlich bekannt gemachten Gesetzen kundtun, die folglich nicht rückwirkend auf bereits vollzogene Handlungen angewendet werden können. Zudem habe sich der Gesetzgeber zu mäßigen, da *ein Gesetz, das nicht nötig ist, nicht gut* sein kann. Schließlich dürfen Gesetze keine unterbestimmten Normen sein, die die ausführenden Staatsgewalten de facto zur eigenmächtigen Gesetzgebung autorisierten. Deswegen sei der Gesetzgeber verpflichtet, *die Gründe klarzulegen, weshalb das Gesetz erlassen wurde, und das Gesetz selbst so kurz, aber in so treffenden und bezeichnenden Ausdrücken abzufassen, wie möglich* (Hobbes, Leviathan, 265).

Indem geschriebene und öffentlich verkündete Gesetze möglichst präzise angeben, welche Rechtsfolgen aus welchen Tatbeständen erwachsen sollen, wird die Herrschaftsgewalt des Souveräns beschränkt. Gesetze sind nämlich *so kurz, aber in so treffenden und bezeichnenden Ausdrücken abzufassen, wie möglich*. Die *Präzision des Gesetzes* schützt also den Untertan, indem sie die Kompetenzen des Herrschers spezifischen Formen unterwirft (ebd.).

Es gibt wohl kaum einen Passus im *Leviathan*, der die Vor-urteile über ihn so schlagend entkräftet, wie der folgende: *Ge-setze [sind] die Regeln für gerecht und ungerecht [...], da nichts als ungerecht angesehen werden kann, das nicht einem Gesetz wider-spricht* (II, 26, 204). Dies darf aber nicht so verstanden werden, als würde an dieser Stelle ein überpositiver, höherer Gerech-tigkeitsbegriff ins Spiel gebracht werden, gegenüber dem das positive Recht allemal nachrangig wäre. Ausdrücklich bezeichnet Hobbes *Vergehen gegen das Gesetz der Natur jedoch als Sünde, für die keine Anklage möglich [ist], da jeder sein eigener Richter ist und nur von seinem Gewissen angeklagt und von der Aufrichtigkeit seiner Absicht freigesprochen wird. Was demnach gegen das Naturrecht verstößt, ist Sünde, aber kein Verbrechen* (II, 27, 224). Der Ausdruck ungerecht meint demnach nichts anderes als unrecht oder rechtswidrig (dazu Maus 2006, 90).

Insofern Hobbes den Souverän zur Verabschiedung posi-tiver Rechtsgesetze verpflichtet sieht, wird ihm in der Aus-übung seiner Herrschaftsgewalt der Rückgriff auf die Moral ebenso verwehrt, wie auf das Naturrecht. Mehr noch: da er die Fallstricke juristischer Hermeneutik fürchtet, soll der Ge-setzgeber seinen Willen erstens in Form rechtsstaatlicher Ge-setze äußern, die die mit Sanktionen bedrohten Handlungen *in so treffenden und bezeichnenden Ausdrücken [erfassen], wie möglich. Da jedoch alle Wörter [...] der Zweideutigkeit [...] unter-liegen*, sei der Souverän zweitens gehalten, seine *Gründe und Motive zu nennen* (Leviathan, II, 30, 265).

Denn vermittels dieser doppelten Sicherung könne ver-hindert werden, dass in der juristischen und der exekutiven Rechtsanwendung der vermeintliche Wille des Gesetzgebers als ein ‚Joker' im Kampf um die rechte Gesetzesauslegung verwendet würde. Nach Hobbes ist der Gesetzgeber zur un-zweideutigen Explikation seines Willens verpflichtet, damit Eigenmächtigkeit und willkürliche Amtsführung auf Seiten rechtsanwendender Staatsorgane möglichst ausgeschlossen werden kann. Denn würden unbestimmte Rechtsbegriffe verwendet oder auf die Benennung des Gesetzeszwecks verzichtet, räumte man der Verwaltung einen allzu großer Ermessensspielraum ein, der die Freiheitsrechte der Untertа-nen über das notwendige Maß hinaus einschränken würde, womit jede Gleichheit vor dem Gesetz vernichtet wäre.

Um alle Missverständnisse auszuräumen, stellt Hobbes klar, dass unter der intendierten Gleichheit vor dem Gesetz die gleichheitliche Gesetzesanwendung (Maus 2006, 92) gemeint ist. Der Staatszweck der Sicherheit des Volkes verlange nämlich, *dass alle Schichten des Volkes gleichermaßen gerecht behandelt werden [...], so dass die Großen keine größere Aussicht auf Straflosigkeit haben, wenn sie [...] ein Unrecht gegen die niedere Schicht verüben, als ein Angehöriger dieser Schicht* (Leviathan II, 30, 262). Der Staat des *Leviathan* ist demnach weder als ein ‚Instrument der Herrschenden zur Niederhaltung der Besitzlosen‘ konzipiert (z. B. Macpherson 1967, 83) noch als ein alle Freiheit vernichtendes Machtungetüm, das als Vorbild für die staatsterroristischen Regime des 20. Jahrhunderts hätte dienen können.

4.2. Volkssouveränität

Die Staatsformenlehre **John Lockes** (1632–1704) grenzt sich grundsätzlich sowohl von Bodin als auch von Hobbes ab: Jetzt soll die Volkssouveränität (und nicht in erster Linie die Sicherheitsleistung des staatlichen Gewaltmonopolisten) das entscheidende Legitimationsprinzip darstellen. Allerdings konnte der berühmte, gegen den Monarchisten Robert Filmer gerichtete **Second Treatise of Government** erst 1689 in London zunächst nur anonym erscheinen. Denn die politische Lage war damals noch recht instabil: Ab 1642 hatte der Bürgerkrieg zwischen puritanisch geführtem Parlamentsheer (Cromwell) und Königstruppen geherrscht, der 1649 mit der Hinrichtung Karls I. seinen Höhepunkt erreichte. 1688 besiegelte die **Glorious Revolution** das Ende des Stuart-Königtums und ein Jahr später schließlich fasste die **Bill of Rights** die Ergebnisse des Konfliktes zwischen Krone und Parlament zusammen.

Lockes Ausführungen zu den möglichen *forms of a commonwealth* fußen offensichtlich auf Bodin. Wie dieser unterscheidet Locke die **Staatsformen** nach der **Person des Gesetzgebers**: Entscheidend ist aber, dass nach Locke die Gesetzgebung ursprünglich allein dem Volk (bzw. seiner

Mehrheit) zustehen soll. Folglich wäre die Staatsform der Demokratie diejenige, die dem ursprünglichen Vertrag vollkommen entspräche. Das bedeutet jedoch keineswegs, dass nur die direkte Volksgesetzgebung legitim wäre. Möglich sind wie bei Bodin auch andere Gesetzgeber, vorausgesetzt, ihr ‚Amt' geht auf einen ‚Auftrag' seitens des ursprünglichen Eigners aller Souveränität zurück: Das Volk kann seine Legislationsbefugnis zur stellvertretenden Ausübung anderer Personen überlassen, sei es Einigen (Oligarchie), sei es Einem (Monarchie), wobei die letzte Herrschaftsform noch einmal unterschieden wird in eine Wahlmonarchie und eine erbdynastische Spielart: *Das erste und grundlegende positive Gesetz aller Staaten ist daher die Begründung der legislativen Gewalt* (Locke, Zweite Abhandlung über die Regierung, XI, 134).

Neuartig an dieser, auf den ersten Blick wenig spektakulären Aussage ist, dass erstens die Errichtung der legislativen Gewalt in Form eines Gesetzgebungsaktes zu erfolgen habe, dessen Resultat als positives Recht veröffentlicht werden müsse. In Lockes Perspektive ist die Einrichtung einer gesetzgebenden Gewalt das Fundament jeder rechtlichen Staatsgründung, wobei implizit bestritten wird, dass dieses Fundamentalgesetz ein ungeschriebenes Gewohnheitsrecht sein könnte. Zwar verzichtet er in diesem Zusammenhang auf den Begriff der Verfassung oder des Verfassungsgesetzes, doch besteht kein Zweifel daran, dass genau dies gemeint ist. Eine bloß gewohnheitsrechtliche Legitimation gesetzgeberischer Herrschaft – etwa unter Verweis auf dynastische Traditionen – scheidet damit aus. Auch wenn de facto die Souveränität z. B. durch einen Monarchen gewaltsam angeeignet sein sollte, so könne dies doch erst dann rechtskräftig werden, wenn ein entsprechendes Gesetz beschlossen wurde.

Damit wird objektiv eine neue Kategorie von Gesetzen in die politische Philosophie eingeführt: Gesetze zur Organisation der Gesetzgebung, d. h. **Gesetze zweiter Ordnung**. Zweitens – dies wird im Folgenden noch deutlich werden – kann nach Locke das Subjekt, das qua Gesetzgebung die Errichtung einer Legislative beschließen kann, niemand anderes als das Volk oder die Gesellschaft (*society*) sein. Souveränität ist demnach die oberste vom Volk (und nicht von Gott) ver-

liehene Gewalt und sie muss – hierin folgt Locke Bodin und
Hobbes –, insofern sie die Obergewalt sein soll, notwendig
unteilbar und unveräußerlich sein. Genauer betrachtet, ist
es eigentlich das souveräne Volk bzw. die Gesellschaft, die,
wenn die gesetzgebende Gewalt nicht eigenhändig ausgeübt werden soll, Personen zur stellvertretenden Ausübung
des Gesetzgebungsrechtes bestellt: *Der Gesellschaft Gesetze zu
geben, kann niemand Gewalt haben, es sei denn kraft der Zustimmung ihrer [der Gesellschaft] Glieder und der Autorität, die ihr
von diesen verliehen wurde* (XI, 134).

Zwar ist die Legislative die höchste der öffentlichen Gewalten, die folglich von keiner anderen Gewalt eingeschränkt
werden könnte, doch sie ist dennoch **keine absolute Gewalt**.
Denn als Legislative stellt sie nichts anderes dar als die vereinigte Macht der Gesellschaftsmitglieder, die aber *nicht größer
sein [kann] als die Gewalt, die jene Menschen im Naturzustand
besaßen, bevor sie in die Gesellschaft eintraten, und die sie an die
Gemeinschaft abtraten.* Die Legislative wird demnach durch
genau diejenigen individuellen Rechte begrenzt, um deren
Sicherung willen der Naturzustand verlassen worden war.
Der gesetzgebenden Gewalt – seit Lockes Zeiten ist dies in
England das Parlament – sind neben formalen auch materiale Schranken gesetzt, die sich auf den Inhalt der von ihr
beschlossenen Rechtsnormbefehle beziehen. So verpflichte
das für alle gleiche Naturrecht auf die Selbsterhaltung aller
Individuen, wobei festzuhalten ist, dass der Lockesche Ausdruck *property* die drei Komponenten *life, liberty [and] pos-
session* (Leben, Freiheit und Eigentum) impliziert (XI, 135),
also keineswegs mit einer absoluten Garantie des Privateigentums verwechselt werden darf.

Ausgeschlossen wird damit dreierlei: Erstens verbietet
das Naturrecht jede Gesetzgebung, die die **Sklaverei** erlaubt, denn *der Mensch kann sich nicht [...] der willkürlichen
Gewalt eines anderen unterwerfen* (XI, 135).

Zweitens verbietet das Naturrecht willkürliche **Maßnahmegesetze** (*arbitrary decrees*) und erlaubt ausschließlich *öffentlich verkündete stehende [d. h. dauerhafte] Gesetze*, die sich
nicht auf vorübergehende Einzelfälle beziehen (XI, 136).
Denn eine Regierung, die ohne durch stehende Gesetze gebunden zu sein, allein durch Verordnungen in die Freiheits-

sphären der Bürger eingreifen könnte, könnte willkürlich agieren, was die Unsicherheit von Freiheit und Eigentum zur Folge hätte. Damit wäre, so Locke, das tragende Motiv für den vertraglichen Übertritt in den bürgerlichen Zustand hinfällig: Denn die Selbstentwaffnung zugunsten des staatlichen Gewaltmonopols geschah ja um größerer Sicherheit willen. Folglich könne im Rechtszustand **keine Willkürgesetzgebung** erlaubt sein, denn sonst hätte der Verzicht auf Selbstverteidigung größere Unsicherheit zur Folge.

Hieraus ergibt sich drittens ein spezielles Gebot, das sich auf die Materien der Gesetzgebung bezieht, die das Eigentum betrifft und noch **über das Willkürverbot hinausgeht.** Das rechtsstaatliche Prinzip der Positivität und Publizität des generellen Gesetzes wird nun um das Autonomie- bzw. Demokratieprinzip ergänzt. Zum einen nämlich seien **Enteignungen** nur bei Zustimmung des Betroffenen zulässig (XI, 136) und zum anderen müssten **Steuern** durch die Mehrheit des Volkes bewilligt werden. Jeder Eingriff der einen oder anderen Art hätte dem rechtfertigenden Prinzip der Selbstgesetzgebung oder Autonomie zu genügen: *The supreme power cannot take from any man any part of his property without his own consent* (XI, 138).

Während sich die erste Forderung nur schwer gegen den Einwand verteidigen lässt, hier werde dem Privateigentum der Rang eines absoluten Freiheitsgrundrechtes zugesprochen, ist im zweiten Fall das Recht des Staates zur Steuererhebung gar nicht strittig, sondern es soll nur der Exekutive entwunden und der Legislative zuerkannt werden. Das aber bedeutet zum einen, dass zur Steuererhebung Gesetze vonnöten sind und zum anderen, dass Steuergesetze entweder von einem gewählten Parlament zu beschließen sind oder, wo kein solches existiert, der Zustimmung (der Mehrheit) der Bürger bedürftig sind. Implizit wird damit freilich die (parlamentarische) Demokratie zur einzigen Staatsform erklärt, die in eigentumsrechtlichen Fragen den Anforderungen, die sich aus dem Naturrecht ergeben, vollends gerecht werden kann.

Doch der *Second Treatise* enthält noch eine weitere ideengeschichtliche Überraschung, deren staatstheoretische Implikation erst rund fünfzig Jahre später vollends sichtbar wurde: *Zum vierten kann die Legislative die Gewalt, Gesetze zu geben, nicht in andere Hände legen. Da diese Gewalt ihnen vom Volk übertragen wurde, könne sie diejenigen, die sie in Händen haben, nicht an andere weitergeben. Einzig das Volk kann die Staatsform bestimmen. Es geschieht dies aber durch die Bestimmung der Legislative, indem man bestimmt, in wessen Händen sie liegen soll / The people alone can appoint the form of the commonwealth, which is by constituting the legislative, and appointing in whose hands that shall be.*

Aus dem legitimatorischen Prinzip, das besagt, die Einrichtung der Legislative habe sich aus dem Willen der sich zum Staat zusammenschließen Individuen herzuleiten, ergeben sich nämlich für den gegenwärtigen Inhaber der Souveränität auch zwei Verbote. Erstens ist es dem Souverän untersagt, sein vom Volk verliehenes Gesetzgebungsrecht eigenmächtig ganz oder teilweise auf einen anderen externen Souverän zu übertragen (dies kann z. B. durch Heirat, Schenkung oder Unterwerfung unter einen anderen Souverän geschehen). Und zweitens kann die vom Volk mit der Souveränität betraute Stellvertreterversammlung dieses ausschließlich ihr anvertraute Recht nicht auf andere Staatsorgane übertragen: *Da die Macht der Legislative in der positiven freiwilligen Machtverleihung und Einsetzung des Volkes gründet, kann sie auch keine andere sein als die hiermit verliehene. Es ist dies aber allein, Gesetze, nicht aber Gesetzgeber zu schaffen – die Legislative kann also keinerlei Macht haben, ihre Gesetzgebungsgewalt zu übertragen und in andere Hände zu legen.*

Auch wenn die griffige Formel, das Volk habe die Legislative ermächtigt, *Gesetze,* **nicht aber Gesetzgeber** *zu schaffen,* keine Entsprechung im englischen Originaltext hat, so ist sie doch dessen sachgemäße Paraphrasierung. Die Gesetzgebung ist nicht übertragbar, denn diese Gewalt wurde vom Volk verliehen: Die Macht der Legislative gründet sich nämlich auf die *Einsetzung des Volkes,* sie ist eine *delegated power from the people* und deswegen weder teilbar noch übertragbar (XI, 141).

Die eigentliche ideengeschichtliche Ausnahmeleistung Lockes besteht darin, dass er implizit zwischen zwei Kategorien von Gesetzen (1) und zwei Dimensionen der Souveränität (2) unterscheidet:

(1) Die einfachen Gesetze bzw. die Gesetze erster Stufe sind diejenigen, die von der konstituierten Legislative beschlossen werden. Sie bewegen sich damit innerhalb der Kompetenzgrenzen, die der Legislative vom ursprünglichen Souverän, dem Volk, gezogen wurden. Eine im Vergleich mit den normalen Gesetzen höherstufige Art von Gesetzen definiert und autorisiert die Person des Gesetzgebers, und dieser reflexive Gesetzestyp ist dem eingesetzten Souverän entzogen. Es wäre dem Legislator, z. B. einem Parlament, also nicht möglich, etwa im Ausnahmezustand auf sein Gesetzgebungsrecht zu verzichten und es entweder der regulären Regierung oder einem außerordentlichen Diktator zu übertragen. Derjenige, dem das Volk die Gesetzgebung übertragen hat, wird sie, auch wenn er wollte, ohne einen neuerlichen Entscheid seines Auftraggebers nicht mehr los. Die übertragene Legislationskompetenz ist nämlich nicht nur ein Recht, sondern ebenso eine Pflicht, von der sich der Verpflichtete nicht selbst entbinden kann. Die einzige Instanz, die folglich befugt wäre, Gesetze zu beschließen, die mit dem Austausch der Person des Gesetzgebers die Staatsform ändern würden, wäre demnach das Volk selber. Nur dieses könnte das Parlament entmachten und die Legislation einer anderen Person übertragen. Wer vom Volk mit der Gesetzgebung betraut wurde, dem sei es verwehrt, Gesetzgeber zu schaffen, denn damit würde der Beauftragte die Stelle seines Auftraggebers beanspruchen.

(2) Doch wie lässt sich das logische und zugleich normative Problem lösen, das die Lockesche Souveränitätskonzeption enthält? Wenn ,hinter' dem mit der Legislative betrauten Souverän permanent der ,ursprüngliche' bzw. ,eigentliche' Souverän stehen soll, hätte man dann nicht eigentlich zwei Souveräne vor sich? Wäre das der Fall, dann könnte das gemäß dem Bodinschen Lehrsatz von der Unteilbarkeit der Souveränität nur bedeuten, dass *kein Souverän* existiert? Folglich wäre Lockes Anspruch, ein staatstheoretisches Modell ausgearbeitet zu haben, das Bürgerkriege verhindern würde, nichtig. Denn wenn eine Souveränitätskonstruktion in Wahrheit Souveränität untergräbt, muss sie – bei vorausgesetztem Pluralismus gesellschaftlicher Interessen und Werte – Anarchie befördern, was wiederum den nichtpolitischen Kräften der Gesellschaft Auftrieb gäbe.

Die einzig tragbare Lösung, die der Rousseaus schon sehr nahe käme, bestünde darin, am Unteilbarkeitsdogma festzuhalten, dabei aber den eingesetzten Legislativen das Prädikat ‚souverän‘ abzusprechen. Und genau diese Problemlösungsstrategie wählt Locke. Aus dieser Perspektive wäre **die** Gesetzgebung nur eine um bestimmter Zwecke willen treuhänderisch auszuübende Gewalt, eine *fiduciary power*, während die allerhöchste Gewalt nach wie vor beim Volk verbliebe (XIII, 149).

Das Volk stünde dann (logisch und normativ betrachtet) selbst noch über der Legislative, die lediglich sein Treuhänder wäre. Das Volk als die wahrhaft souveräne Macht könnte diese stellvertretende Ausübung des Legislationsrechtes jederzeit anderen Personen anvertrauen, wenn der Zweck, die Sicherung von Freiheit und Eigentum, vom bisherigen Gesetzgeber verfehlt wurde. Spricht man den mit der stellvertretenden Ausübung des originär nur dem Volk zustehenden Gesetzgebungsrechts Betrauten Souveränität ab, dann wäre dies mit der Annahme eines (ungeschriebenen) Widerstandsrechtes durchaus vereinbar: *And thus the community perpetually retains a supreme power of saving themselves from the attempts and designs of any body, even of their legislators, whenever they [...] carry on designs against the liberties and properties of the subject / So behält sich die Gemeinschaft beständig die höchste Gewalt vor, sich vor Angriffen und Anschlägen eines jeden, selbst der Gesetzgeber, zu sichern, sooft diese so töricht oder verwerflich sein sollten, Anschläge gegen Freiheit und Eigentum der Untertanen zu planen und zu unternehmen* (XIII, 149).

Weil Locke die Gesellschaft bzw. das Volk kategorial und normativ sowohl vom Staat als auch vom Gesetzgeber unterscheidet, den die assoziierten Individuen eingesetzt haben, lässt sich ein ‚Widerstandsrecht‘ des Volkes postulieren, ohne dass die einheitliche Konstruktion der Souveränität Schaden nähme. Wenn nämlich der Staat im Allgemeinen und der Gesetzgeber im Besonderen nichts anderes sind als bedingte Mittel zur Erfüllung des Zwecks, den die assoziierten Individuen ihnen gesetzt haben, dann sind solche Verstöße der beauftragten Organe gegen ihre Kommission möglich, die die auf dem Willen des Volkes beruhenden Legitimation politischer Akteure zunichte machen. In diesem Fall tritt dann nach Locke ein ursprüngliches Widerstandsrecht des Volkes in Kraft. Erstaunlicherweise richtet sich dieses unverlierbare Widerstandsrecht nicht nur gegen freiheitsrechtswidrige Übergriffe der Exekutive (vgl. dazu Lockes Ausführungen zur Prärogative in Kap. XIV), sondern ebenso gegen die eingesetzte Legislative: Wenn der Gesetzgeber das *fundamental, sacred, and unalterabel law of self-preservation for which they entered into society,* verletzt, dann hat das Volk das Recht, seine Selbsterhaltung eigenmächtig zu verteidigen (VIII). Aktuell wird dieses Recht freilich nur dann, wenn die Staatsform aufgelöst ist, d. h. insbesondere dann, wenn der Gesetzgeber sein ihm anvertrautes Recht auf andere Personen überträgt. Solange dies jedoch nicht geschieht, bleibt die (vom Volk eingesetzte) Legislative die höchste politische Gewalt.

4.3. VOLKSSOUVERÄNITÄT UND REPRÄSENTATION

Jean-Jacques Rousseau (1712–1778) geht einen folgenreichen Schritt über Locke hinaus: Ihm zufolge ist die Volkssouveränität nicht nur ein legitimatorisches Prinzip, das im widerstandsrechtlichen Extremfall praktische Konsequenzen haben kann, sondern zugleich ein normatives Prinzip für die Organisation der Legislative. Die Lockesche Lehre, ursprünglich komme alle Gesetzgebungsbefugnis ausschließlich dem Volk zu, wird nun als praktische Norm gewendet, nach der alle Gesetze aus faktischen Entscheidungen der Bürger (und nicht ihrer Stellvertreter) zu entspringen haben.

Souveränität, die mit der Gesetzgebung identifiziert wird, kann weder veräußert noch **vertreten** werden, denn die Souveränität ist der Gemeinwille und ein *Wille kann nicht vertreten werden.* Er ist entweder der Wille der einen Person oder der einer anderen. Die *Abgeordneten des Volkes sind also nicht seine Vertreter, noch können sie es sein; sie sind nur seine Beauftragten; sie können nicht endgültig beschließen. Jedes Gesetz, das das Volk nicht selbst beschlossen hat, ist nichtig; es ist überhaupt kein Gesetz* (Rousseau, Gesellschaftsvertrag, 184).

Selbst Rousseau schließt, entgegen hartnäckiger Klischees, die repräsentative Demokratie jedenfalls nicht pauschal aus, sondern wertet die Repräsentation unter den Bedingungen komplexer gesellschaftlicher Arbeitsteilung und entsprechend geringem politischen Engagement der Staatsbürger (III, 15, 121 f.) als zwar idealwidriges, aber pragmatisch notwendiges, insbesondere von der Größe der Polis abhängiges Mittel der Willensbildung. Mit dieser Einsicht wird Rousseau freilich noch längst nicht zum Vordenker des modernen Parlamentarismus, denn nach seiner Überzeugung kann es allenfalls zulässig sein, dass Gesetzesinitiative und Gesetzesberatung einschließlich der Beschlussfassung über Gesetzesvorlagen und selbst ihre provisorische Verabschiedung delegiert werden; dagegen müsse dem Volk auch in hochkomplexen Gesellschaften die endgültige Ratifizierung von Gesetzen vorbehalten bleiben, da nur durch ausdrückliche Verwilligung von Seiten der späteren Normadressaten Gesetze legitim in Kraft gesetzt und auch gegen den Willen des einzelnen Untertans durchgesetzt werden (dazu Herb 2000).

Dem gegenüber spricht sich **Joseph Emmanuel Sieyes** (1748–1836) vehement zugunsten des Repräsentationsprinzips aus. Zwar wendet er sich nicht (direkt) gegen Rousseau, sondern gegen die **Tugenddiktatur** der sog. Bergpartei, wenn er *übertriebene Begriffe* der Volkssouveränität und der Gleichheit beanstandet. Während die Sansculotten jede Repräsentation verwarfen, hatten die Jakobiner die Gewaltenteilung abgelehnt und ihren Kommissaren unbeschränkte Aufträge erteilt. *Aber unbeschränkte Vollmachten sind ein politisches Ungeheuer und ein großer Irrtum des Frankenvolkes* (Grundverfassung, 374 f.).

So habe der Gleichheitsfanatismus der Radikalen den sehr *nachtheiligen Irrtum* hervorgerufen, *dass das Volk keine Gewalt übertragen dürfe, als die, welche es nicht selbst ausüben könne* (373). Besonders das Dogma von der Unrepräsentierbarkeit der Volkssouveränität habe dazu geführt, dass die Republik in ein staatsterroristisches *Universalwesen* im Sinne einer *ré-totale* verwandelt werden konnte (377): *Die damaligen Volksfreunde [...] hielten [...] das Stellvertretungssystem mit der Demokratie unverträglich, als ob ein Gebäude mit seiner natürlichen Grundlage unverträglich wäre!* (372).

Diese Karte entnahm ich dem Buch:

☐ Bitte schicken Sie mir das Gesamtverzeichnis **marix**verlag.

☐ Bitte informieren Sie mich regelmäßig über Neuerscheinungen.

☐ Bitte schicken Sie mir das Gesamtverzeichnis Edition Erdmann „Alte
     Abenteuerliche Reise- und Entdeckerberichte".

Alle Informationen unter www.marixverlag.de

Mich interessieren
folgende Themen:

☐   Geschichte

☐   Philosophie

☐   Weltreligionen

☐   Judaika

☐   Weltliteratur

☐   Kunst

Absender

Name, Vorname

Straße, Nr.

Plz, Ort

Telefonnummer *

Faxnummer *

Email *

Unterschrift

* freiwillige Angabe

Für Ihre schnelle Anfrage:
info@marixverlag.de

Rückantwort

marixverlag GmbH
Römerweg 10
65187 Wiesbaden

Nach Sieyes ist Repräsentation zunächst (im Sinne Kräfte sparender Arbeitsteilung) zweckmäßig und man könne dies auch an jeder arbeitsteilig operierenden Gesellschaft ablesen: *Alles ist im Gesellschaftsstande Stellvertretung.* Des Weiteren aber sei die Repräsentation notwendig und darüber hinaus mit dem Prinzip der ungeteilten Volkssouveränität sehr wohl vereinbar, denn wir *wissen alle, dass in einer Gesellschaft nur eine politische Gewalt, die Gewalt der politischen Vereinigung existiert* und dass alle Gewalten und politischen Funktionen *Stellvertretungen* des vereinigten Volkswillen sind.

Die *damaligen Volksfreunde* dagegen glaubten, das *Stellvertretungssystem* wäre *mit der Demokratie unverträglich* (372). Dabei sei es ein *sehr nachtheiliger Irrtum* anzunehmen, *dass das Volk keine Gewalt übertragen dürfe, als die, welche es nicht selbst ausüben könne.* Schließlich würde kein Urheber eines Briefes darauf bestehen, seine Post persönlich zu überbringen (373).

Man vergrößere nämlich, wie jeder wisse, seine Freiheit, *indem man in der größtmöglichen Anzahl von Dingen seine Stelle vertreten lässt, so wie man sie vermindert, wenn man verschiedene Stellvertretungen auf eben dieselbe Person häuft. Schließlich sei doch auch im Privatleben der am freiesten, der am meisten für sich arbeiten lässt* (373 f.).

Sieyes plädiert für die repräsentative Demokratie nicht zuletzt, weil sie den pluralistischen Gegebenheiten moderner Gesellschaften eher Rechnung tragen kann als die direkte Volksgesetzgebung: Je größer die Bevölkerung eines Staates, desto schwieriger seien nämlich Volksversammlungen zu organisieren, in denen die Individualwillen diskursiv einen Gemeinwillen ermitteln würden. Ein *großes Volk* könne daher gar nicht umhin, Stellvertreter zu wählen und sie mit der Gesetzgebung zu beauftragen. Dabei könne der Auftrag an die Stellvertreter nicht anders lauten, als anstelle des Volks *zu wollen.*

Doch auch Sieyes spricht sich nicht unter allen Umständen zugunsten der Repräsentativdemokratie aus, sondern erörtert die geeigneten Entscheidungsverfahren in Abhängigkeit von der Anzahl der Bevölkerung und auch er stellt, wie schon Rousseau, deutlich genug die identitäre Selbstgesetzgebung des Volkes als Ideal heraus: *Nur wenigen, die imstande sind über das Gefüge der Gesellschaft nachzudenken, dürfte*

75

es unbekannt sein, dass die Gesetzgebung in einer sehr kleinen Ge-
sellschaft von der Aktionärskörperschaft des Gemeinwesens selbst
ausgeübt werden muss, in einer großen Nation aber von einer Kör-
perschaft von Bevollmächtigten oder für kurze Zeit frei gewählten
Stellvertretern, deren Vollmachten nach Belieben der Auftraggeber
jederzeit widerrufbar sind. [...] Wie man weiß, sind je nach dem,
ob die Nation größer oder kleiner ist, mehr oder weniger Stufen
der Repräsentation nötig. Bei einer Völkerschaft, die aus wenigen
Bürgern besteht, können diese selbst die gesetzgebende Versamm-
lung bilden. Hier gibt es keine Stellvertretung, die Bürgerschaft ist
selbst da (Empfehlung, 71, 75).

Doch auch wenn Sieyes die Notwendigkeit der Stellvertretung als abhängig von der Größe der Population ansieht, so
bedeutet das doch nicht, dass er die Repräsentation für nur
bedingt erlaubt hielte, weil sie dem, was die Vernunft fordert,
eigentlich widerspräche. Vielmehr ist bei ihm die Repräsentation unter bestimmten demoskopischen Bedingungen das
allein geeignete Mittel zur Erreichung des Zwecks, der er-
strebt wird: das Volk muss auch im parlamentarischen System als Subjekt gesetzgeberischer Autonomie gelten können:
In dem Maß, wie die Zahl der Bürger zunimmt, wird es schwierig,
ja unmöglich, sich zu versammeln, um die Einzelwillen einander
gegenüberzustellen, sie auszugleichen und den Gemeinwillen zu
ermitteln. [...] Auf welche Weise aber ihr diesen gemeinschaftlichen
Willen auch immer bildet, immer kann er nur aus den Einzelwillen
der Bürger bestehen. Das ist der alleinige Grund dafür, weshalb
er für alle eine echte Verpflichtung bewirkt und für die gesamte
Gemeinschaft Gesetzeskraft hat. [...] Noch viel weniger kann ein
großes Volk seinen gemeinschaftlichen Willen oder seine Gesetzge-
bung selbst direkt ausüben. Es wählt sich also Stellvertreter und
beauftragt sie statt seiner zu wollen, und man kann schwerlich
sagen, dass der gemeinschaftliche Wille dieser Stellvertreter nicht
das wahre Gesetz sei und nicht für jedermann Gesetzeskraft habe
(29 ff.).

Immanuel Kant (1724–1804) gelang es, die beiden kon-
traren Positionen Rousseaus und Sieyes' zusammenzuführen und in einem komplexen Modell der demokratischen
Gesetzgebung zu vereinigen. Grob gesagt beruht sein Lö-
sungsansatz darauf, dass das Verfahren der Gesetzgebung
vom **Inhalt** der Gesetzgebung abhängig gemacht wird.

Zugunsten der repräsentativen Gesetzgebung durch gewählte Stellvertreter der Bürger sprechen nach Kant sowohl pragmatische als auch vernunftrechtliche Argumente, die je nach Kontext verschieden gewichtet werden. Wenn aber zahlreiche Interpreten Kant zum kompromisslosen Verfechter der parlamentarischen Demokratie stilisieren, so beziehen sie sich zum einen auf eine Passage im ersten Definitivartikel der Friedensschrift, in der gesagt wird, die *Staatsform [...] der Demokratie, im eigentlichen Verstande des Worts [wäre] notwendig ein Despotism* (Frieden, 352).

Bei näherer Betrachtung wird aber deutlich, dass die Textstelle keineswegs als Beleg für Kants angebliche vernunftrechtliche Option zugunsten der repräsentativ-demokratischen Gesetzgebungsform taugt. Die Forderung nach Repräsentation bezieht sich nämlich ausschließlich auf die **Regierungsform** und nicht die Staatsform. In diesem Zusammenhang bedeutet Repräsentation nichts anderes als **Gewaltenteilung**. Irrig ist demnach die erstaunlich weit verbreitete Auffassung, Kants Äußerung über despotische Demokratien in der Friedensschrift wäre als Beleg dafür zu nehmen, dass er die Empfehlung der repräsentativen Gesetzgebungsform in den Rang eines Vernunftrechtsprinzips erhoben hätte, von dem keinerlei Ausnahme gestattet wäre.

Anders scheint es um die bekannte Stelle in der *Rechtslehre* von 1797 bestellt zu sein. Und da es sich hier um ein rechtssystematisches Werk handelt, kann man annehmen, er hätte mit dieser Schrift etwaige terminologische und theoretische Unklarheiten endgültig beseitigen wollen. Dort heißt es: *Alle wahre Republik aber ist und kann nichts anders sein, als ein* **repräsentatives System** *des Volks, um im Namen desselben, durch alle Staatsbürger vereinigt, vermittelst ihrer Abgeordneten (Deputirten) ihre Rechte zu besorgen* (Rechtslehre, § 52, 341).

Die alles entscheidende Frage lautet: Was ist hier mit *können* gemeint? Will Kant, wenn er die Unmöglichkeit nichtrepräsentativer Gesetzgebung behauptet, ein vernunftrechtliches Verbot aussprechen oder nur eine Empfehlung geben, die die Unzweckmäßigkeit der nichtrepräsentativen Demokratie herausstellt? Kommen hier nicht ausdrücklich genannte empirische Bedingungen ins Spiel, von denen das Verbot der identitären Gesetzgebungsdemokratie abhängt oder ist von einer negativen Rechtspflicht, d. h. einem Verbot, die Rede, das kategorisch gültig sein soll?

Vermutlich lässt sich der Streit darüber, wie die Repräsentationsforderung in der *Rechtslehre* zu verstehen ist, nicht zweifelsfrei entscheiden. Doch es spricht manches dafür, dass es sich hier nur um eine pragmatische Empfehlung handelt, die nur gilt, wenn besondere Bedingungen gegeben sind. Als ein erstes Indiz, das diese Lesart stützt, kommt zunächst die bekannte Passage im *Gemeinspruch* in Frage. Dort heißt es, dass *in einem großen Volke* eine Gesetzgebung nicht der *Mehrheit [...] der Stimmenden unmittelbar [...], sondern nur der dazu Delegierten, als Repräsentanten des Volks,* dasjenige [sei], was man *als erreichbar voraussehen* könne (Gemeinspruch, 296). Derselbe pragmatische Zusammenhang zwischen Bevölkerungsgröße und legislativem Entscheidungsverfahren wird noch 1797 hergestellt: Die Empfehlung eines *repräsentativen Systems* sei ein *Grundsatz der Politik,* der das Problem auflösen könne, *wie es anzustellen sei, dass in einer noch so großen Gesellschaft dennoch Eintracht nach Prinzipien der Freiheit und Gleichheit erhalten werde* (Menschenliebe, 429).

Eine plausible Antwort bezüglich der Frage, welchen Stellenwert Kant der Repräsentation zuerkennt, ergibt sich, wenn man beide Passagen im Zusammenhang mit der klassischen Stelle über die sogenannten *Grundsätze der Politik* liest:

Um nun von einer Metaphysik des Rechts (welche von allen Erfahrungsbedingungen abstrahiert) zu einem Grundsatze der Politik (welcher diese Begriffe auf Erfahrungsfälle anwendet) und vermittelst dieses zur Auflösung einer Aufgabe der letzteren dem allgemeinen Rechtsprinzip gemäß zu gelangen: wird der Philosoph 1) ein Axiom, d. i. einen apodiktisch gewissen Satz, der unmittelbar aus der Definition des äußern Rechts (Zusammenstimmung der Freiheit eines Jeden mit der Freiheit von Jedermann nach einem allgemeinen Gesetze) hervorgeht, 2) ein Postulat (des äußeren öffentlichen Gesetzes, als vereinigten Willens Aller nach dem Prinzip der Gleichheit, ohne welche keine Freiheit von Jedermann Statt haben würde), 3. ein Problem geben, wie es anzustellen sei, dass in einer noch so großen Gesellschaft dennoch Eintracht nach Prinzipien der Freiheit und Gleichheit erhalten werde (nämlich vermittelst eines repräsentativen Systems); welches dann ein Grundsatz der Politik sein wird, deren Veranstaltung und Anordnung nun Dekrete ent-

*halten wird, die, aus der Erfahrungserkenntnis der Menschen ge-
zogen, nur den Mechanism der Rechtsverwaltung, und wie dieser
zweckmäßig einzurichten sei, beabsichtigen. – – Das Recht muss
nie der Politik, wohl aber die Politik jederzeit dem Recht angepasst
werden* (Menschenliebe, 429).

Jetzt drängt sich folgende Interpretation geradezu auf:
Welche konkreten Gesetzgebungsverfahren jeweils geeignet
sind, das Ideal der reinen Republik in einem bestimmten
Staat zu verwirklichen, lässt sich nicht pauschal entscheiden. Hierzu ist nämlich Erfahrung vonnöten. Im Allgemeinen empfehlen sich für kleine Staaten mit geringer Bevölke-
rungsdichte und hinlänglicher Homogenität der Interessen
direktdemokratische Gesetzgebungsverfahren. Umgekehrt
würde sich die repräsentative Gesetzgebungsdemokratie
als diejenige Staatsform empfehlen, die selbst *in einer noch
so großen Gesellschaft* (ebd.) dem Ideal am nächsten käme.
Nach Kant ist also die direkte Demokratie nur in einigen
Gesellschaften praktikabel, die repräsentative Gesetzgebung
aber in allen. Repräsentation wäre demnach jedenfalls kein
Zweck (und schon gar kein Endzweck) des Rechts, sondern
allenfalls ein mehr oder minder geeignetes Mittel, um unter
idealwidrigen Bedingungen dem Autonomieideal indirekt
Genüge zu tun. Gegen die unmittelbar-demokratische Gesetzgebung werden jedenfalls keinerlei Verbote seitens des
Vernunftrechts ausgesprochen. Vielmehr scheint es, umgekehrt, so zu sein, *dass die nichtrepräsentative Form der Gesetzgebung der eigentlichen normativen Dimension der reinen Republik
entspricht, aber unter bestimmten pragmatischen (!) Umständen
nicht realisiert werden kann* (Maus 1992, 197).

Doch die Forderungen, die der Vernunftbegriff der reinen
Republik gegenüber vorhandenen Staatseinrichtungen erhebt, sind noch weit anspruchsvoller. Denn nicht schon die
identitäre Selbstgesetzgebung als solche, sondern diese nur
insofern sie jeweils einstimmige Abstimmungsergebnisse
zustande brächte, würde dem Ideal der reinen Republik
vollkommen entsprechen: *Nun ist es, wenn jemand etwas gegen
einen Anderen verfügt, immer möglich, dass er ihm dadurch unrecht tue, nie aber in dem, was er über sich selbst beschließt (denn
volenti non fit iniuria). Also kann nur der übereinstimmende und
vereinigte Wille Aller, so fern ein jeder über Alle und Alle über*

einen jeden ebendasselbe beschließen, mithin nur der allgemein vereinigte Volkswille gesetzgebend sein (Kant, Rechtslehre, § 46, 313f). Wer immer an Stelle einer anderen Person etwas beschließt, das Zwang gegen diese Person einschließt, indem er diesen überstimmt, der kann unrecht tun.

Interessanterweise bringt Kant hier neben dem **Personalitätsaspekt** auch den **Majoritätsaspekt** ins Spiel: Er verwendet den Begriff der Repräsentation nämlich nicht nur in seiner qualitativen, sondern ebenso in seiner quantitativen Bedeutung; so wird ein Gesetzgebungsmodus auch dann als repräsentativ bezeichnet, wenn die Stimmenmehrheit als Stellvertretung der Einstimmigkeit gilt. Das gibt den entscheidenden Hinweis zum Verständnis dieser hochkomplexen Repräsentationstheorie: Kant, auch hierin Rousseau folgend (vgl. Rousseau, Gesellschaftsvertrag, IV, 7, 117), verlangt für die Gesetzgebung **je nach ihrer Materie** unterschiedliche Prozeduren, die dem Vernunftideal der Selbstgesetzgebung näher oder ferner stehen können So heißt es bei Rousseau, da es *in Bezug auf einen einzelnen Gegenstand keinen Gemeinwillen* geben könne, müsse die *Gesamtheit des Willens* mit der des *Gegenstandes [...] vereint* werden. *Dann ist die Sache, über die man bestimmt, so allgemein wie der Wille, der bestimmt* (Rousseau, Gesellschaftsvertrag, II, 6, 40 f.).

Entscheidend ist bei Kant wie Rousseau, dass der Begriff der Repräsentation erstens sehr pragmatisch im Sinne von ‚Stellvertretung' verwendet wird. Dem Repräsentierenden kommt im Vergleich mit dem Repräsentierten keine wie immer geartete höhere Wertigkeit zu. Zweitens wird dem Repräsentationsbegriff sowohl eine qualitative als auch eine quantitative Bedeutung gegeben. Auch die Mehrheitsregel wird demnach als Repräsentation verstanden.

Das bedeutet: Kant fordert weder kategorisch plebiszitäre noch repräsentative Legislationsverfahren; er verlangt weder kategorisch einfache Mehrheiten noch einstimmige Abstimmungsergebnisse. Vielmehr bilden Repräsentation und einfache Mehrheit das eine idealferne, aber nicht idealwidrige Extrem auf einer **Skala möglicher Gesetzgebungsverfahren**, die allesamt mit dem Autonomieprinzip vereinbar sind, während personale Identität und Einstimmigkeit das andere Extrem, das Vernunftideal, markieren.

Kant hat je nach **Relevanz der Gesetzgebungsmaterie für die Freiheitsrechte der Individuen** bestimmte Anforderungen bezüglich des jeweils zulässigen Entscheidungsverfahrens vorgesehen. Er nennt nämlich ganz bestimmte **Gesetzgebungsinhalte**, für die die Repräsentation entweder nur sehr eingeschränkt oder überhaupt nicht zulässig sein soll:

Das erste Beispiel betrifft die Entscheidung über den **Kriegseintritt** eines Staates. Diese Kompetenz könne weder dem despotisch noch dem republikanisch regierenden Monarchen zustehen; und selbst ein demokratisch legitimierter repräsentativer Gesetzgeber sei in dieser existenziellen Frage bestimmten Einschränkungen unterworfen: *Wenn (wie es in dieser Verfassung nicht anders sein kann) die Beistimmung der Staatsbürger dazu erfordert wird, um zu beschließen, ob Krieg sein solle, oder nicht, so ist nichts natürlicher, als dass, da sie alle Drangsale des Krieges über sich selbst beschließen müssten (als da sind: selbst zu fechten, die Kosten des Krieges aus ihrer eigenen Habe herzugeben; die Verwüstung, die er hinter sich lässt, kümmerlich zu verbessern; zum Übermaße des Übels endlich noch eine den Frieden selbst verbitternde, nie (wegen naher, immer neuer Kriege) zu tilgende Schuldenlast selbst zu übernehmen, sie sich sehr bedenken werden, ein so schlimmes Spiel anzufangen: da hingegen in einer Verfassung, wo der Untertan nicht Staatsbürger, die also nicht republikanisch ist, es die unbedenklichste Sache von der Welt ist, weil das Oberhaupt nicht Staatsgenosse, sondern Staatseigentümer ist, an seinen Tafeln, Jagden, Lustschlössern, Hoffesten u. d. gl. durch den Krieg nicht das Mindeste einbüßt, diesen also wie eine Art von Lustpartie aus unbedeutenden Ursachen beschließen und der Anständigkeit wegen dem dazu allezeit fertigen diplomatischen Corps die Rechtfertigung desselben gleichgültig überlassen kann* (Kant, Frieden, 351).

In den Reflexionen zur Rechtslehre heißt es von den Lasten des Krieges: Sie seien *so große auf unabsehbare Zeit drückende (in der Folge vielleicht den ganzen Staat umstürzende) und selbst die Moralität des Volks direkt untergrabende, dass an Fortschreiten des Menschengeschlechts zum Besseren in einem großen Teil desselben gar nicht zu denken ist und, obgleich der Flor (und Anwachs) der Künste den Verfall noch eine ziemliche Zeit hinhalten kann, gleichwohl der (nur um desto gefährlichere) Einsturz (früh oder spät) mit Gewissheit voraus zu sehen ist. Der Krieg sei mithin das größte Übel, was dem Menschengeschlecht begegnen kann* (Kant, Reflexionen zur Rechtslehre, Nr. 8077, 606 u. 611; dazu Maus 1992, 169 f.).

Die Dezision über Krieg oder Frieden zählt Kant zu den Abstimmungsmaterien, die die größten Risiken für die Freiheit der Bürger bergen, weil damit unter Umständen die gesamte verfassungsmäßige Organisation der öffentlichen Gewalt(en) und selbst die staatliche Souveränität dem Zufall überantwortet werden. Für diese spezielle Entscheidung sei es erforderlich, dass die Stimme jedes einzelnen Bürgers gezählt wird (dazu Brandt 1989, 116 ff.). Zwar sagt er nichts über qualifizierte Mehrheiten, doch es ist deutlich, dass nur solche Verfahren legitime Ergebnisse erbringen können, die sicherstellen, dass das Votum buchstäblich jedes potenziell Betroffenen in das Entscheidungsresultat mit eingeht (Maus 1992, 181). Ob dieser Anforderung auf ‚plebiszitärem' oder repräsentativem Wege Genüge getan werden soll, bleibt in der Friedensschrift noch unentschieden. An der entsprechenden Stelle der *Rechtslehre* spricht sich Kant einerseits für die parlamentarische Repräsentation aus, doch andererseits wird die partizipatorische Stoßrichtung der Argumentation noch verstärkt: Zum einen müsse sichergestellt werden, dass die Repräsentation nicht zu einem Selbstzweck werde, sondern ein Mittel bleibe, durch welches der Staatsbürger seine *freie Beistimmung* gebe oder verweigere, und zum anderen wird hervorgehoben, dass eine demokratische Entscheidung über die Kriegsfrage keine Pauschalermächtigung sein kann, sondern *zu jeder besonderen Kriegserklärung* jeweils neu eingeholt werden muss (Kant, Rechtslehre, § 55).

Es ist durchaus fraglich, ob die den Kantischen Anforderungen entsprechenden Beratungs- und Beschlussfassungsmodalitäten, die des modernen Parlamentarismus sein können oder ob nicht in diesem speziellen Fall eine imperative Mandatierung seitens der Bürger erforderlich wäre. Dies ist dann zu bejahen, wenn man Äußerungen zur Monarchie auf Demokratien überträgt: *Welcher Monarch (aus eigener Machtvollkommenheit) aussprechen darf: es soll Krieg sein, und es ist alsdann Krieg, der ist ein unbeschränkter Monarch (und sein Volk ist nicht frei.) – Der aber, welcher zuvörderst bei dem Volk öffentliche*

Anfrage tun muss, ob es einwillige, dass Krieg sei, wenn dieses sagt, es soll nicht Krieg sein, alsdann auch kein Krieg ist, (der ist) ein beschränkter Monarch (und ein solches Volk ist wahrhaft frei) (Reflexionen zur Rechtslehre, Nr. 8077, 606).

Das zweites Beispiel betrifft die Gesetzgebung, die in Privatsphären eingreift, die durch Freiheits(grund)rechte der Bürger vor staatlichem Zugriff geschützt werden. Je stärker der Eingriff – so die Kantische Regel – desto anspruchsvoller hat das entsprechende Entscheidungsverfahren zu sein. Ein Beispiel: Die Freiheit des religiösen Bekenntnisses stellt geradezu das Urbild aller Freiheits(grund)rechte dar, in das einzugreifen schlechterdings **jedem Souverän**, und sei es auch dem demokratisch legitimierten Repräsentanten des Volkes oder sogar diesem selber, untersagt sei: *Selbst das Volk kann so gar nicht einstimmig in Ansehung der Religion positive Zwangsgesetze machen* (Reflexionen zur Rechtslehre, Nr. 7795, 519).

Damit weist Kant die Hobbessche Forderung zurück, um des innergesellschaftlichen Friedens willen, dürfe der Souverän vorschreiben, welcher Kultus von den Untertanen auszuüben sei (Hobbes, Leviathan, Teil II, Kap. 31). Keine wie immer qualifizierte Mehrheit, selbst die Einstimmigkeit könnte es rechtfertigen, die Freiheit der Religion durch Gesetze inhaltlich zu beschneiden: das nämlich hieße nichts anderes, als dass der Gesetzgeber ein Gesetz beschlösse, *wodurch man sich selbst die Freiheit der Deliberation über die Freiheit raubt* (Reflexionen zur Rechtslehre, Nr. 7532, 448).

Weil nur jeder Einzelne in Hinblick auf seine religiöse Überzeugung und seine Weltanschauung überhaupt zu urteilen befugt ist, sei es dem Souverän verwehrt, per Gesetz die eine oder andere Religion zu protegieren oder sie gar zur Staatsreligion zu erheben. Andernfalls würde er allemal problematische Annahmen über Gegenstände als dogmatisches Wissen ausgeben, die unserem Sinne entzogen sind: Wo der Souverän den Glauben an Unwissbares als positive Rechtspflicht statuiert, muss er sich von vornherein ins Unrecht setzen. Jegliche Gesetzgebung habe daher ebendiese elementare Deliberationsfreiheit der Individuen lediglich zu sichern und gegen freiheitslädierenden Missbrauch in Schutz zu nehmen: *In Sachen der Religion und überhaupt der Meinungen ist niemand iudex competens als des Menschen eige-*

ne Vernunft oder Gott selber. Der äußere Richter kann nur statt finden darin, dass er die Freiheit, die ein jeder hat, auf den Grad einschränke, dass er die Freiheit anderer nicht störe (Reflexionen zur Rechtslehre, Nr. 7758, 479).

Ein Gesetz, welches den Glauben an eine bestimmte transzendente Lehre als eine für alle Zukunft gültige Rechtspflicht vorschriebe, würde nicht nur die erkenntniskritische Grenze zwischen Für-Wahr-Halten und Wissen einreißen, sondern darüber hinaus dem Autonomiepostulat der praktischen Vernunft widersprechen. Sowenig sich der Einzelne seiner Freiheit des Glaubens oder Nichtglaubens entäußern kann, sowenig können dies das Volk oder seine Stellvertreter: *Worüber das ganze Volk selbst nicht disponieren kann, darüber kann auch kein Souverän, als sich aller Religionsuntersuchungen zu entschlagen und [sich] diese Freiheit zu verbieten* (Reflexionen zur Rechtslehre, Nr. 7797, 519 f.).

Dieses politische Eingriffsverbot gegenüber den durch überpositivrechtliche Freiheitsrechte und positivrechtliche Freiheitsgrundrechte ausgegrenzten Zonen privater Freiheit gilt also kategorisch. Keine noch so anspruchsvolle Prozeduralregel könnte zureichen, den von absoluten Abwehrrechten definierten Schutzbereich der staatlichen Intervention zu öffnen. Mit diesem Tabu wird hinsichtlich der klassischen Freiheitsgrundrechte zugleich ein maximaler Minderheitenschutz gewährleistet. Die Menschen- und Bürgerrechte sind in Kants Verständnis nicht allein Rechte gegen staatliche Willkür, sondern zugleich Rechte gegen (legislative) Mehrheiten (vgl. Dworkin 1977, 133).

Dieses Interventionsverbot scheint allerdings keineswegs allein auf die einfache Gesetzgebung gemünzt. Das Beispiel der Religionsfreiheit legt vielmehr den Gedanken nahe, dass Kant ein absolutes Verbot von Gesetzesvorbehalten hinsichtlich der klassischen Freiheitsgrundrechte aussprechen wollte, das auch die Verfassungsgesetzgebung beträfe. Und nicht einmal das Volk in seiner Funktion als legitimatorischer *Urgrund aller öffentlichen Verträge*, d. h. als *pouvoir constituant*, könne sich, ohne sich selbst zu widersprechen, zu einen bestimmten Gebrauch seiner Freiheitsrechte verpflichten (Kant, Rechtslehre, § 52, 342). Kant sagt nicht, das verfassunggebende Volk dürfe keine positive Religionsgesetzgebung betreiben, sondern es **könne** dies nicht. Denn wer immer, sei es das Individuum, sei es der Verfassunggeber, in einer freien Entscheidung beschlösse, sich fortan ebendieser Freiheit zu begeben, handelte selbstwidersprüchlich: *[Jeder] Mensch [hat] doch seine unverlierbaren Rechte [...], die er nicht einmal aufgeben kann, wenn er auch wollte, und über die er selbst zu urteilen befugt ist* (Kant, Gemeinspruch, 161).

Das negative Extrembeispiel der Religionsfreiheit mag als Beleg für die eingangs formulierte These gelten, man könne bei Kant keine pauschale Stellungnahme in der Frage finden, welche Gesetzgebungsarten republikanischen Grundsätzen genügen.

Bestätigt wird dies auch durch einen Passus aus dem *Gemeinspruch*, der die Frage nach der demokratischen Legitimierbarkeit des Mehrheitsprinzips, d. h. der Repräsentation im quantitativen Sinne, behandelt: *Es müssen aber auch Alle, die dieses Stimmrecht haben, zu diesem Gesetz der öffentlichen Gerechtigkeit zusammenstimmen; denn sonst würde zwischen denen, die dazu nicht übereinstimmen, und den ersteren ein Rechtstreit sein, der selbst noch eines höheren Rechtsprinzips bedürfte, um entschieden zu werden. Wenn also das Erstere von einem ganzen Volk nicht erwartet werden darf, mithin nur eine Mehrheit der Stimmen und zwar nicht der Stimmenden unmittelbar (in einem großen Volke), sondern nur der dazu Delegierten als Repräsentanten des Volks dasjenige ist, was allein man als erreichbar voraussehen kann: so wird doch selbst der Grundsatz, sich diese Mehrheit genügen zu lassen, als mit allgemeiner Zusammenstimmung, also durch einen Contract, angenommen, der oberste Grund der Errichtung einer bürgerlichen Verfassung sein müssen* (Gemeinspruch, 296; vgl. die Parallelstellen in Rousseau, Gesellschaftsvertrag II, 12).

In der reinen Republik würden demnach Gesetze vom gesamten Volk plebiszitär und einstimmig beschlossen. Denn nur auf diese Weise könnte das Autonomiepostulat der praktischen Vernunft im Bereich des Staatsrechts vollkommen erfüllt werden. Nur so würde nämlich *ein jeder über Alle und Alle über einen jeden ebendasselbe* beschließen. Der *allgemein vereinigte Volkswille* bzw. die *volonté générale* einerseits und die *volonté des tous* andererseits fielen in eins. Nur in der reinen Republik, die weder Repräsentation noch Mehrheitsprinzip zuließe, wäre ausgeschlossen, dass *jemand etwas gegen einen anderen verfügt* (Rechtslehre, § 46, 314). Das legitimatorische Maximum wäre erreicht.

Mit dem Verzicht sowohl auf qualitative als auch quantitative Stellvertretung wäre zugleich die an der Repräsentation als solcher haftende Möglichkeit des Unrechts vermieden. Eine *republica phaenomenon* dagegen könne aus pragmatischen, z. B. demoskopischen bzw. sozialstrukturellen Gründen gezwungen sein, von jenen optimalen Entscheidungsmodalitäten abzuweichen. Dann aber bedürfe es besonderer, diese minderen Verfahren rechtfertigender Grundsätze der Politik. Als Rechtsnormen betrachtet, seien diese Grundsätze nicht auf derselben normlogischen Ebene angesiedelt wie einfache Gesetze und diese Diskrepanz müsse allemal prozedurale Konsequenzen nach sich ziehen. Ein Gesetz, das den Beschluss zum Ausdruck brächte, von nun an sei für jedes weitere Gesetz das Mehrheitsprinzip ausreichend, könnte trivialerweise nicht seinerseits durch einen Mehrheitsbeschluss in Kraft gesetzt werden: Der *Grundsatz, sich die Mehrheit genügen zu lassen*, kann nur *mit allgemeiner Zusammenstimmung* beschlossen werden oder muss mindestens als aus einem impliziten derartigen Konsens entsprungen gedacht werden können.

Andernfalls nämlich *würde zwischen denen, die dazu nicht übereinstimmen*, und den Zustimmenden *ein Rechtsstreit sein* (Gemeinspruch, 296). Ohne einen die Mehrheitsregel als legitime Stellvertretung der Einstimmigkeit rechtfertigenden besonderen *Grundsatz der Politik* könnte die unterlegene Minorität nach jedem Legislationsakt einwenden, ihr geschehe Unrecht, insofern sie genötigt werde, sich fremdem Willen zu unterwerfen. Zwar sagt Kant nichts Genaues darüber, wie jenes Entscheidungsverfahren auszusehen hätte, das die Mehrheitsregel in Kraft setzen könnte und es wird nicht einmal ausdrücklich verlangt, dass überhaupt ein förmlicher Beschluss zu ergehen habe. Doch wie immer die Handlung, die den *Grundsatz* des Majoritätsprinzips in Geltung setzten könnte, aussehen mag: in jedem Fall hat ein *einstimmiger* Beschluss – sei es real, sei es ideell – zu erfolgen.

Kant spielt auf das, eigentlich erst in der Moderne vollentwickelte Faktum gesellschaftlicher Komplexität und Plu-

ralität an, wenn er feststellt, bezüglich einzelner Gesetzgebungsakte könne Einstimmigkeit *von einem ganzen Volke nicht
erwartet werden* (Rechtslehre, § 52, 345 f.).
Würde die Mehrheitsregel bloß beanspruchen, ausnahmsweise und jedenfalls nicht auf Dauer zulässig zu sein, wäre
zu ihrer Rechtfertigung lediglich ein entsprechendes **Erlaub-
nisgesetz der Vernunft** erforderlich. Soll aber das Mehrheitsprinzip als notwendiges Instrument zur mittelbaren
Erfüllung des von der Vernunft Geforderten legitimiert sein,
so wäre ein eigener **Grundsatz der Politik** vonnöten (dazu
Brandt 1995). Dieser aber, so lässt Kant durchblicken, könne nicht im Wege einfacher Gesetzgebung verabschiedet
werden, sondern verlange einen speziellen (Verfassungs-)
Gesetzgebungsakt, der dem Autonomieprinzip der reinen
Republik jedenfalls eher genügen müsste, als es für einfache Legislationsakte gefordert wäre. Nur unter dieser Bedingung könnte das Mehrheitsprinzip, das als solches kein
Rechtsprinzip a priori darstellt, immerhin den Status eines
zweckmäßigen und legitimen technischen Mittels beanspruchen, durch welches sich die Vernunftregel auf kontingente
Erfahrungsfälle anwenden ließe (Kant, Menschenliebe, 429).
Vollkommen analog erörtert der *Gemeinspruch* die Frage
der qualitativen Repräsentation in der Gesetzgebung: Auch
das personale Repräsentationsprinzip genießt nicht den
Rang eines Rechtsprinzips, sondern den eines *Grundsatzes der
Politik*, der zwischen dem Ideal und der widerständigen Realität vermittelt (Gemeinspruch, 296). Gemäß der Vernunft-
idee der reinen Republik hätte buchstäblich jeder einzelne
Bürger mit eigener Stimme an der Gesetzgebung teilzuneh-
men; denn nur, wenn sichergestellt wäre, dass *Alle über einen
Jeden, mithin auch über sich selbst gebieten,* wäre nämlich die
Möglichkeit des Unrechts ausgeschlossen (Rechtslehre, § 52,
338). Denn: Unrecht kann nur der tun, der etwas über andere
beschließt, *nie aber in dem, was er über sich selbst beschließt*
(§ 46, 313). Soll das (qualitative) Repräsentationsprinzip (als
aus pragmatischen Gründen anzuratende Minderform der
von der reinen Rechtsvernunft geforderten Autonomie) seine Legitimität dennoch aus dem Ideal der reinen Republik
beziehen können, müsste, analog dem Mehrheitsprinzip,
ein entsprechender Grundsatz der Politik nichtrepräsenta-

tiv (und sicher nicht bloß mit einfacher Mehrheit) beschlossen werden oder doch als beschlossen gedacht werden können. Nur vermittels dieses speziellen Grundsatzes der Politik lässt sich das Repräsentationsprinzip nicht nur als ausnahmsweise und auf Zeit erlaubt, sondern als positives Gebot rechtfertigen. Auch in diesem Fall wird ausdrücklich eine empirische Bedingung genannt, ohne deren Vorliegen die pragmatische Zweckmäßigkeit der Repräsentation und damit ein entsprechender Grundsatz der Politik entfiele: Das gesetzgebende Volk muss für die unmittelbare (d. h. hier: plebiszitäre) Realisation des Autonomieprinzips zu *groß* sein (über den Zusammenhang zwischen Bevölkerungszahl und Gesetzgebungsverfahren bei Rousseau und Kant vgl. Maus 1992, 227 ff.).

Die Regeln der Majorität der Stimmen und der personellen Repräsentation wären demnach nicht lediglich vernunftwidrige Reglements, für die allein Erlaubnisgesetze der Vernunft angeführt werden könnten, sondern Minderformen des unter bestimmten empirischen Bedingungen nicht oder jedenfalls nicht unmittelbar erreichbaren Ideals. Damit diese Minderformen durch Grundsätze der Politik legitimiert werden können, müssen drei verschiedene Bedingungen erfüllt sein: eine kognitive, eine volitive und eine prozedurale. Erstens ist erforderlich, dass man von den Minderformen mit guten Gründen annehmen kann, dass sie *mit der einzig rechtmäßigen Verfassung, nämlich der einer reinen Republik,* [zwar nicht der Form nach, wohl aber] *ihrer Wirkung nach zusammenstimme[n]* (Kant, Rechtslehre, § 52, 340).

Damit sich rechtsmetaphysische Prinzipien vermittels der Politik als einer *ausübende[n] Rechtslehre* auf *Erfahrungsfälle* anwenden lassen, sind sogenannte **Grundsätze der Politik** erforderlich (Gemeinspruch, 370). Politische Grundsätze sind nämlich nicht schon mit dem Vernunftrecht gegeben, sondern beruhen wesentlich auf der *Erfahrungserkenntnis der Menschen*, die jedoch irren kann (Menschenliebe, 429). Ändern sich die gesellschaftlichen oder auch technischen Rahmenbedingungen der Verwirklichung von Rechtsprinzipien, können sich andere als die bislang für zweckmäßig erkannten Grundsätze der Politik empfehlen. Zweitens erfordern Grundsätze der Politik, gerade weil sie nicht schon im Vernunftrecht enthalten sind, einen sie beschließenden Willensakt, der sich idealerweise positivrechtlich artikuliert. Drittens schließlich verlangen derartige Grundsätze der Politik in jedem Fall anspruchsvollere Legitimations- bzw. Entscheidungsverfahren als die hernach von ihnen geregelten Entscheidungen, und das bedeutet vor allem: **Gesetzgebungsakte, die Regeln für die Gesetzgebung aufstellen, müssen ‚demokratischer' geartet sein als die durch sie geregelten Gesetzgebungsakte.**

Folglich können auch die beiden Abweichungen vom Autonomiepostulat, das Mehrheitsprinzip und das (personale) Repräsentationsprinzip, nur durch besondere Gesetzgebungsakte in Geltung gesetzt werden, die deutlich anspruchsvoller sein müssen, als es bei normalen Gesetzen nötig wäre. Denn schließlich zählt Kant die beiden Grundsätze zu dem Vertrag, der der *oberste Grund der Errichtung einer bürgerlichen Verfassung* ist (Gemeinspruch, 296). Betrachtet man allerdings den ursprünglichen Vertrag als eine legitimatorische Fiktion und allenfalls noch als einen kognitiven Zustimmungskonsens (Kersting 1992, 128), dann ergeben sich keine direkten praktischen Konsequenzen. Wenn man dagegen den Gesellschaftsvertrag als **normatives** Legitimationskriterium mit praktischen Implikationen erkennt, dann ergibt sich folgendes: Insofern der ursprüngliche Vertrag zugleich ein verfassunggebender Akt ist, bedarf er eigenständiger Beratungs- und Entscheidungsmodalitäten, die sich jedenfalls qualitativ von den im hernach konstituierten Staat geltenden zu unterscheiden haben. Nun erst wird ersichtlich, wie intensiv Kant die französische Theorie des *pouvoir constituant* des Volkes rezipierte und wie umsichtig er sie in seine Rechtslehre einbaute, ohne dass er sich offiziell als deren Anhänger hätte präsentieren müssen.

Die **allgemeine Regel**, die Kant zwar nicht ausdrücklich nennt, die aber seine mehrdimensionale Theorie der demokratischen Gesetzgebung überhaupt erst verständlich macht, lautet: Je *bedeutsamer und schwerwiegender* der Gegenstand der Gesetzgebung für die bürgerliche Freiheit ist, desto größer ist der entsprechende Legitimationsbedarf und desto mehr hat sich das jeweilige Entscheidungsverfahren am Ideal der reinen Republik zu orientieren. Und umgekehrt: Je geringer die Relevanz eines Gesetzes für die bürgerliche Freiheit, desto weniger demokratisch müsste das betreffende Entscheidungsverfahren organisiert sein (vgl. schon Rousseau, Gesellschaftsvertrag, IV, 7, 117).

Konstituierende Gesetzgebungsakte etwa, die die *Errichtung einer bürgerlichen Verfassung* bezwecken (Kant, Gemeinspruch, 296), indem sie die Organisationsform der öffentlichen Gewalten, d. h. eine Bestimmung der Staatsform oder der Regierungsform zum Inhalt haben, müssten jedenfalls maximalen Ansprüchen genügen. Zu diesen höchststufigen Abstimmungsmaterien zählt Kant jedenfalls die Optionen zugunsten der Repräsentativgesetzgebung und des Mehrheitsprinzips, aber auch alle anderen Gesetze, die die Partizipation an der legislativen Willensbildung regeln. So heißt es beispielsweise, an der (einfachen) Gesetzgebung könne niemand anderer (effektiven) Anteil haben, *als derjenige, dem durch das constitutional Gesetz auch eine hinreichende Gewalt und Befugnis zu dem Gebrauch verliehen ist. Wollte man etwa, um ein zeitgenössisches Beispiel zu nennen, dem Monarchen ein Vetorecht insofern zuerkennen, als seine Einstimmung [...] zum Gesetz [...] erforderlich* sein soll, so könne dies jedenfalls nicht durch einfache Gesetzgebung, sondern nur durch *[C]onstitutionalgesetz[gebung]* geregelt werden (Kant, Reflexion 7997, 576).

Weil der *oberste Grund der Errichtung einer bürgerlichen Verfassung* in *Constitutionalgesetz[en]* besteht und die Verfassung ausschließlich durch *Constitutionalgesetz[e]* geändert werden kann, sind diesem speziellen Gesetzgeber im Verhältnis zu allen durch die Verfassung geregelten Kompetenzen höherstufige Rechte zuerkannt (Kant, Religion, 80). Und diese außerordentliche Befugnis müsse sich, so deutet Kant an, in besonderen Ansprüchen an das betreffende (faktische oder hypothetische) Entscheidungsverfahren niederschlagen. Nach der Vernunft wäre die Geltung aller *lois fondamentales* (Rousseau, Contrat social, II, 12) an Entscheidungsverfahren gebunden, die durch die größtmögliche Annäherung an das Ideal der reinen Republik gekennzeichnet wären. Erst unter dieser Voraussetzung könnten Verfassungsgesetze maximale demokratische Legitimität beanspruchen. Das Verfahren würde dafür bürgen, dass sie als *mit allgemeiner Zusammen-*

stimmung, als durch einen Contract, angenommen gelten können (Gemeinspruch, 296).

John St. **Mill** (1806–1873) spricht sich in seinem berühmten Essay **On Liberty** ohne Einschränkung für ein repräsentatives Gesetzgebungssystem aus, in dem das Volk die *oberste Kontrollgewalt* durch *periodisch gewählte Vertreter* ausübt. Dabei sei allerdings der Grundsatz der Volkssouveränität zu beachten, nach dem die oberste gesetzgebende Gewalt *ungeteilt in den Händen des Volkes liegen* müsse.

Der wesentliche Zweck dieser Souveränitätsakkumulation auf Seiten des Volkes bzw. seiner Vertreter besteht in folgendem: *Es [das Volk] muss jede Regierungshandlung nach Belieben kontrollieren können.* Vor diesem Hintergrund überrascht es nicht, dass Mill das britische Modell der Gewaltenteilung à la **Montesquieu** (*ein Staat, in dem sich verschiedene Kräfte das Gleichgewicht halten*) problematisiert: *In der [ungeschriebenen] britischen Verfassung ist jede der **drei sich ergänzenden Gewalten** mit Machtbefugnissen ausgestattet, die, wenn sie voll ausgeschöpft würden, die gesamte Regierungsmaschinerie **zum Stillstand** bringen könnten* (Mill, Über die Freiheit, 190).

Das einzig taugliche Heilmittel könne nur darin liegen, dass man sich auf die *[u]ngeschriebene Regel der Verfassung* besinnt, nach der in letzter Instanz allein die *politische Moral des Landes* die *Gewalten daran hindern könnte, die jeweils anderen zu beherrschen* (191). So würde z. B. das traditionelle Vetorecht der Krone gegenüber Parlamentsgesetzen konterkariert durch das tradierte Vorrecht des Unterhauses (als Repräsentation des Volkes), das Staatsoberhaupt zu bestimmen. Auf diese Weise lasse sich die Macht des Monarchen durch die Übermacht des Volkes in Schranken halten. Auch wenn sich auf diese Weise die Macht des Volkes als superior etablieren lasse, so dürfe dies doch nicht mit unbeschränkter Volkssouveränität verwechselt werden. Denn erstens handele es sich **um eine** repräsentative **Regierungsform**. Andernfalls könnte nämlich keinerlei Kontrolle seitens des Parlamentes stattfinden. Zweitens bestehe eine repräsentative **Verwaltung** (mit eigenen verwaltungsspezifischen Prinzipien und Regeln), da das Parlament die erforderliche Fachkompetenz nicht selbst aufbringen könne. Drittens schließlich wirke die Repräsentation Tendenzen zum demokratischen Despotismus dadurch entgegen, dass Gesetzesvorlagen in der Regel in besonderen Ausschüssen erarbeitet werden, da die große Komplexität der Materien eine solche Spezialisierung unumgänglich macht (193).

Nach 1945 wurde die Theorie der Repräsentativdemokratie u. a. von **Ernst Fraenkel (1898–1975)** gelegt, der zur Gründergeneration der westdeutschen Politikwissenschaft zu rechnen ist: *Repräsentation ist die rechtlich autorisierte Ausübung von Herrschaftsfunktionen durch verfassungsmäßig bestellte, im Namen des Volkes, jedoch ohne dessen bindenden Auftrag handelnde Organe eines Staates oder sonstigen Trägers öffentlicher Gewalt, die ihre Autorität mittelbar oder unmittelbar vom Volk ableiten und mit dem Anspruch legitimieren, dem Gesamtinteresse des Volkes zu dienen und dergestalt dessen wahren Willen zu vollziehen* (Fraenkel 203).

Fraenkel hebt hervor, dass das repräsentative Regierungssystem auf zwei idealtypischen Konstrukten beruht: Zum einen unterstelle man, das Gesamtinteresse des Volkes wäre objektiv feststellbar. Zum anderen nimmt man an, der Volkswille wäre stets auf das Gemeinwohl ausgerichtet. Diese Unterstellungen fänden in der gesellschaftlichen Realität allerdings keine adäquate Entsprechung: De facto würde in allen Demokratien der Wille der jeweiligen Mehrheit mit dem Gemeinwohlinteresse identifiziert.

Wie zahlreiche Rousseau-Kritiker der Nachkriegszeit neigt Fraenkel dazu, die Lehre von der *volonté générale* zum Urkeim alles Totalitären zu erklären, weil sie ein dezidiert antipluralistisches Gesellschaftsideal in sich berge, das in seiner politischen Umsetzung zwangläufig in einer Tyrannei der Mehrheit (Tocqueville, Bd. I, 9, 145) münden müsse: Denn Zweck plebiszitär-demokratischer Willensbildung sei es, den empirischen Willen des Volkes (d. h. der Mehrheit desselben) zur Geltung zu bringen, während das Repräsentativsystem auf die (relative) Vernünftigkeit des durch Stellvertreter erschlossenen bzw. konstruierten Gemeinwillens setzt: *Aufgabe einer Repräsentativverfassung ist es somit, die Realisierung des Volkswillens optimal zu ermöglichen mit der Maßgabe, dass bei einer etwaigen Divergenz zwischen hypothetischem und empirischem Volkswillen dem hypothetischen Volkswillen der Vorzug gebührt* (Fraenkel, 203). Im Konfliktfall soll nämlich

der durch Stellvertreter ermittelte hypothetische Volkswille
grundsätzlich der normative Vorrang vor dem empirischen
Volkswillen gebühren, da vor allem letzterer zur Repressi-
on von Minderheiten neige. Doch wie lässt sich dann der
Fall ausschließen, dass die Repräsentanten ihr advokatives
Repräsentationsverständnis unter Berufung auf einen nach
Bedarf von ihnen konstruierten hypothetischen Volkswillen
rechtfertigen?

Dieser Gefahr sucht **Ernst-Wolfgang Böckenförde** (geb.
1930) zu begegnen. Sein Ansatz besteht darin, einen formalen von einem inhaltlichen Begriff der Repräsentation
zu unterscheiden. Von formaler Repräsentation soll dann
gesprochen werden, wenn politische Leitungsorgane vom
Bürger her autorisiert werden. Zwischen Repräsentant und
Repräsentierten entsteht damit ein Legitimations- und Zurechnungszusammenhang, so dass die Stellvertreter im Namen des Volkes handeln. Die Verpflichtung, die im Rahmen
formaler Repräsentation den Bürgern auferlegt wird, bleibt
eine äußere und ihr Modus ist der legitime Befehl. Repräsentation im **formalen** Sinne kann demnach rechtlich ermöglicht **und** gewährleistet werden.

Die inhaltliche Repräsentation verlangt dagegen anderes
und mehr, denn schließlich soll sich mittels ihrer der Inhalt
des Volkswillens aktualisieren. Im Ideal soll sich der Bürger
mit der *Art der Behandlung und Entscheidung* von Interessen-
divergenzen identifizieren können. Der Gehorsam den Gesetzesbefehlen gegenüber verdankt sich hier einer inneren
Verpflichtung qua *Zustimmung und Folgebereitschaft* (Böckenförde, Repräsentation, 393). Repräsentation könne nämlich
rechtlich nur ermöglicht, aber nicht gewährleistet werden.
Folglich ist nach Böckenförde für reale Demokratien sowohl
formale als auch inhaltliche Repräsentation erforderlich.
Neben den *rechtsförmigen Autorisierungs-, Legitimations-, und
Zurechnungszusammenhang* müsse die **inhaltliche** Repräsentation treten, denn andernfalls degeneriere die Demokratie
in *delegierte Individual- oder Gruppenherrschaft oder einen wech-
selnden Mehrheitsabsolutismus* ohne politische Partizipation
oder auch nur Zustimmung des Volkes: *In diesem Sinn wird
auch in der Demokratie einerseits durch (formale) Repräsentation
Herrschaft konstituiert, andererseits dient (inhaltliche) Repräsen-*

93

tation zur Begrenzung und inhaltlichen Bindung von Herrschaft auf das Volk hin. Auf diesen Vermittlungsprozess ist jede Demokratie angewiesen, weil sie nicht als unmittelbar identitäre Demokratie realisierbar ist.

Der legitimatorische ‚Mehrwert', den das inhaltliche Repräsentationsprinzip gegenüber dem formalen zu bieten hat, besteht nicht zuletzt darin, dass hier der Begriff des **Amtes** wesentlich ist: *Zum Begriff des Amtes gehört die **Fremdnützigkeit**, die Ausrichtung auf Aufgaben, und Verantwortlichkeiten, die von den eigenen Interessen unterschieden sind, gehört der Gedanken des **Trusteeship*** (393). Dies verlangt vom parlamentarischen Amtsträger nicht mehr und nicht weniger als einen übergreifenden Bezugspunkt einzunehmen, der auf den öffentlichen, von seinem Privatwillen verschiedenen Allgemeinwillen rekurriert: *Der **übergreifende Bezugspunkt** kann daher nicht ohne Bezug auf das Volk, und zwar **nicht ein ideales oder hypothetisches Volk, sondern das wirkliche Volk**, gefunden werden. Nur dann ist inhaltliche Repräsentation auch demokratische Repräsentation* (394).

Hans Kelsen (1881–1973) spricht sich 1925 in seinem bedeutenden Aufsatz *Das Problem des Parlamentarismus* entschieden zugunsten der Repräsentativdemokratie aus, ohne aber die Notwendigkeit ihrer Reform zu bestreiten; denn die Legitimationskrise des Parlamentarismus sei unübersehbar. *In der Gegenwart ist der Parlamentarismus in Misskredit geraten: Von den Parteien der extremen Rechten wie der äußersten Linken wird das parlamentarische System immer entschiedener abgelehnt; der Ruf nach Diktatur oder berufsständischer Ordnung immer lauter erhoben. Und auch innerhalb der Parteien der Mitte lässt sich nicht eine gewisse Abkühlung gegenüber dem einstigen Ideal verkennen* (Kelsen, Parlamentarismus, 1661).

Die Motive der Parlamentarismuskritik seien allerdings sehr verschiedenartig. Unstreitig könne die Fähigkeit oder Unfähigkeit der Repräsentativdemokratie zur Lösung der ‚sozialen Frage' zum alles entscheidenden Legitimationskriterium des Parlamentarismus werden: *Davon, ob das Parlament ein brauchbares Werkzeug ist, die **sozialen Fragen** unserer Zeit zu lösen, davon hängt die **Existenz** der modernen Demokratie ab* (1662).

Zwar sei die Demokratie nicht identisch mit dem Parlamentarismus; denkbar wäre ebenso gut auch die direkte

Demokratie. *Aber für den modernen Staat ist diese unmittelbare Demokratie, ist die Bildung des staatlichen Willens in der Volksversammlung praktisch unmöglich. [...] Darum ist die Entscheidung über den Parlamentarismus zugleich die Entscheidung über die Demokratie* (1662).

Das Kernelement des Parlamentarismus besteht nach Kelsen in der **Bildung** *des maßgeblichen staatlichen* **Willens** *durch ein vom Volke auf Grund des* **allgemeinen und gleichen Wahlrechtes**, *also demokratisch, gewählte[s]* **Kollegialorgan** *nach dem* **Mehrheitsprinzip.** Die parlamentarische Demokratie stelle ein *Prinzip der sozialen Ordnungserzeugung* dar, das auf Freiheit und demokratischer Selbstbestimmung beruhe.

Jedoch lasse sich die Idee der freien demokratischen Autonomie nicht rein verwirklichen, denn diese würde eine permanente Versammlung aller stimmfähigen Bürger erfordern. Demokratische Autonomie könne daher nur **annäherungsweise** und **mittelbar** realisiert werden. Zwei **Abweichungen** vom demokratischen Ideal seien dabei unverzichtbar: Zum einen bedeute das **Majoritätsprinzip** einen Verzicht auf das Ideal der **Einstimmigkeit** und zum anderen sei die Repräsentation eine Minderform unmittelbarer Volkswillensbildung.

Der Parlamentarismus ist also als **Kompromiss** zwischen dem freiheitlichen **Ideal** der Demokratie und dem Grundsatz der Arbeitsteilung zu werten, der *sozialtechnischen* Fortschritt überhaupt erst möglich macht.

Ganz im Einklang mit der aufgeklärten Demokratietheorie Rousseaus und Kants verknüpft Kelsen die Größe der Bevölkerung mit dem je geeigneten Verfahren der Staatswillensbildung: *Je größer die staatliche Gemeinschaft, desto weniger erweist sich das Volk als solches imstande, die wahrhaft schöpferische Tätigkeit der Staatswillensbildung unmittelbar selbst zu entfalten, desto mehr ist es schon aus rein sozialtechnischen Gründen gezwungen, sich darauf zu* **beschränken,** *den eigentlichen Apparat der Staatswillensbildung zu kreieren und zu kontrollieren* (1664). Demzufolge unternimmt Kelsen keine normative, sondern nur eine pragmatischen Rechtfertigung des Parlamentarismus.

Auch sei zu bedenken, dass der Parlamentarismus auf einer notwendigen *Fiktion der Repräsentation* beruhe, d. h. dem

*Gedanke[n], dass das Parlament nur **Stellvertreter** des Volkes sei,
[...] obgleich das parlamentarische Prinzip in allen Verfassungen
ausnahmslos mit der Bestimmung verbunden ist, dass die Abgeordneten von ihren Wählern keine bindenden Instruktionen anzunehmen haben.* Der Grundsatz des freien Mandates komme
geradezu einer *Unabhängigkeitserklärung des Parlaments gegenüber dem Volke* gleich (1664).

   *Die Fiktion der Repräsentation (Stellvertretungsideal) soll den
Parlamentarismus vom Standpunkt der Volkssouveränität legitimieren* (1664 f.). Gegenwärtig sei aber gerade dieser fiktive
Charakter des Repräsentationsgedankens zum Hauptan-
satzpunkt der Kritik geworden: Offenkundig sei der Wille
des Parlamentes nicht mit dem Willen des Volkes identisch.
Diese Kritik treffe allerdings nur, insofern man den Parlamentarismus mittels der Volkssouveränität zu rechtfertigen
sucht (1665). Das jedoch sei keineswegs zwingend. Ebenso
gut wäre es denkbar, den **Parlamentarismus** nicht als Selbstzweck, sondern lediglich als ein besonderes sozialtechnisches
Verfahrensmittel zur **Erzeugung** der **staatlichen Ordnung**
anzusehen (1666).

   1925 ist Hans Kelsen offenbar nicht bereit, den naheliegenden Schritt über die normative Theorie der Volkssouveränität hinaus zu tun. Stattdessen plädiert er für eine **Reform
des Parlamentarismus**, die darin bestehen soll, das Institut
des **Referendums** weiter zu entwickeln und es als Mittel zur
Stabilisierung des Parlamentarismus einzusetzen. Kelsen
versprach sich demnach (im schärfsten Gegensatz etwa zu
Carl Schmitts Lehre von der demokratischen Diktatur) von
einer verfahrensmäßigen Stärkung der Volkssouveränität
eine Stärkung des in die Krise geratenen Parlamentarismus.

   Dabei lässt sich Kelsens Vorschlag sicher nicht als halb-
herzig bezeichnen. Er empfiehlt zunächst, **Referenden** nicht
nur über die Verfassung bzw. Verfassungsgesetze zuzulassen, sondern auch über einfache Gesetze und zwar am besten schon über den Parlamentsbeschluss vor der Gesetzes-
verkündung. Dieses Verfahren soll entweder im Fall eines
Konfliktes zwischen beiden Parlamentskammern zulässig
sein oder auf Antrag des Staatsoberhaupt bzw. einer qualifizierten Parlamentsminorität eingeleitet werden können. Für
den Fall, dass das Referendumsergebnis dem Parlaments-

beschluss widerspricht, erhebt Kelsen erstaunlicherweise die Maximalforderung nach Auflösung und anschließende Neuwahl des Parlaments, so dass dieses nun nicht mehr im Widerspruch zum Volkswillen stünde.

Die zweite Empfehlung zielt auf *Volksinitiativen*, die vollständig mit dem Parlamentarismus vereinbar seien: Eine bestimmte Mindestzahl von stimmberechtigten Bürgern würde einen Gesetzesantrag einbringen können, zu dessen Behandlung das Parlament verpflichtet wäre. Insgesamt sollten Volksbegehren erleichtert werden, indem nicht nur ausgearbeitete Gesetzesvorlagen, sondern auch allgemeine Direktiven im Sinne von Anregungen hinsichtlich der Richtung der Gesetzgebung zugelassen werden. Dies widerspräche nicht dem Prinzip des freien Mandates (1667). Zwar kann das **imperative Mandat** nicht wieder eingeführt werden, doch es sind Formen der direkten Demokratie denkbar, die mit dem Zweck des imperativen Mandates korrelieren: der **Kontrolle der Abgeordneten durch die Wähler**. Denn schließlich sei die Unverantwortlichkeit des Abgeordneten seinen Wählern gegenüber kein *wesensnotwendiges Element des parlamentarischen Systems* (1668).

Kelsens Reformvorschläge zielen jedoch in keiner Weise, darauf, den Parlamentarismus zu beseitigen. Der bleibe nämlich das einzige Verfahren der Staatswillensbildung, das in sozial inhomogenen Gesellschaften funktionieren kann: Der Parlamentarismus mit seiner Zweigliederung in Mehrheit und Minderheit sei der *wahre Ausdruck der in Klassen gespaltenen Gesellschaft und zugleich die einzige Form, die einen Klassenkompromiss ermöglicht* (1677). Dabei könne dem Parlament bei entsprechendem Mehrheitsverhältnis durchaus auch eine sozialreformerische Autorität zuwachsen. Speziell der Parlamentarismus biete **Raum für Normativität**, d. h. die *Spannung zwischen Sein und Sollen* (1677): Zwischen der faktischen Sozialordnung und dem Willen der ihr unterworfenen Individuen soll eine Differenz möglich sein, wobei die Änderbarkeit der Sozialordnung durch die parlamentarische **Mehrheitsregel** gewährleistet sei: Es ist *von größter Wichtigkeit, dass alle politischen Gruppen im Verhältnis zu ihrer Stärke im Parlament vertreten seien*, damit die **tatsächliche [gesellschaftliche] Interessenlage** sich im Parlament auch darstellen kann

(1681). Allerdings komme der Parlamentarismus Wünschen nach extremen sozialpolitischen Lösungen nicht entgegen: er sei von Haus aus dem sozialen Kompromiss zugeneigt: *Auf die Erzielung einer solchen mittleren Linie zwischen den einander entgegengesetzten Interessen, eine Resultante der einander entgegenwirkenden sozialen Kräfte ist ja das ganze parlamentarische Verfahren gerichtet* (1680).

Die einzige politisch-praktische Alternative zur *kritisch-relativistischen Grundeinstellung*, die den parlamentarischen Kompromiss zwischen entgegengesetzten Interessen ermöglicht und trägt, ist nach Kelsen in einer metaphysisch-absolutistischen Grundeinstellung verankert (1685): Die Legitimationsbasis der **Diktatur** könne nicht anderes sein als Charisma: *Denn nur solch Absolutem, das heißt aber dem Göttlichen gegenüber kann schweigender und dankbarer Gehorsam, kann jener rückhaltlose Verzicht auf Selbstbestimmung geordert werden, der den Sinn der Diktatur bildet. Und ohne den Glauben der Masse an die göttliche Macht und Sendung des Diktators kann sich keine Diktatur auf die Dauer gegen den unzerstörbaren Drang nach Freiheit behaupten* (1686).

Jürgen Habermas' (geb. 1929) deliberative Demokratietheorie überträgt eine allgemeine Einsicht seiner Diskurstheorie in den politischen Bereich. Der zentrale Grundsatz der Diskursethik besagt: *Gültig sind genau die Handlungsnormen, denen alle möglicherweise Betroffenen als Teilnehmer an rationalen Diskursen zustimmen könnten* (Habermas 1992, 138). Da in der Demokratie aber nicht Normen überhaupt, sondern nur Rechtsnormen Gegenstand von Diskursen sind, bedeutet dies, dass demokratisch erzeugte Rechtsnormen genau dann legitim sind, wenn sie Inhalte eines freien und begründeten Einverständnisses unter Personen sind, die sich als Gleiche anerkennen. Diese prozedurale Legitimitätskonzeption besagt im Kern, dass über die Legitimität einer Rechtsnorm nicht deren Inhalt, sondern deren Genese entscheidet.

Vorausgesetzt wird dabei, dass unter deliberativen Vorzeichen die demokratische Gesetzgebung als öffentlicher Beratungs- und Entscheidungsprozess vonstatten geht, in dem aber die Interessen und normativen Überzeugungen der Individuen nicht einfach überstimmt werden, sondern argumentative Folgen zeitigen, die auch in die Beschlussfassung eingehen. Denn in öffentlichen Diskursen würde sich, so die Erwartung, der Zwang durchsetzen, eigene Präferenzen so zu begründen, dass deren allgemeine Zustimmungsfähigkeit mit rationalen Mitteln plausibel gemacht werden kann. Der *zwanglosen Zwang des besseren Arguments* (Habermas 1972, 161) entfalte unter der Bedingung öffentlicher Argumentation seine disziplinierende Kraft, so dass auch Minderheitenpositionen im Prinzip die gleichen Chancen besitzen würden, Abstimmungsergebnisse zu beeinflussen wie Mehrheitspositionen. Unter dieser Voraussetzung annähernd idealer Diskursbedingungen lässt sich auch die weitergehende These nachvollziehen, nach der private und öffentliche Autonomie den gleichen Ursprung haben, d. h. dass Menschenrechte und Volkssouveränität innerlich zusammengehören und sich also gegenseitig voraussetzen. Da nach Habermas jedoch die kommunikative Vernünftigkeit politischer Diskurse störanfällig bleibt, sind zusätzliche Sicherungen erforderlich, die verhindern, dass kommunikatives Handeln strategisch unterlaufen wird. Die *Gleichursprünglichkeit von privater und öffentlicher Autonomie* muss demnach rechtlich und institutionell stabilisiert werden.

Ein Staat, der lediglich die klassischen Abwehrrechte gegen staatliche Willkür beherzigte, wäre demnach ebenso beschädigt wie einer, der zwar die Gesetzgebung dem Volk überliesse, aber keinerlei Schutzvorkehrungen gegen eine etwaige *Tyrannei der Mehrheit* vorsähe (Tocqueville, Bd. I, 9, 145). Normativ folge hieraus, dass die Adressaten des Rechts zugleich begründet als dessen Autoren angesehen werden können, ohne dass dabei allerdings die privaten Selbstbestimmungsrechte von Minderheiten bedroht wären. Ermöglicht wird die Kompatibilität zwischen individueller und kollektiver Autonomie durch ein System der Rechte, das insgesamt fünf Dimensionen umfassen soll: 1. Individuelle Freiheitsgrundrechte, die das größtmögliche Maß gleicher subjektiver Handlungsfreiheiten gewähren, 2. staatsbürgerschaftliche Mitgliedschaftsrechte, 3. einklagbare Rechtswegegarantien, 4. demokratische Grundrechte, die die gleiche Teilnahme an politischen Meinungs- und Willensbildungsprozessen sicherstellen und schließlich 5. soziale Grundrechte auf politisch zu stabilisierende Lebensbedingungen, deren Gewähr für eine annährend chancengleiche Nutzung der Rechte 1 bis 4 erforderlich sind (Habermas 1992, 155 ff.). Dieses System der Freiheitsgrundrechte soll das postulierte wechselseitige Ergänzungsverhältnis zwischen Menschenrecht und Volkssouveränität rechtlich-institutionell absichern.

Hinsichtlich der von Rousseau begründeten Tradition partizipativer Volkssouveränität ist dabei von Bedeutung, dass Habermas die demokratische Legitimation von Gesetzgebungsverfahren nicht von der Teilhabe der Bürger an der Abstimmung über Gesetzesvorlagen abhängig macht (wie dies u. a. von Ingeborg Maus mit Bezug auf Kant gefordert wird; vgl. Maus 1992, 156), sondern davon, dass im Prozess der Beratung von Gesetzesvorlagen möglichst alle potenziell betroffenen Personen und gesellschaftlichen Gruppen gehört werden sollen. Deliberative Demokratie und legislative Volkssouveränität bezeichnen demnach keineswegs deckungsgleiche politische Konzeptionen. Vorausgesetzt wird allerdings auch in der deliberativen Demokratietheorie, dass mit der Partizipation der Betroffenen nicht nur die Legitimität, sondern auch die Rationalität von Politikergebnissen zunimmt: Die Demokratisierung des Beratungs-Inputs hätte demnach eine Optimierung des Entscheidungs-Outputs zur Folge.

5. RECHTSSTAAT UND GEWALTENTEILUNG

5.1. FUNKTIONALE GEWALTENTEILUNG

Traditionell dient der Ausdruck *politeia* in der griechischen Verfassungsgeschichte als beschreibender Oberbegriff für alle Verfassungen, die guten wie die schlechten Ausprägungen von Allein-, Wenigen- und Volksherrschaft. Er enthielt nicht selten aber auch einen normativen Anspruch, so dass **Platon** (427–347) ihn im Gegensatz zu *stasioteia* gebrauchen konnte. Und für **Aristoteles** (384–322) ist, wo nicht die Gesetze regierten, keine *politeia* vorhanden (Aristoteles Politk, 1292 a 32). Er nennt teils alle sechs Verfassungen *politeiai*, teils nur die vier nicht-monarchischen, dann wieder nur die drei ,guten' Verfassungen (oder alle außer Tyrannis, Oligarchie und extremer Demokratie). *Politeia* ist demnach bei Aristoteles dem Schwerpunkt nach ein normativer Begriff, der Verfassungen meint, in denen Gesetzesrecht herrscht. So steht *politeia* für die gute Variante der Demokratie. Zwar findet man hier keine Theorie des gewaltenteiligen Rechtsstaates, sondern lediglich eine normative Bevorzugung von Mischverfassungen (die optimale sei eine Kombination von Königtum, Aristokratie und Demokratie).

Doch beschreibt Aristoteles einen speziellen Typ der Demokratie, in der die Menge herrscht und nicht das Gesetz (Politik, IV, 4, 1292 a 4–37). Anstelle von Recht und Gesetz entschieden hier die Volksbeschlüsse, die wesentlich von Demagogen beeinflusst würden. Das Volk werde als akklamierendes Kollektivsubjekt Quasi-Monarch und, der Bindung an das Gesetz ledig, despotisch. Die Rolle des Volkes sei analog jener der Tyrannis unter den Monarchien zu sehen: despotische Unterdrückung der ,Besseren'. Den Volksbeschlüssen entsprächen in der Tyrannis die Befehle, den

Schmeichlern bei den Tyrannen die Demagogen. Die ohne effektive Gesetzesbindung willkürlich entscheidende Menge werde auch zum Herrn über die Staatsverwaltung. Insofern könnten Staatsbeamte nach Belieben verklagt werden, so dass schließlich alle Staatsämter der Auflösung anheim fielen. Da aber die Gesetze eigentlich allen Spezialbefehlen übergeordnet sein müssten, wäre ein solcher Zustand eigentlich keine Demokratie. Denn Abstimmungen bezögen sich auf singuläre oder allenfalls besondere Fälle, während Gesetze als generelle Normen ihrer spezifizierenden Anwendung durch Verwaltungsakte (oder Gerichtsurteile) logisch und zeitlich vorherzugehen hätten.

Despotisch ist demnach für Aristoteles diejenige Variante der Demokratie, in der sich das Volk im Wechselspiel mit Demagogen als **Judikative und Exekutive** betätigt: *Mit Recht nun darf man dieser Art von Demokratie vorwerfen, dass sie gar keine Verfassung ist. Denn wo nicht die Gesetze regieren, da ist auch keine Verfassung. Denn das Gesetz muss über das Ganze gebieten, die Regierenden dagegen über die einzelnen Fälle, und wo dies geschieht, kann die Rede von einer Verfassung sein. Wenn also auch die Demokratie eine von den Verfassungen sein soll, so ist offenbar ein solcher Zustand, in welchem alles durch Volksbeschlüsse regiert wird, eigentlich auch keine Demokratie* (Aristoteles, Politik, 1292a 31–37).

Schon Aristoteles verwendet demnach den Ausdruck *politeia* als Synonym für die Verfassung im organisatorischen Sinn. So heißt es z. B., die Verfassung sei die *Ordnung der Staaten in Bezug auf die Regierungsämter, wie sie zu verteilen sind, und die Bestimmung der obersten Regierungsgewalt im Staate [...] Gesetze aber sind dasjenige wodurch zu jenen Verfassungsbestimmungen noch eine gesonderte Anweisung dafür hinzugefügt wird, wie jene Regierenden regieren und allen Übertretern wehren sollen* (1289 a 16–21). Dabei unterscheidet Aristoteles nicht nur bestimmte Staatsfunktionen nach ihren Sachgebieten, sondern auch bestimmte Arten von Rechtsbefehlen, die den besonderen Organen der öffentlichen Gewalt jeweils zur Verfügung stehen können. Wo, wie im Fall der despotischen Demokratie, das versammelte Volk nicht Gesetze gibt, sondern Einzelentscheidungen fällt, wird gegen dieses doppelte Trennungspostulat verstoßen, und mit der Gesetzesbindung der Verwaltungsorgane verfällt auch die Rechtssicherheit der Untertanen.

5.2. STAATSFORM UND REGIERUNGSFORM

Die moderne Ideengeschichte der Gewaltenteilung beginnt mit **Jean Bodin** (1530–1596). Dessen Unterscheidung zwischen despotischen, legitimen und tyrannischen Monarchien bedeutet nach seinem Verständnis *keinen Unterschied in der Staatsform der Monarchie, sondern in ihrer Regierungsform. Denn es gibt sehr wohl einen Unterschied zwischen Staatsform und Regierungsweise – eine regelmäßig festzustellende Erscheinung in der Politik, die gleichwohl noch niemand behandelt hat. Ein Staat kann eine Monarchie sein und dennoch demokratisch regiert werden. [...] Diese Vielzahl an Regierungsformen hat diejenigen in die Irre geführt, die die Staaten vermischt haben, ohne den Unterschied zwischen der Staatsform einerseits und der Regierung und Verwaltung andererseits zu beachten* (Bodin II, 2, 272 f.).

Der Begriff Regierungsform bezieht sich zunächst nicht auf die Art und Weise der Herrschaftsausübung, sondern auf die Form, in der die exekutiven Gewalten organisiert sind und deren Personal ausgewählt wird. Damit bringt Bodin eine terminologische Revolution zustande, die für die Geschichte des Naturrechts und der Staatswissenschaft einschließlich der modernen Politikwissenschaft von kaum zu überschätzender Bedeutung ist. Erstmals trennt er den *status reipublicae*, der durch den Inhaber der gesetzgebenden Gewalt bestimmt sei, von der *ratio gubernandi* ab, welche *in der Organisation der dem Souverän als Mittel der Regierung dienenden Ämter besteht* (von Gierke 1958, 151).

Ganz wie bei den Staatsformen, die man nach der Person des Gesetzgebers unterscheiden müsse, werden auch die Regierungsformen je nach der (physischen oder juristischen) Person, die die Leitung der Regierung innehat, voneinander abgegrenzt. Die drei Staatsformen können demnach ihrerseits mit je drei möglichen Regierungstypen kombiniert werden: Monarchie, Aristokratie und Demokratie, so dass

insgesamt neun Kombinationen von Staats- und Regierungsformen möglich sind (Bodin, II, 2, 51).

Zwar sucht man den Begriff der *Gewaltenteilung* bei Bodin vergebens, doch ist er implizit durchgängig präsent. So
erläutert Bodin, dass die Monarchie demokratisch regiert
werden kann, wenn der Fürst alle *ohne Ansehen des Adels,
des Reichtums oder der Tüchtigkeit* an Ämtern, Stellen und
Pfründen teilhaben lässt, oder aristokratisch, wenn er diese
Privilegien nur einigen Untertanen (den Adligen, Reichsten
oder Tüchtigsten) zuteilt (ebd.). Wohlgemerkt, dies betrifft
nur die Regierungsform, denn die monarchische Staatsform
verdient für Bodin den unbedingten Vorzug vor den beiden
anderen, weil es nur in ihr das eine Souveränitätsrecht im
strengen Sinn geben kann: *Das hervorstechendste Merkmal des
Staates, das Souveränitätsrecht, kann es im strengen Sinn nur in
der Monarchie geben, denn niemand als nur ein einziger kann im
Staat souverän sein. Sind es zwei, drei oder mehrere, so ist keiner
souverän* (IV, 4, 961, s. a. 968).

Allerdings müsse – und hier kommt der Gedanke der Gewaltenteilung ins Spiel – die Monarchie, um die beste Staatsform zu sein, *durch die aristokratische und demokratische Regierungsweise gemäßigt werden* (IV, 6, 1013). Denn *harmonische
Gerechtigkeit* in Hinblick auf die Rechte der Untertanen sei
davon abhängig, dass die Staatsform (der Monarchie) von
der Regierungsform abweiche, dass also die Person des Gesetzgebers und die Personen, die die Staatsverwaltung innehaben, verschieden sind. Die geforderte Inhomogenität von
monarchischer Staatsform und nichtmonarchischer Regierungsform soll etwa bestehenden Entwicklungstendenzen
der Herrschaftspraxis in Richtung auf Tyrannei oder Despotie entgegenwirken.

Das effektivste Mittel gegen Entartungstendenzen der
Monarchie sieht Bodin in den *Generalständen* , d. h. in der
Versammlung und *Mitwirkung der Stände, Korporationen
und Kollegien* an souveränen Entscheidungen, wobei sich
allerdings die Partizipation auf die Wahrnehmung von Be-
schwerderechten reduzieren soll. Als weiteres Mittel gegen
Despotietendenzen empfiehlt Bodin, alle drei Stände an der
Besetzung von Magistratsämtern zu beteiligen, wobei allerdings ein *weiser König* darauf achten würde, *dass die Ad-*

ligen immer irgendwie im Vorteil sind. Es scheint Bodin (und nicht erst Montesquieu) zu sein, der erstmals die Teilung der Staatsfunktionen mit sozialer Arbeitsteilung verbindet. So empfiehlt er dem Monarchen, sicherzustellen, dass sowohl das Volk als auch der Adel in die Regierungs- und Verwaltungsgeschäfte einbezogen werden. Die Bevorzugung nur eines Standes müsse über kurz oder lang die gesellschaftliche Akzeptanz monarchischer Herrschaft untergraben (IV, 6, 1051 ff.).

5.3. Vertikale Gewaltenteilung

Während Bodin Gewaltenteilung allenfalls am Rande behandelt, steht sie im Zentrum der Staatslehre **John Lockes** (1632–1704). So behandelt das zehnte Kapitel die Staatsformen (*The Forms of a Commonwealth*), wobei er wie Bodin die Person des Gesetzgebers als Unterscheidungskriterium nennt. Entscheidend ist dabei, dass nach Locke die Gesetzgebung ursprünglich allein dem Volk (bzw. seiner Mehrheit) zusteht, so dass die Staatsform der Demokratie diejenige ist, die dem ursprünglichen Vertrag vollkommen entspricht. Ebenso kann aber die Gesetzgebungskompetenz auf Einige (Oligarchie) oder Einen übertragen werden, wobei die Unterarten der Wahlmonarchie oder der Erbmonarchie denkbar sind. Gesetzgebung oder Souveränität ist damit die oberste vom Volk verliehene Gewalt und als solche unteilbar und unveräußerlich, solange nicht das Volk in seiner Funktion als konstituierende Gewalt sie anderen Personen überantwortet. *Einzig das Volk kann die Staatsform bestimmen. Es geschieht dies aber durch die Bestimmung der Legislative / The people alone can appoint the form of the commonwealth, which is by constituting the legislative, and appointing in whose hands that shall be* (Locke, Second Treatise of Government, X, 141).

Die Macht der Legislative gründet sich nämlich auf die *Einsetzung des Volkes.* Wem immer die Gesetzgebung vom Volk übertragen wurde, der kann sie weder auf andere Personen übertragen noch kann sie ihm von einem anderen Staatsorgan genommen werden. Speziell das achte Kapitel des *Second Treatise of Government* behandelt unter dem bezeichnenden Titel *The Subordination of the Powers of the Commonwealth* die Gewaltenordnung im Staat in einer sehr speziellen Weise: Der Ausdruck *subordination* lässt keinen Zweifel daran, dass ein **hierarchisches Modell der Kompetenzenschichtung** gemeint ist. Dem Bodinschen Vorbild folgend, unterscheidet auch Locke zwischen der **Staatsform** und der **Regierungsform**. Jene wird durch die Person des Gesetzgebers definiert, und soll wie jede andere Gewalt lediglich eine *fiduciary power* beinhalten (VIII, 149), die von der Gesellschaft um wohldefinierter Zwecke willen übertragen wurde.

Auch die parlamentarische Legislative ist für Locke kein Zweck an sich, sondern lediglich ein taugliches Instrument, mittels dessen die Gesellschaft ihr ursprüngliches Recht der Selbstnormierung wahrnehmen kann. Entscheidend für dieses spezielle Modell der Gewaltenteilung ist Lockes Einschätzung, auch die Legislative sei (ganz unabhängig von den Wahlmodalitäten) als potenziell freiheits(rechts)gefährdend einzuschätzen.

Die Unvollkommenheit der menschlichen Natur zwinge den Verfassunggeber dazu, auch einem vom Volk gewählten Parlament Schranken zu setzten. Die Abgeordneten könnten nämlich aus persönlichem Interesse dazu neigen, sich von der Anwendung eines Gesetzes auszunehmen. Auch könne nicht ausgeschlossen werden, dass Interessen maßgeblichen Einfluss auf die Gesetzesproduktion ausübten. Aus diesen Gründen sei eine permanent tagende Legislativversammlung unzulässig; das Parlament sei nach getaner Arbeit zur Selbstauflösung verpflichtet. Auch – dieser Einwand kann heute sicher nicht mehr überzeugen – sei es wegen der Kürze der Gesetzesberatungen und Beschussfassungen unnötig, die Volksvertretung permanent tagen zu lassen.

Permanent tagen müsse hingegen die Regierung, denn sie habe fortwährend dafür zu sorgen, dass die Gesetze von der Verwaltung vollzogen werden. Die *executive power* wird analog der Klassifikation der Arten der Legislative durch die Person bestimmt, die die Exekutivgewalt befehligt. Analog zur Staatsform findet auch hier der aristotelische Schlüssel Verwendung, der die Anzahl der Befehlshaber zum Definiens der politischen Organisationsformen macht: Als Inhaber der Exekutivgewalt können nur Einer, Einige oder Alle in Frage kommen. Interessanterweise jedoch gehen in Lockes ideal-typischer Differenzierung normative Überlegungen ein, die das gegenseitige Bedingungsverhältnis von Gewalteneilung und Rechtsstaat zum Ausdruck bringen: weder eine absolut monarchische Regierung noch eine absolute Aristokratie oder Demokratie gelten als zulässig.

So zeichne sich eine konstitutionell-monarchische Regie-rung dadurch aus, dass der Monarch (im weiteren Sinne) höchste Gewalt innehat. Denn ihm als der Spitze der Exe-kutive ist die Legislative insofern nicht übergeordnet, als er an ihr teilhat und ein Vetorecht geltend machen kann. Das Wesen dieses konstitutionell-monarchischen Typs der Gewaltenteilung besteht darin, dass die Souveränität zwi-schen Parlament und Monarch aufgeteilt wird, wobei, wie Locke kritisiert, dem letzteren eindeutig das Übergewicht zukommt. Eine aristokratische oder demokratische Regie-rungsform zeichne sich hingegen dadurch aus, dass keine Teilhabe der Regierung an der Legislative vorhandenen sei, sondern jene dieser vielmehr strikt subordiniert wäre. Hier sei Legislative in der Lage, eine gesetzwidrig agierende Ver-waltung gegebenenfalls zu bestrafen und notfalls auch eine neue Regierung einzusetzen.

Dennoch erklärt Locke die Exekutive keineswegs zu einem passiven Instrument des Gesetzgebers, dessen Funk-tion sich in der buchstabengetreuen Ausführung von Geset-zen erschöpfe. So erörtert Locke die Rolle der Exekutive bei der Parlamentswahl und weist dabei auf Gefahren hin, die den in Hinblick auf ihre Normsetzungsbefugnisse subordi-nativ organisierten öffentlichen Gewalten von dieser Seite drohen (XIV, 155 ff.). Im rechtsstaatlichen Optimalfall wäre die Wahl des Parlaments durch die Verfassung geregelt und fände zu festgesetzten Zeiten statt. Wo hingegen ein Wahl-aufruf durch die (permanent im Amt befindliche) Exekuti-ve vorgesehen ist, kann dieser entweder in der Verfassung formell geregelt sein oder aber fakultativ erfolgen. In letz-teren Fall kämen damit der Exekutive zugleich Prärogativ-kompetenzen zu, die zum Missbrauch einlüden. So könnte die Regierung mit Leichtigkeit Parlamentswahlen be- oder

verhindern: Dann aber träte – so Locke – ein ‚geheiligtes' Widerstandsrecht des Volkes in Kraft, da sich die Regierung mit
ihm im Kriegszustand befände. Sie bestritte dem Volk nämlich sein ursprüngliches Recht auf (mittelbare) Gesetzgebung, wodurch der Naturzustand wieder einträte. In einem
zugleich volkssouveränitären und gewaltenteiligen Staat
könne nämlich das Recht zur Einberufung des Parlaments
keine Überordnung über Legislative bedeuten, sondern sei
als treuhänderisch auszuübendes Amt gedacht.

Eine weitere Gefahrenquelle für das rechtsstaatliche System subordinierter Gewalten sieht Locke in der **Prärogativgewalt** der Regierung. Gemeint ist damit die *Macht, ohne
Gesetzesvorschrift – bisweilen sogar gegen das Gesetz – zum öffentlichen Wohl nach dem eigenen Ermessen zu handeln.* Es sind
drei Faktoren, die Despotietendenzen der Exekutive bedingen:

Erstens die Exekutive permanent im Amt und zum Handeln berechtigt und auch verpflichtet, wenn der Gesetzgeber
nicht versammelt ist. Zweitens gäbe es Regelungsmaterien,
die durch Gesetze nicht normiert werden können. Drittens
schließlich könnten in jeder Gesellschaft Situationen eintreten, in denen eine mechanische Anwendung des Gesetzes
irrational oder ungerecht wäre. *Der exekutiven Gewalt wird
daher ein Spielraum gelassen, vieles nach eigenem Ermessen zu
entscheiden, wofür das Gesetz keine Vorschrift gibt* (XIV, 160).

Freilich müsse man zwischen legitimem und illegitimem
Gerbrauch des Prärogativrechts unterscheiden: Das Erste sei
dann der Fall, wenn eigenständige Regelungskompetenzen
der Regierung zu Gemeinwohlzwecken benutzt würden,
das Zweite, wenn dies zum Privatwohl des Fürsten geschä-
he. In diesem Fall wäre eine positivrechtliche Limitierung
der Prärogativgewalt unumgänglich. Die Prärogative dürfe
nämlich nicht als ein ursprüngliches und absolutes Recht des
Fürsten missverstanden werden. Vielmehr habe das Volk
im Gesellschaftsvertrag (neben dem Gesetzgeber) eine Regierung bestellt, damit sie das Gemeinwohl verfolgt. Deren
Prärogativrecht sei folglich ebenso wie die Gesetzgebung ein
übertragenes und also **widerrufbares** Recht.

Denn unmöglich sei es zu denken, vernunftbegabte Menschen könnten sich in einem Vertrag ohne Rücktrittsklausel

zu ihrem Schaden einem Herrscher unterwerfen. Demnach könne die Prärogative nichts anderes sein als eine **bedingte Erlaubnis** seitens des Volkes, die eine **bedingte Einverständniserklärung** enthalte, sich den Anordnungen der Regierung zu unterwerfen. Der Lockesche Gesellschaftsvertrag ist – wie man sieht – **kein** bipolarer Herrschafts(übertragungs)vertrag, sondern ein allseitiger Vertrag, mittels dessen das Volk lediglich kommissarische Amtsträger bestellt.

Das im Falle missbrauchter Prärogativgewalt in Kraft tretende **Widerstandrecht** des Volkes gegen die Regierung ist bei Locke nicht als positives Recht, sondern als überlegales Naturrecht konzipiert. Denn weder Gott noch die Natur erlauben es dem Menschen, eine Herrschaft zu dulden, die seiner natürlichen Pflicht zur Selbsterhaltung (II, 7) entgegensteht.

In Hinblick auf die Ideegeschichte des Rechtsstaates und der Gewaltenteilung ist die Bedeutung **Gottfried Achenwalls** (1719–1772) kaum zu überschätzen. Dessen z. T. in Zusammenarbeit mit Johann Stephan Pütter verfasstes Lehrbuch der *Anfangsgründe des Naturrechts* von 1750 hatte ungewöhnlichen publizistischen Erfolg: Bereits 1755 erschien es in dritter Auflage und bis 1781 in achter Auflage. Auch Kant verwendete Achenwalls Lehrbuch insgesamt immerhin zwölfmal als Grundlage seiner eigenen Vorlesungen zum Naturrecht. Er lobte Achenwall als *behutsam[en], bestimmt[en] und bescheiden[en]* Autor (Kant, Gemeinspruch, 301).

Achenwalls Lehrbuch traf auf eine Situation, in der noch kein staatliches Gewaltmonopol existierte, sondern nach wie vor nur eine Polykratie von vorstaatlichen Herrschaftsträgern wie Gutsherren und Ständen. Zum Verständnis der Gewaltenteilungslehre Achenwalls ist es wichtig zu wissen, dass er zwei verschiedene Verträge als Legitimationsgrundlage politischer Herrschaft annimmt: In einem hypothetischen **Vereinigungsvertrag** (§§ 669–670) schließen sich zunächst Privatpersonen zu einem Volk zusammen: dieser Teilvertrag soll das Privatrecht begründen, welches Rechte und Pflichten symmetrisch verteilt, sodass niemand ausschließlich zu befehlen oder zu gehorchen befugt sein kann. Aus diesem Vertrag, der lediglich **gleiche** wechselseitige Rechte begründen kann, lässt sich offensichtlich die Existenz einer zentralen Befehls- und Zwangsgewalt nicht herleiten. Deswegen ist ein zusätzlicher **Unterwerfungsvertrag** vonnöten, in dem die asymmetrischen Rechte und Pflichten von Volk und Souverän festgelegt werden; dieser Teilvertrag soll das gesamte öffentliche Recht erzeugen.

Der Unterwerfungsvertrag soll also das Staatsrecht (*ius publicum*) begründen, welches die Ausübung der politischen Herrschaft bestimmten Regeln unterwirft. Achenwalls Definition gemäß soll unter Herrschaft das *Recht, die Handlungen der Untertanen zum Gemeinwohl zu lenken und Vorsorge zu treffen, dass nützliche Handlungen geschehen, unnütze unterbleiben,* verstanden werden (§ 685).

In Bezug auf die Frage nach dem Verhältnis von Souveränität, Rechtsstaat und Gewaltenteilung ist vor allem der § 687 aufschlussreich. Zunächst heißt es, *[jede] Regierung des Gemeinwesens / administratio rei ipublicae* [hätte] zwei Aufgaben zu bewältigen: sie bestimmt erstens *was zum öffentlichen Wohl geschehen oder nicht geschehen soll* und zweitens sorgt sie dafür, *dass es wirklich geschieht oder nicht geschieht.* Zunächst also müsse durch **Willenserklärung** festgelegt werden, was geboten und verboten sein soll, damit das Gemeinwohl erreicht wird. Sodann aber müssten diese Normen in der gesellschaftlichen Wirklichkeit durchgesetzt werden. Entscheidend ist hier, dass der *Oberherrscher / summus imperans* nicht lediglich das Recht hat, zu wollen, sondern ebenso das Recht, *mit Hilfe seines Zwangsrechts / cum iure cogendi* dafür zu sorgen, dass sein Wille auch bei widerstrebenden Untertanen effektive Nachachtung findet. Der Oberherrscher hat demnach das *Recht, Gesetze zu geben [...] oder die gesetzgebende Gewalt und das Recht, sie auch zu vollziehen* (§ 687). Demnach zählen sowohl die Legislative als auch die Exekutive zu den ursprünglichen Rechten des Souveräns.

Dennoch ist Achenwall weit davon entfernt, der absoluten Monarchie das Wort zu reden. Er ist vielmehr ein entschiedener Anhänger der konstitutionellen Monarchie und des liberalen Rechtsstaates und der Gewaltenteilung. Das wird deutlich, wenn man beachtet, wie er den beiden Funktionen der Souveränität zwei verschiedene Arten von Rechtsnormen zuordnet und wieso er schließlich dafür plädiert, beide Funktionen auf verschiedene Personengruppen zu verteilen. Auf der einen Seite stehen dem Souverän **Gesetze** im engeren Sinne zu Gebote, d. h. generelle Rechtsnormen, die um des Gemeinwohls willen (§ 695) abstrakte Gattungen von Handlungen mit wohldefinierten Rechtsfolgen verknüpfen. Adressat der Gesetze sind alle Untertanen. Auf der anderen Seite könnte sich der Souverän **Befehlen** oder *Mandaten* bedienen, die einzelne Handlungen betreffen und besondere Untertanen angehen.

Achenwall betont besonders den notwendigen Zusammenhang zwischen der **Positivität** eines Rechtsbefehls und seiner Verpflichtungskraft: Der gesetzgebende Wille des Souveräns verpflichtet die Untertanen nur dann, wenn er für diesen zweifelsfrei erkennbar ist; denn nur dann lässt sich für die Rechtsprechung zwischen verschuldeter und unverschuldeter Kenntnis der Gesetze differenzieren. Gesetze sind folglich in schriftlicher Form zu verfassen und öffentlich bekannt zu geben.

Dem Souverän wurden Exekutivrechte übertragen, um sicher zu stellen, dass die Gesetze auch befolgt werden. Dazu müssten die Handlungen der Untertanen von der Verwaltung bzw. der Polizei überwacht werden. Gegen die Untertanen, die sich gesetzwidrig verhalten, wird Zwang ausgeübt und es werden Strafen verhängt, was der Rechtsprechung und besonderen Strafvollzugsorganen aufgetragen sei. Im Anschluss an diese Argumentkette fällt der für das Verständnis der hier in Rede stehenden Gewaltteilungslehre alles entscheidende Satz: *Beides* **kann** *der Herrscher allein nicht erreichen. Aber das Recht, den Zweck [= Gemeinwohl] zu verfolgen, gibt ihm auch das Recht auf die dazu notwendigen Mittel. Daher bestellt er rechtmäßigerweise andere Personen, die in seinem Namen über seine Gesetze und Befehle wachen, und mit seiner Vollmacht die Zwangsmittel zum Schutz der Gesetze anwenden* (§ 703). Das zentrale Argument, das Achenwall zugunsten der Gewaltenteilung anführt, ist erklärtermaßen kein normatives, z. B. freiheitsrechtliches: Vielmehr wird – jedenfalls offiziell – allein eine pragmatische bzw. technische Begründung gegeben (womit implizit an die Tradition des *Fürstenspiegels* angeknüpft wird).

Weiter heißt es: *Solche Personen, die einen bestimmten Teil der Regierung eines Gemeinwesens mit der Vollmacht des Ober-*

herrschers führen, heißen Beamte (§ 704). Sie *müssen das über-nommene Amt dem Willen des Herrschers entsprechend führen. Der Oberherrscher schreibt ihnen vor, zu welchem Zweck sie was tun müssen* (§ 707).

Achenwalls konstitutionalistisches Plädoyer verhält sich in zweifacher Weise zu den Vorgaben Bodins und Lockes: Zwar wird Souveränität nicht wie bei diesen mit der Gesetz-gebung identifiziert. Doch wie seine Vorgänger spricht ihr Achenwall das Attribut der **Unteilbarkeit** zu. Daraus ergibt sich aber zwingend, dass Gewaltenteilung nur als **hierarchi-sche Subordination** gedacht werden kann: *Sobald aber der Beamte die ihm gezogenen Grenzen oder die ihm vorgeschriebene Verfahrensweise überschreitet, hört nicht nur seine Machtbefugnis und der ihm geschuldete Gehorsam auf, sondern verletzt er auch das Majestätsrecht, das er sich anmaßt, ohne dass es ihm anver-traut ist* (§ 709). Indem der Souverän für die Verwaltung (ein-schließlich der Rechtsprechung) von ihm benannte Beamte als seine Stellvertreter einsetzt, werden diese zugleich durch sein Gesetz verpflichtet. Die **Souveränität** fällt dabei nicht, wie bei Rousseau und Kant, mit der Gesetzgebung zusam-men, sondern sie ist **alle Gewalt.** Eine strengere Variante ver-tikaler Gewaltensubsumtion, die die Exekutive tendenziell auf die Funktion eines ausführenden Organs des Gesetzge-bers (hier noch des Monarchen) reduziert, lässt sich kaum denken.

Indes stellt Achenwall keine vernunftrechtlich begründe-te Forderung nach Gewaltenteilung auf, die, wie bei Locke, Montesquieu, Rousseau und Kant, mit organisatorischen Mitteln dafür zu sorgen hätte, dass der Staat natürliche Frei-heitsrechte achtet. Stattdessen exponiert Achenwalls eine komplexe Typologie der Herrschaftsausübungsmodi, die im unterschiedlichem Grad mit dem Legitimationsprinzip des Gesellschaftsvertrages harmonieren. Zwar gebraucht er noch den vormodernen Begriff des *Unterwerfungsvertrag[es]* bzw. des *pactum subiectionis* (§ 727) im Sinne eines bipo-laren Vertrages zwischen (faktischem) Herrscher und Un-tertanenvolk, doch die komplexe Ausdifferenzierung der möglichen Inhalte des aus diesem Vertrag resultierenden *Grundgesetz[es] der Herrschaft* antizipiert nicht nur Kants Be-griff der Regierungsart (z. B. Kant, Frieden, 352 f.), sondern er skizziert auch eine durchaus moderne Theorie der **Frei-heitsgrundrechte**.

Nach Achenwall lassen sich nur drei allgemeine Typen je-nes *Grundgesetzes der Herrschaft* denken, je nachdem, ob die *Art und Weise* der Herrschaft im Unterwerfungsvertrag un-bestimmt bleibt oder ob sie durch ihn bestimmt wird. Findet keinerlei Limitation statt, dann ist die entsprechende Herr-schaftsart *despotisch* zu nennen: *Die despotische Herrschaft ist eigentlich keine bürgerliche Herrschaft [...] und ein Volk, das einer despotischen Herrschaft unterworfen ist, macht daher eigentlich keinen Staat aus* (§ 735). Positivrechtlich kann der Herrscher zunächst auf die Einhaltung *natürlicher Grenzen* verpflichtet werden; der entsprechende Herrschaftstyp wird dann als *ab-solut* bezeichnet.

Soweit im Vertragsdokument zusätzlich zu den natür-lichen Grenzen *gewillkürte Grenzen* gesetzt werden, wird eine *eingeschränkte* Herrschaft konstituiert (§ 733). Achenwall, in diesem Punkt noch ganz der vormodernen Begriffstradition der Herrschaftsvertragslehre verhaftet, nennt als *natürliche Grenzen*, die der Herrschaftsausübung auferlegt sein können, das Willkürverbot und die Gemeinwohlbindung (§ 672), d. h. die Gewährleistung des *Auskommen[s] und [der] Sicherheit des ganzen Staates und aller einzelnen Bürger* (§ 674).

Im wesentlichen folgt Achenwall damit der Typologie Bo-dins. Dieser unterscheidet z. B. an der Monarchie eine **tyran-nische**, eine **despotische** und eine **legitime Regierungsweise**, je nachdem, ob der Monarch die natürlichen Gesetze miss-achtet oder achtet, wobei das Optimum, die *monachia regalis*, dann besteht, *wenn die Untertanen den Gesetzen des Monarchen gehorchen und der Monarch seinerseits den Naturgesetzen folgt* (Bodin, II, 2, 51).

Die despotische Herrschaftsform gehört *eigentlich* noch dem Naturzustand an, in dem *Volk* und *Oberherr* jedenfalls nicht durch Rechtspflichten aneinander gebunden sind, da sie keine staatsrechtlichen Subjekte füreinander darstellen. Wird eine absolute Herrschaftsform gegründet, dann über-trägt das Volk dem Oberherrn sowohl das Definitionsmono-pol hinsichtlich des Inhalts des Gemeinwohls als auch die Entscheidungshoheit hinsichtlich des Einsatzes geeigneter Mittel. Komplementär dazu wird der Herrscher lediglich auf die Einhaltung der natürlichen Prinzipien des Willkürverbots und der Zweckmäßigkeit verpflichtet. Demgegenüber ist die *eingeschränkte Herrschaft* dadurch gekennzeichnet, dass das *Grundgesetz der Herrschaft* sowohl natürliche als auch *willkürliche* Grenzen setzt (Achenwall, § 729).

Die typologische Unterscheidung der letzteren wird der Sache nach als **Grundrechtstheorie** ausgearbeitet: Weitsichtig grenzt Achenwall ‚liberale Freiheitsrechte' einerseits von ‚partizipatorischen Grundrechten' andererseits ab (§§ 736 ff.), ohne deren normative Beziehung aber als Konkurrenz oder gar als Antinomie zu charakterisieren. Die Grundrechte des ersten Typs stellen ‚negative' Abwehrrechte dar, die gegenüber der öffentlichen Gewalt Tabuzonen im Sinne von Autonomievorbehalten seitens der Bürger definieren, jener aber ansonsten keinerlei Reglement auferlegen. In den Grundrechten des zweiten Typs haben die natürlichen Freiheitsrechte den Effekt, die Entscheidungshoheit des Souveräns über die Definition des Gemeinwohls und die Auswahl der gemeinwohldienlichen Mittel durch wie immer geartete Mitspracherechte der Rechtsadressaten zu beschränken. Die partizipatorischen Grundrechte werden weiter untergliedert in solche, die das Entscheidungssubjekt betreffen, und solche, die den Entscheidungsinhalt angehen. Als Subjekt möglicher verfassungsrechtlicher Einwilligungsvorbehalte kommen das ganze Volk, Volksvertreter oder ‚Vornehme' in Frage. Hinsichtlich des Inhalts der Einwilligungsvorbehalte können entweder alle Majestätsrechte, d. h. alle Rechtssetzungskompetenzen des Souveräns, oder nur bestimmte betroffen sein. Beide im *Grundgesetz der Herrschaft* auszudifferenzierenden ‚Grundrechtsarten' dienen, wenngleich auf verschiedene Weise, dem gemeinsamen Zweck, die *natürliche Freiheit* (§ 737) und das *natürliche Recht* (§ 670) jedes Einzelnen auch im Zustand der *bürgerlichen Herrschaft* (§ 736) weitestgehend zu gewährleisten.

Vor allem diese Grundrechtstypologie ist es, die den Leser zwingt, sein anfängliches Urteil, Achenwall sei Anhänger einer vormodernen Herrschaftsvertragslehre, zu überdenken. Obwohl sich sein Naturrecht noch in der Sprache des vormodernen *Unterwerfungsvertrages* artikuliert (§ 670), scheint speziell die ‚Grundrechtstypologie' das Resultat einer latenten spezifisch modernen, aufgeklärten ‚Denkungsart' zu sein. Die natürliche Freiheit der Individuen gilt als prinzipiell unbeschränkt, während alle staatliche Herrschaft als prinzipiell beschränkt und rechtfertigungsbedürftig angesehen wird (ebd.). Beide Arten von grundrechtlichen Autonomievorbehalten dienen auf je spezifische, einander ergänzende Weise der Begrenzung politischer Macht zugunsten individueller Selbstbestimmung.

Auf der anderen Seite aber lässt sich an Achenwalls Ausführungen zur *Regierung des Gemeinwesens* (§ 687) ablesen, dass er die Gewaltenteilung (noch) nicht zu den substanziellen Merkmalen einer legitimen Staatsorganisation rechnet. Die im Zustand des öffentlichen Rechts immer auch gefährdete natürliche Freiheit der Individuen lässt sich, so seine Überzeugung, zureichend durch Grundrechtsverbürgungen gewährleisten. Achenwall scheint (noch) weit entfernt davon, einen inneren Zusammenhang zwischen den Freiheitsrechten und einer funktionalen bzw. personalen Trennung der öffentlichen Gewalten anzunehmen; letztere wird ausschließlich zum Zweck effizienter Herrschaftsausübung empfohlen. Man mag seine pragmatische Stellungnahme zur Gewaltenteilung damit erklären, dass ihm die Differenzierungen am Begriff der öffentlichen Gewalt, die erst Rousseau und Kant vornahmen, noch nicht geläufig sein konnten.

Doch umgekehrt passt dieser ‚Rückstand' recht gut zu Achenwalls Verwurzelung in einer vormodernen Herrschaftsvertragskonzeption, die die Legitimität politischer Herrschaft im Kern auf das Kriterium der **Wohlfahrt einer Regierung** gründet. Dem entspricht seine material-naturrechtliche Widerstandslehre, die letztlich auf die antike und mittelalterliche Tyrannislehre rekurriert (vgl. Reibstein, Bd. 1, bes. 127 ff.): *Wenn aber der Fürst offenbar vorsätzlich und durch aktives willentliches Handeln seine Herrschaft nicht zum gemeinen Wohl gebraucht, sondern zum Verderben missbraucht, d. h. als Tyrann handelt, ohne dass dies durch das Grundgesetz der Herrschaft gerechtfertigt ist, dann übt das Volk sein natürliches Recht gegen den Feind aus und darf auf jede Weise versuchen, seine Sicherheit gegen den Tyrannen zu behaupten* (§ 799 263).

Vor diesem Hintergrund einer letztlich materialen, eudämonistischen Legitimitätstheorie des Politischen ist es nur allzu verständlich, dass sich bei Achenwall (jedenfalls offiziell) noch keine prinzipielle Kritik gewaltenverschmelzender Regierungsformen findet, in denen Gesetzgebung, Regierung und Gerichtsbarkeit derselben Personengruppe überantwortet wird.

Wenn sich Achenwall etwa gegen die absolute, gewaltenverschmelzende Demokratie der Antike ausspricht, so geschieht dies nicht aus freiheitsrechtlichen Erwägungen heraus, sondern immer auf der Grundlage von Zweckmäßigkeitsüberlegungen: *Da es aber sehr schwierig ist, dass immer das gesamte Volk zusammenkommt, wenn die Regierung des Gemeinwesens es erfordert, werden mit der Vollmacht des Volkes in der Demokratie einzelne Bereiche seiner Regierung gewissen zu diesem Zweck eingesetzten Personen oder Kollegien übertragen, wie etwa dauernden oder zeitlichen Ausschüssen oder Behörden* (§ 776).

Und auch wo Achenwall eine gewaltenteilige und in diesem Sinne repräsentative Regierungsform bzw. Regierungsart zu empfehlen scheint, geschieht dies allein in Hinblick auf Zweckmäßigkeitserwägungen und keinesfalls in einem vernunftrechtlichen Begründungsgang.

Prototypisch für diese neue freiheitsrechtlich begründete Forderung nach Gewaltenteilung ist folgender Passus aus einer Vorlesung Kants: *Der souverain bringt sich unter seine Würde, wenn er actus der Administration und Jurisdiction ausübt, denn die Majestät besteht in der Heiligkeit seiner Person, und Heiligkeit besteht wieder darin, dass sein Wille immer gerecht ist. Wer administrirt, steht unterm Gesetz. Es kann ja ihm gesagt werden: Du tust unrecht. Recht zu sprechen ist auch wider seine Majestät, der Richter steht unterm Gesetz. Er kann nur nach dem Gesetz richten, und gezwungen werden, danach zu richten* (Kant, Naturrecht, 1384).

Die extreme Version einer normativen Gewaltenteilungslehre, die die eigenständigen Rechtssetzungskompetenzen der Exekutive weitestgehend beschnitten wissen will, hat **Jean-Jacques Rousseau** (1712–1778) entwickelt. **Du Contrat Social ou Princips du droit politique** (Vom Gesellschaftsvertrag oder Grundsätze des Staatsrechts) war schon 1754 vollendet, konnte aber seiner politischen Brisanz wegen erst 1762 in Amsterdam erscheinen. Rousseaus Gesellschaftsver-

trag steht in der Tradition der vertragstheoretischen Staats-
entwürfe à la Bodin, Achenwall, Hobbes, Locke etc. Jedoch
hat er im Vergleich mit diesen ein folgenreiches Novum zu
bieten: die Lehre von der unmittelbar **plebiszitären Volkssouveränität**. Auch für Rousseau ist der Gesellschaftsvertrag
kein historisches Faktum, sondern ein Legitimationsprinzip,
das erklären soll, wie das aus dem Naturzustand heraustre-
tende Individuum im Rechtszustand genauso frei bleiben
kann, wie zuvor. Dies ist nach Rousseau nur möglich, wenn
die Selbstgesetzgebung, die Autonomie, nicht nur beschworen wird, sondern in realen Entscheidungsverfahren (nicht
notwendigerweise auch in der Gesetzesberatung) praktiziert
wird. Insofern sich jeder nur seinem eigenen vernünftigen
Willen unterordnet, wird seine ursprüngliche Freiheit im
Staat nicht gemindert, sondern gesichert. Dabei ist zu beachten, dass der ‚Ort‛, an dem diese Selbstgesetzgebung stattfindet, nicht der Staatssphäre zugerechnet wird, weswegen es
auch ungereimt wäre, mit Bezug auf Rousseau die Legislative als Staatsgewalt zu bezeichnen. Vielmehr markiert die
gesetzgebende Volksversammlung das Scharnier, an dem
die Gesellschaft dem Staat ihre generellen Rechtsnormen
vorschreibt, womit sie sich auf vermittelte Weise selbst beherrscht. Hieraus ergeben sich die Wesensmerkmale der
Souveränität:

(1) Zunächst liegt die Souveränität, die auch Rousseau
mit dem Recht der Gesetzgebung identifiziert, nicht nur wie
bei Locke ursprünglich bei der Volksversammlung, sondern
sie kann auch nicht auf andere Personen übertragen werden.
Daher besteht die elementare Funktion des Gesellschaftsvertrags Rousseauscher Provenienz nicht darin, eine Legislative
zu benennen. Denn das Volk bleibt auch nach Abschluss des
Gesellschaftsvertrages der gesetzgebende Souverän (Rousseau, Gesellschaftsvertrag, I, 5).

Auch wenn die Souveränität des Volkes als *unveräußerlich* gilt, so meint das doch nicht, sie wäre **absolut**: Denn aus
der Unveräußerlichkeit folge keineswegs, *dass die Befehle der
Oberhäupter nicht so lange für Gemeinwillen gelten können, als
der Souverän, der die Freiheit hat, sich zu widersetzen, dies nicht
tut. In einem solchen Fall muss man aus dem Schweigen aller auf
die Zustimmung des Volkes schließen* (II, 1).

(2) Außerdem ist die Souveränität anders als bei Montesquieu **unteilbar**, denn sie ist Ausdruck des Gemeinwillens (d. h. des Willens des ganzen Volkes), der Gesetzeskraft hat. Ein Sonderwille dagegen, der bei jeder Souveränitätsteilung entstünde, kann keine Gesetzeskraft haben und unmöglich als souveräner Wille gelten (II, 2).

Rousseau beschäftigt sich – auch wenn dies von manchen heutigen Interpreten übersehen wird – durchaus mit der Frage: *Ob der Gemeinwille irren kann.* Dies wird selbstverständlich bejaht, denn: *Aus dem Vorhergehenden folgt, dass der Gemeinwille [als praktisches Ideal] immer auf dem rechten Weg ist und auf das öffentliche Wohl abzielt; woraus allerdings nicht folgt, dass die Beschlüsse des Volkes immer gleiche Richtigkeit haben. Zwar will man immer sein Bestes, aber man sieht es nicht immer* (II, 3).

Die Theorie der *volonté génerale* imaginiert keineswegs ein verklärtes Bild vergangener, in sich homogener Kleinstaaten, sondern ist durchaus modernefähig: *Es gibt oft einen beträchtlichen Unterschied zwischen dem Gesamtwillen [volonté de tous] und dem Gemeinwillen [volonté génerale]; dieser sieht nur auf das Gemeininteresse, jener nur auf das Privatinteresse und ist nichts anderes als die Summe von Sonderwillen: aber nimmt man ebendiesen das Mehr oder Weniger weg, das sich gegenseitig aufhebt, so bleibt als Summe der Unterschiede der Gemeinwille* (II, 3).

Wenn eine der gesellschaftlichen Interessensgruppen stärker als alle anderen geworden ist, kann es keinen Gemeinwillen mehr geben. Weit entfernt davon, die vorhandene Vielfalt gesellschaftlicher Interessen durch politische Repression homogenisieren zu wollen, vertritt Rousseau ein ausgesprochen modernes Konzept der Interessenkoordination: Er rät dem Souverän zu einer **pluralisierenden Gegenstrategie** gegen gesellschaftlichen Pluralismus, deren allgemeine Regel lautet: Wenn in einer Gesellschaft partikulare Interessensgruppen existieren, *ist es wichtig, ihre Zahl zu vervielfachen und ihrer Ungleichheit vorzubeugen* (ebd.). Carl Schmitts Behauptung, Rousseaus Konstruktion des Gemeinwillens sei eine *Jakobinerlogik* eigen (Diktatur 121), steht offensichtlich auf tönernen Füßen.

Ebenso verhält es sich mit der erstaunlich weitverbreiteten Ansicht, Rousseau kenne keine Gewaltenteilung. Dieses

Missverständnis ist zum Teil daraus erklärlich, dass Rousseau eine **andere Gewalteilungskonzeption** vertritt als Montesquieu. So heißt es im Kapitel, das *von den Grenzen der souveränen Gewalt* handelt: *Wenn z. B. das Volk von Athen seine Oberhäupter ernannte oder absetzte, dem einen Ehren zuerkannte und dem anderen Strafen auferlegte und durch Massen von Einzelverordnungen unterschiedslos alle Regierungsgeschäfte erledigte, hatte das Volk keinen Gemeinwillen mehr im eigentlichen Sinne; es handelte nicht mehr als Souverän, sondern als Behörde* (Gesellschaftsvertrag, II, 4). Die Fusion der Gewalten in einer Hand sei das typische Kennzeichen der **despotischen Demokratie**, während die Trennung für die Republik eigentümlich sein soll. Konsequenterweise wird die Souveränität mit der gesetzgebenden Gewalt identifiziert, wobei unter **Gesetzen** inhaltlich allgemeine Rechtsbefehle verstanden werden, die von allen ausgehen müssen, um sich auf alle beziehen zu können.

Folglich kann, wer immer Urteile spricht bzw. Regierungs- oder Verwaltungsgeschäfte erledigt, z. B. Verordnungen erlässt oder Maßnahmen beschließt, nicht Souverän sein. Dieser kann weder *über einen Menschen noch über eine Einzelheit ein Urteil sprechen*, denn dieser Wille wäre für die von ihm Betroffenen ein *von außen kommender, besonderer Wille, der [...] zur Ungerechtigkeit neigt und dem Irrtum unterworfen ist* (II, 4). Urteile und Zwangsakte müssen dem Souverän (d. h. dem Volk) verwehrt bleiben, weil diese speziellen Rechtsbefehle unrechtsanfällig sind, da sie nicht Akte der Selbstgesetzgebung sein können, sondern immer *etwas gegen einen anderen verfüg[en]* und also kein freiwilliger Selbstzwang, sondern äußerer Zwang sind (Kant, Rechtslehre, § 46).

Dies aber widerspräche dem Gesellschaftsvertrag und dessen tragenden Prinzipien: (1) Jeder soll so frei bleiben wie zuvor. (2) Jeder soll nur sich selbst gehorchen. (3) Denn: Sich selbst kann man kein Unrecht tun.

Rousseau erläutert die Notwendigkeit der Gewaltenteilung am Beispiel der Todesstrafe. Gegen **Cesare Beccaria** (1738–1794), der im Rahmen einer umsichtigen Strafrechtstheorie die Todesstrafe als unvereinbar mit dem Gesellschaftsvertrag wertete, weil man ihr als potentieller Täter unmöglich zustimmen könne, erklärt Rousseau ihre vollständige Vereinbarkeit mit dem Prinzip der autonomen Selbstgesetzgebung: Wer nicht durch einen Mörder sterben will, müsse mit seinem eigenen Tod einverstanden sein, wenn er einer geworden ist. Übrigens habe jeder Straftäter den Gesellschaftsvertrag gebrochen, denn der sei schließlich um der Selbsterhaltung aller kontrahierenden Personen willen geschlossen worden. Keinesfalls könne die Verurteilung eines Straftäters ein Akt des Souveräns sein. Denn es handele sich bei einem Urteil allemal um einen *acte particulier* (Contrat social, II, 5, 60), um einen *einzelnen Akt*, der Unrecht tun kann, weil er Zwang ausübt. Deswegen müsse das Volks im Gesellschaftsvertrag die richterliche Gewalt auf Stellvertreter übertragen. Jede Art von Volksjustiz ist mit der Rousseausschen Konzeption der Volkssouveränität schlechterdings unvereinbar. Allerdings müsse ein Begnadigungsrecht dem Souverän vorbehalten bleiben, denn nur dieser steht *über Richter und Gesetz* (II, 5).

Rousseau differenziert sein Gewaltenteilungsmodell noch genauer in Hinblick auf die **Arten von Rechtsbefehlen**, die den einzelnen Gewalten zur Verfügung stehen können. Da der Souverän nur befugt ist, allgemeine Gegenstände zu regeln, können ihm nur **generelle Gesetze** zu Gebote stehen, während sich die Verwaltung spiegelbildlich dazu allein dem Normtyp der Verordnung bedienen kann, der als Ausdruck eines fehlbaren Partikularwillens einzelne Gegenstände betrifft. Das allgemeine Prinzip der rechtsstaatlich-gewaltenteilig gemäßigten Volkssouveränität lautet demnach: *Wenn das ganze Volk über das ganze Volk bestimmt, [...] dann ist die Sache, über die man bestimmt, so allgemein wie der Wille, der bestimmt. Diesen Akt nenne ich ein Gesetz. Unter der Behauptung, dass der Gegenstand der Gesetze immer allgemein ist, verstehe ich, dass das Gesetz die Untertanen als Gesamtheit und die Handlungen als abstrakte betrachtet, nie jedoch einen Menschen als Individuum oder eine Einzelhandlung. [...] mit einem Wort, jede Handlung die sich auf einen individuellen Gegenstand bezieht, gehört nicht zur gesetzgebenden Gewalt* (II, 6).

Ohne funktionale Gewaltenteilung besäßen die Untertanen keinerlei Rechtssicherheit in Bezug auf die Ausübung staatlicher Zwangsgewalt: *Wenn der Souverän als solcher auch gleichzeitig exekutive Gewalt hätte, würden das Recht und seine*

Anwendung dermaßen vermengt, dass man nicht mehr wüsste,
was Gesetz ist und was nicht, und die so entartete politische Kör-
perschaft wäre alsdann Opfer jener Gewalt [Despotie, Anarchie],
gegen die sie eingerichtet worden ist. [...] Da die Bürger durch
den Gesellschaftsvertrag alle gleich sind, können alle vorschreiben,
was alle tun müssen, während keiner das Recht hat, von einem zu
verlangen, was er selbst nicht tut (III, 16). Während nämlich in
der Legislative eine symmetrische Beziehung von Normautor und Normadressat besteht, die das Prinzip der Selbstgesetzgebung (Autonomie) verwirklicht, ist die Exekutive
durch eine asymmetrische Beziehung zwischen Normautor
und Normadressat (Heteronomie), d. h. durch Herrschaft
gekennzeichnet. Das Recht, zu verlangen, was er selbst nicht
tut, muss der Souverän auf die Regierung und seinen *chef*,
den Fürsten, übertragen.

Noch deutlicher wird Rousseaus Zurückweisung der
demokratischen Despotie, wenn er die drei Komponenten
dessen, was er unter einer **Republik** versteht, benennt: (1)
Republik nenne ich jeden durch Gesetze regierten Staat, gleichgül-
tig unter welcher Regierungsform [forme d'administration] dies
geschieht [...]. Jede gesetzmäßige Regierung ist republikanisch.
(2) *Das den Gesetzen unterworfene Volk muss deren Urheber sein.*
(3) *Um gesetzmäßig zu sein, muss [darf] die Regierung nicht mit*
dem Souverän zusammenfallen, sondern sie muss deren Sachwal-
ter [ministre] sein: dann ist selbst die Monarchie [als Regierungs-
form] republikanisch (II, 6).

Eine **Republik** in Rousseaus Sinn ist demnach allein dort
vorhanden, wo die drei organisatorischen Bedingungen:
Rechtsstaat, Gewaltenteilung und Volkssouveränität **glei-**
chermaßen erfüllt sind.

Wie Locke konzipiert Rousseau ein vertikales Gewaltenteilungsmodell, das ausgehend vom Gesellschaftsvertrag bis
hin zum einzelnen Verwaltungsakt nach dem **Grundsatz ab-**
nehmender Allgemeinheit sowohl der **Vollmachten** als auch
der je zur Verfügung stehenden Arten von **Rechtsnormen**
gebaut ist. Die **Abstimmungsverfahren**, die jeweils erforderlich sind, sollen ihrerseits zwei Grundsätzen genügen: (1) Je
bedeutsamer und schwerwiegender die Entscheidung für
die Freiheit des einzelnen Bürgers, desto qualifizierter muss
die erforderliche Mehrheit ausfallen (Gesetze). (2) Je mehr

Eile geboten ist, desto geringer qualifiziert die Mehrheit (Regierungs- und Verwaltungsverordnungen):

Auf der elementarsten Stufe der politischen Integration versammelt sich das Volk und beschließt im Gesellschaftsvertrag eine Verfassung (III, 13), d. h. es wird vor allem die Legislative organisiert (III, 16). Diese Abstimmung über die *lois fondamentales* (II, 12) muss einstimmig ausfallen (IV, 2), denn vermittels ihrer wird jeder Einzelne nicht nur *citoyen*, sondern vor allem auch Untertan. Die Verfassung muss ein Gesetz enthalten, das festlegt, nach welchem Modus Volksversammlungen zu wiederholen sind. In diesen periodischen Volksversammlungen überprüft das Volk die geltende Verfassung und kann sie gegebenenfalls ändern.

Die Legislative steht nach der Vernunft allein dem Volk zu, weil von deren Entscheidungen alle Untertanen betroffen sind oder sein können. Die unmittelbare Gesetzgebungsdemokratie ist aber nur möglich, *wenn die Polis [...] sehr klein ist* (III, 15). Unter modernen gesellschaftlichen Bedingungen (übergroße Staaten, komplexe Arbeitsteilung, Geldwirtschaft, inhomogene Sitten, Trennung von öffentlichem und privatem Leben etc.) kann die Repräsentation in der Gesetzgebung, jedenfalls für die Gesetzesberatung unvermeidlich sein. Aber die parlamentarischen Abgeordneten des Volkes sind nicht seine Stellvertreter, sondern lediglich seine Beauftragten (*commissaires*). Denn die Souveränität als solche ist unveräußerlich und also auch unvertretbar (III, 15).

Für die Exekutive dagegen ist Repräsentation unbedingt und ohne jede Ausnahme erforderlich; denn weder darf die Regierungsgewalt beim Souverän liegen noch darf die Exekutive Gesetze geben. Ebenso wenig kann es eine Prärogativgewalt des Regenten geben. Würde nämlich der Souverän regieren oder die Obrigkeit Gesetze geben, entstünde entweder wie in der attischen Antike Despotismus oder Anarchie. Die Regierung hat bei Rousseau strikt ausführende Funktion, denn sie ist gedacht als *vermittelnde Körperschaft, eingesetzt zwischen Untertanen und Souverän zum Zweck des wechselseitigen Verkehrs, beauftragt mit der Durchführung der Gesetze und der Erhaltung der bürgerlichen wie der politischen Freiheit.* Die Regierung als Ganze wird konsequenterweise bezeichnet als *Diener* (*ministre*) und ihre Mitglieder als *einfache Beamte* des Souveräns (*simple officiers du souverain*). Denn schließlich wird die Regierung vom Souverän eingesetzt, der ihr das *Amt* bzw. den *Auftrag* erteilt, die Gesetze auszuführen (III, 1). Die Einsetzung der Regierung kann daher auch nicht als Herrschaftsvertrag gedacht werden, sondern sie ist der letzte Akt innerhalb eines abgestuften Systems von Beauftragungen: Im Gesellschaftsvertrag konstituiert sich die Gesellschaft als souveränes Staatsvolk und setzt in seiner Funktion als Souverän die Regierung ein und gegebenenfalls wieder ab (III, 16). Mangels Herrschaftsvertrag kann es bei Rousseau auch kein Widerstandsrecht gegen die Regierung geben, vielmehr hat das Volk, da die ganze Souveränität beim ihm verbleibt, das Recht auf Absetzung der alten Regierung und Beauftragung einer neuen.

Den tiefsten Grund für die Notwendigkeit der Gewaltenteilung nennt Rousseau fast beiläufig und das ausgerechnet dort, wo er die Selbstregierung des gesetzgebenden Volkes zum Ideal zu erklären scheint. *Wenn es ein Volk von Göttern gäbe, würde es sich demokratisch regieren* (III, 4). Doch er fügt sofort hinzu: *Eine so vollkommene Regierung passt für Menschen nicht.* Denn wir sind keine Götter, die weder irren noch Unrecht tun können. Wären wir es, würde unsere *volonté des tous* die vernünftige *volonté générale*, die auf das Gemeinwohl zielt, niemals verfehlen. Da wir außerdem als unsterbliche Wesen keine endlichen Interessen hätten, wären wir auch vor der Versuchung geschützt, für uns selbst bei der Anwendung von selbstgegebenen Gesetzen gelegentlich eine Ausnahme machen zu wollen. Da uns Menschen diese doppelte Perfektion aber notwendig abgeht, können wir in theoretischer und moralischer Hinsicht fehlen. Deswegen sollten wir – so Rousseaus Fazit – auf gar keinen Fall ausführende Staatsfunktionen in eigener Person ausüben. Denn dann könnten wir Unrecht tun, insofern wir rechtlichen Zwang anordnen oder gar vollziehen. Der gesetzgebende Volkswille hat sich daher darauf zu beschränken, zukünftigen staatlichen Zwang allgemeinen Rechtsregeln zu unterwerfen (dazu Thiele, Repräsentation, 33 ff.).

Naheliegenden Einwänden, die auf die Instabilität des Gewaltengefüges bzw. die Gefahr eines legislativen Despotismus zielen, kann Rousseau mit dem Hinweis auf zwei von ihm bedachte **Verfassungsschutzvorkehrungen** begegnen: dem **Tribunat** und der **Diktatur**:

Für den Fall von **Verfassungskonflikten** zwischen obersten Staatsorganen (Legislative und Exekutive) sei ein **Tribunat** einzurichten. Dieses soll als Hüter der (Verfassungs-) *Gesetze und der Legislative* tätig werden, aber gegebenenfalls auch die Rechte der Exekutive sichern. Die Mitglieder des Tribunates dürfen nicht der Legislative angehören. *Als Verteidiger der Gesetze ist es geheiligter und höher geehrt als der Fürst, der sie ausführt, und als der Souverän, der sie gibt* (IV, 5). Da das Tribunat qua Vetorecht eine sehr mächtige Körperschaft sein kann, soll es nur in bestimmten Abständen tagen dürfen.

In seinen Ausführungen zur **Diktatur** betont Rousseau, dass die funktionale Teilung der öffentlichen Gewalten auch im **Ausnahmezustand** strikt erhalten bleiben müsse. So wie das gesetzgebende Volk auf keinen Fall Gesetze vollziehen oder richten darf, so soll dem kommissarischen Diktator jede Gesetzgebungskompetenz entzogen bleiben. Käme dem Diktator ein gesetzvertretendes Verordnungsrecht zu, dann wäre er als zweiter Souverän etabliert, der über kurz oder lang den ersten verdrängen könnte. Rousseau betont daher, dass man dem Diktator nur für *sehr kurz[e]* Zeit und *ohne jede Verlängerungsmöglichkeit* eine einzige Aufgabe übertragen dürfe: Er werde beauftragt das Monopol staatlicher Zwangsgewalt wiederherzustellen, ohne das die verfassungsmäßige Oberherrschaft des Gesetzgebers wirkungslos wäre. In sehr *seltenen* Fällen könne es nötig sein, dass der verfassungsmäßige Souverän vermöge *eines besonderen Akt[es]* einer Person die Aufgabe überträgt, die *öffentliche Ordnung* wiederherzustellen und zu diesem Zweck kurzfristig *die souveräne Gewalt außer Kraft* zu setzen. Denn die *Langwierigkeit* der verfassungsmäßigen *Formen* der Rechtsnormsetzung könne in *Fälle[n], [...] die der Gesetzgeber nicht vorgesehen hat*, dazu führen, dass die nötigen Maßnahmen unterblieben oder jedenfalls zu spät beschlossen würden (IV, 6).

Entscheidend für Rousseaus Diktaturtheorie ist, dass die außergewöhnliche Übertragung von Notstandsbefugnissen **weder eine Souveränitätsteilung noch gar eine Souveränitätsübertragung** darstellt. Vielmehr bleibt die in der Verfassung fixierte Organisation der gesetzgebenden Gewalt ebenso unangetastet wie die dort vorgesehene repräsentative Organisation der beiden ‚ausführenden' Gewalten. Plausibel wird Rousseaus Überlegung freilich nur, wenn man bedenkt, dass dessen organisatorische Gewaltenteilungslehre eine Differenzierung bezüglich der zulässigen **Normtypen** aufweist: Nur insofern der Diktator die generellen Gesetze, die den Gemeinwillen repräsentieren, ‚zum Schweigen' bringe, könnten dessen *Einzelverordnungen* die auf einen *besonderen Gegenstand* bezogen sind (II, 4), überhaupt in Kraft sein. Gesetzgeber und Diktator verhalten sich demnach zueinander wie in einem ‚Nullsummenspiel': Die Präsenz des einen schließt die des anderen aus, *weil es keinen Stellvertreter mehr gibt, wo sich der Vertretene befindet* (III, 4): *Wenn nun die Gefahr derart ist, dass das System der Gesetze ein Hindernis darstellt, sich dagegen zu schützen, dann ernennt man einen obersten Machthaber, damit dieser alle Gesetze zum Schweigen bringt und für einen Augenblick die souveräne Gewalt außer Kraft setzt; in einem solchen Fall ist der Gemeinwille nicht zweifelhaft, und es ist augenscheinlich die erste Absicht des Volkes, dass der Staat nicht untergehen soll. Bei diesem Vorgehen hebt das Aussetzen der Legislative diese nicht auf; der Beamte, der sie zum Schweigen bringt, kann sie nicht reden machen, er beherrscht sie, ohne sie vertreten zu können; er kann alles machen mit Ausnahme von Gesetzen* (IV, 6).

Ganz in den Bahnen des Rousseauschen Denkens bewegt sich die Gewaltenteilungslehre **Immanuel Kants** (1724–1804). *Ein jeder Staat enthält drei Gewalten in sich, d. i. den allgemein vereinigten Willen* [d. h. die *volonté générale*] *in dreifacher Person (trias politica).* Jedes politische Gebilde, das sich zu Recht einen Staat nennen darf, enthält genau drei Gewalten, nicht mehr und nicht weniger. Diese Trias von Funktionen macht also den vernünftigen Inbegriff des Staates aus, so dass keine von ihnen z. B. Privatpersonen anvertraut werden könnte, ohne dass der Staat zu existieren aufhörte.

Bei den drei Gewalten, die den Staat ausmachen, handelt es sich nach Kant um *die Herrschergewalt (Souveränität), in der des Gesetzgebers, die vollziehende Gewalt, in der des Regierers (zu Folge dem Gesetz) und die rechtsprechende Gewalt (als Zuerkennung des Seinen eines jeden nach dem Gesetz), in der Person des Richters (potestas legislatoria, rectoria et iudiciaria).* Bedeutsam ist hier, dass den drei politischen Funktionen genau **drei mo-**

ralische Personen (d. h. entweder Individuen oder Kollegien) entsprechen müssen. Funktionale, aufgabenspezifische und personale Gewaltenteilung werden demnach zusammengedacht. Auch wird mit den Ausdrücken *zu Folge* und *nach dem Gesetz* auf die zusätzliche zeitliche Dimension der Gewaltenteilung angespielt.

Weiter heißt es die getrennten staatlichen Funktionen stünden zueinander *gleich den drei Sätzen in einem praktischen Vernunftschluss: dem Obersatz, der das Gesetz jenes Willens, dem Untersatz, der das Gebot des Verfahrens nach dem Gesetz, d. i. dem Prinzip der Subsumtion unter denselben, und dem Schlusssatze, der den Rechtsspruch (die Sentenz) enthält, was im vorkommenden Falle Rechtens ist* (Rechtslehre, § 45).

Demnach gehorcht das Zusammenwirken der drei Staatsfunktionen dem Schema eines mittelbaren Schlusses aus zwei Prämissen: Prämisse 1 besagt: *Immer wenn x, dann y.* Prämisse 2 hat die Form: *a ist ein x* und die Konklusion aus beiden besagt: *Also ist a ein y.*

Für Kant sind strenge, allerdings subsumierende Gewaltenteilung und legislative Volkssouveränität zusammengehörige Komponenten derselben freiheitlichen Verfassung. *Die gesetzgebende Gewalt kann nur dem vereinigten Willen des Volkes zukommen. Denn da von ihr alles Recht ausgehen soll, so muss [darf] sie durch ihr Gesetz schlechterdings niemand unrecht tun können. Nun ist es, wenn jemand etwas gegen einen anderen verfügt, immer möglich, dass er ihm dadurch unrecht tue, niemals aber in dem, was er über sich selbst beschließt (denn volenti non fit iniuria).* Denn: Unrecht kann mir nur durch andere Personen geschehen, ich selbst bin dazu nicht in der Lage. Außerdem kann ein bloßer Wille per definitionem nicht zwingen, sondern unter Gewalteilungsbedingungen allein andere Organe mit der Ausübung von Zwang beauftragen.

Also kann nur der übereinstimmende und vereinigte Wille aller, sofern ein jeder über alle und alle über einen jeden ebendasselbe beschließen, mithin nur der allgemeine vereinigte Volkswille gesetzgebend sein (§ 46). Dem Ideal der reinen Republik genügte allein die identitäre, Repräsentation ausschließende Selbstgesetzgebung des Volkes, denn nur diese vollkommene Autonomie wäre unrechtsunfähig, weil niemand etwas **über einen anderen** beschlösse. Außerdem wäre die Einstimmigkeit der Beschlüsse verlangt (*ebendasselbe*). Aus diesem normativen Legitimitätsgrundsatz ergibt sich für jede empirische Gesetzgebung die Anforderung, das Postulat der Autonomie wenigstens annäherungsweise zu erfüllen.

Weiter heißt es: *Alle jene drei Gewalten sind **Würden**, und, als wesentlich aus der Idee eines Staates überhaupt zur Gründung desselben notwendig hervorgehend, Staatswürden.* Was eine Würde hat, für das kann es kein **Äquivalent** geben und also auch keinen Preis, denn dieser würde einen nur relativen Wert auszeichnen. Folglich würde ein Staat, der auch nur eine der drei Gewalten in die Hände von Privatpersonen legte, seine Staatsqualität einbüßen.

Sie [die drei Gewalten] enthalten das Verhältnis eines allgemeinen Oberhaupts, (der, nach Freiheitsgesetzen betrachtet, kein anderer als das vereinigte Volk sein kann) zu der vereinzelten Menge ebendesselben als Untertans, d. i. des Gebietenden (imperans) gegen den Gehorsamenden (subditus) (§ 47). Demnach wird im Kantischen Verständnis nicht die Souveränität geteilt, sondern die Souveränität verbleibt ungeteilt in der Hand des Volkes, das im Zustand der Vereinigung – sei es als versammeltes Volk, sei es als Repräsentativversammlung – allgemeine Rechtsnormen beschließt, denen es als Menge vereinzelter Untertanen zu gehorchen hat. Rechtsstaatliche Volkssouveränität bedeutet bei Kant demnach **gewaltenteilungsvermittelte Selbstnormierung der Normadressaten** (Habermas 1992, 52).

Diese legislative Autonomie des Volkes ist (auf Dauer) unverzichtbar, weil sich das Volk in einem *ursprünglichen Kontrakt* zu einem Staat konstituiert hat, um seine *Freiheit überhaupt in einer gesetzlichen Abhängigkeit, d. i. in einem rechtlichen Zustande unvermindert wieder zu finden.* Unvermindert kann die Freiheit der Kontrahierenden nur dann sein, wenn diese gesetzliche Abhängigkeit ihrem eigenen *gesetzgebenden Willen entspringt* (Rechtslehre, § 47).

Bereits der erste Satz des § 48 stellt den Leser vor besondere Schwierigkeiten: *Die drei Gewalten im Staate sind also erstlich **einander**, als soviele moralische Personen, **beigeordnet** (potestates coordinatae), d. i. die eine ist das Ergänzungsstück der anderen zur Vollständigkeit (complementum ad sufficcientiam) der Staatsverfassung.* Die drei Gewalten sind demnach nur als zusammengefügte Teilfunktionen Staatswürden. Sie bilden komplementäre Ergänzungsstücke eines Ganzen, auch wenn sie in Hinblick auf ihre speziellen Aufgaben voneinander unabhängig bleiben.

Die Gewalten seien *aber zweitens, auch **einander untergeordnet** (subordinatae), so dass eine nicht zugleich die Funktion der anderen, der sie zur Hand geht, usurpieren kann, sondern ihr eigenes Prinzip hat, d. i. zwar in der Qualität einer besonderen Person, aber doch unter der Bedingung des Willens einer oberen gebietet.* Jede Gewalt ist für die anderen Mittel, jede dient den anderen, ohne sie aber ersetzen zu können, d. h. jede Gewalt kann nur tätig werden, wenn die anderen ihre besonderen Aufgaben erfüllen.

Drittens werde *durch Vereinigung beider [Komponenten der Beiordnung und der Unterordnung] jedem Untertan sein Recht* zuteil. Eine bloße Koordination und Kooperation der Gewalten würde nämlich die Rechte des Untertanen ebenso wenig schützen, wie deren bloße Subordination.

Von diesen Gewalten, in ihrer Würde betrachtet, wird es heißen: der Wille des Gesetzgebers (legislatoris) in Ansehung dessen, was das äußere Mein und Dein betrifft, ist untadelig (irreprehensibel), womit jede Kontrolle der Gesetzgebungsinhalte durch eine andere öffentliche Gewalt, z. B. eine materiale Normenkontrolle seitens eines Verfassungsgerichts, ausgeschlossen wäre. Das *Ausführungsvermögen des Oberbefehlshabers (summum rectoris)* habe *unwiderstehlich (irresistibel)* zu sein, da sonst ein Pluriversum von Zwangsorganen entstünde, wodurch das staatliche Gewaltenmonopol aufgelöst wäre. Schließlich müsse der *Rechtsspruch des obersten Richters (supremi iudicis) unabänderlich (inappellabel)* sein, da andernfalls keine Rechtssicherheit gewährleistet wäre (§ 48).

*Der **Regent** des Staats (rex, princeps) ist diejenige (moralische oder physische) Person, welcher die ausübende Gewalt (potestas executoria) zukommt: der Agent des Staats, der die Magistrate einsetzt.* In einer entsprechenden Reflexion Kants heißt es: *Regiren ist die administration anordnen* (Reflexion zur Rechtslehre Nr. 7659, 480).

Außerdem habe die Regierung dem Volk die Regeln vorzuschreiben, *nach denen ein jeder in demselben dem Gesetze gemäß (durch Subsumtion eines Falles unter demselben) etwas erwerben oder das Seine erhalten kann. Als moralische Person betrachtet, heißt er das Direktorium, die Regierung. Seine Befehle an das Volk und die Magistrate und ihre Obere (Minister), welchen die Staatsverwaltung (gubernatio) obliegt, sind Verordnungen, Dekrete (nicht Gesetze); denn sie gehen auf Entscheidung in einem besonderen Falle und werden als abänderlich gegeben.*

Auch Kant kombiniert drei Facetten der Gewaltenteilung zu einem Ganzen: die Staatsfunktionen werden nicht nur auf verschiedene Personengruppen verteilt, sondern diesen sollen jeweils nur ganz bestimmte Befehlsarten zur Verfügung stehen: *Eine Regierung, die* **zugleich gesetzgebend** *wäre, würde despotisch zu nennen sein [...] Der Beherrscher des Volks (der Gesetzgeber) kann also nicht zugleich der Regent sein; Denn dieser steht unter dem Gesetz und wird durch dasselbe, folglich von einem anderen, dem Souverän, verpflichtet.* Sich in die Tradition Lockes und Rousseaus stellend, sieht Kant allein den Gesetzgeber befugt, Regierungen ein- oder abzusetzen, wobei ihm allerdings die Möglichkeit juristischer Sanktion gegen den Regenten verwehrt bleiben müsse: *Jener [der Souverän] kann diesem [dem Regenten] auch seine Gewalt nehmen, ihn absetzen oder seine Verwaltung reformieren, aber ihn nicht strafen [...]; Denn das wäre wiederum ein Akt der ausübenden Gewalt, der zuoberst das Vermögen, dem Gesetze gemäß zu zwingen zusteht, die aber doch selbst einem Zwange unterworfen wäre; welches sich widerspricht* (Rechtslehre, § 49).

Ebenso sei es dem Souverän (und selbstverständlich auch der Regierung) untersagt, **Urteile** zu fällen: *Endlich kann weder der Staatsherrscher noch der Regierer richten, sondern nur Richter als Magistrate einsetzen.[...] Es wäre auch unter der Würde des Staatsoberhaupts, den Richter zu spielen, d. i. sich in die Möglichkeit zu versetzen, unrecht zu tun, und so in den Fall der Appellation [...] zu geraten.* Der richtende Souverän könnte nämlich einen Einzelfall unter ein von ihm selbst beschlossenes Gesetz subsumieren, wobei sich diese Zuordnung im Nachhinein als fehlerhaft herausstellen kann: *In dieser Subsumtion kann allein das Unrecht bestehen* (Reflexionen zu Rechtslehre, Nr. 7781, 515).

Also sind es drei verschiedene Gewalten (potestas legislatoria, executoria, iudiciaria), wodurch der Staat (civitas) seine Autonomie hat, d. i. sich selbst nach Freiheitsgesetzen bildet und erhält. In

*ihrer Vereinigung besteht das Heil des Staats [...]. Worunter man
nicht das Wohl der Staatsbürger und ihre Glückseligkeit verstehen
muss; Denn die kann vielleicht (wie auch Rousseau behauptet) im
Naturzustande oder auch unter einer despotischen Regierung viel
behaglicher und erwünschter ausfallen; Sondern der Zustand der
größten Übereinstimmung der Verfassung mit Rechtsprinzipien
versteht, als nach welchen zu streben uns die Vernunft durch einen
kategorischen Imperativ verbindlich macht* (Rechtslehre, § 49).
Der Rechtsstaat beruht neben der Teilung auch auf der Kooperation der Gewalten: Wenn jede Gewalt ihre Aufgaben
in Kooperation mit den anderen Gewalten erfüllt, ohne sich
allerdings deren Kompetenzen anzueignen, dann herrschen
Recht und Gesetz und nicht Personen.

Es ist weniger die koordinative, als die subordinative
Komponente der Kantischen Gewaltenteilungslehre, die dem
heutigen Leser Verständnisschwierigkeiten bereitet. Unterlaufen doch die parlamentarischen Regierungssysteme die
in der Aufklärung geforderte strikte Trennung von gesetzgebender und exekutiver Gewalt. Und auch die heutige Rechtsprechung versteht sich – schon um dem Grundsatz der Ein-
zelfallgerechtigkeit oder dem Schuldprinzip entsprechen zu
können – sicher nicht als mechanische Unterordnung eines
Einzelfalls unter eine generelle Rechtsregel.

Besonders antiquiert muss also heute Kants Verwendung
der Subsumtions-Metapher erscheinen. Die jedoch wird
meistens missverstanden. Wenn Kant von *Subsumtion* spricht,
bedeutet dies allerdings nicht, wie **Hans Kelsen** (1881–1973)
zu Recht hervorgehoben hat, dass Judikative und Exekutive
keine **eigenen** rechtsetzenden Kompetenzen besäßen. Man
würde Kant missverstehen, wenn man glaubte, Subsumtion
hieße, die beiden nachgeordneten Gewalten würden lediglich die Gesetze, die die Legislative ihnen vorsetzt, mechanisch auf einzelne und besondere Fälle anwenden. Vielmehr
ist gemeint, dass Rechtsetzungen des Gesetzgebers den
rechtserzeugenden Akten der beiden anderen Gewalten
vor- und übergeordnet sind, insofern der *ganze Rechtserzeu-
gungsprozess [...] als eine **Abfolge stufenweise zunehmender Individualisierung und Konkretisierung des Rechts*** strukturiert ist
(Kelsen, Gewalten, 1633, bes. 1644 ff.).

Es lässt sich leicht zeigen, dass jede Rechtsanwendung, d. h. jede

Konkretisierung genereller Normen, jeder Übergang von einer höheren zu einer niederen Stufe der Rechtserzeugung, nur Erfüllung eines Rahmens, nur Tätigkeit innerhalb der von der Norm höherer Stufe gesetzten Schranken ist. Niemals kann die Determination der niederen durch die höhere Stufe vollständig sein, stets müssen in der niederen Stufe inhaltliche Momente hinzukommen, die in der oberen Stufe noch fehlen, sonst wäre ja ein weiterer Fortschritt des Rechtserzeugungsprozesses gar nicht möglich, eine weitere Stufe überflüssig. So wie zwischen abstraktem Begriff und konkreter Vorstellung notwendig eine inhaltliche Differenz bestehen muss. Diese notwendige Differenz zwischen höherer und niederer Stufe der Rechtskonkretisation ist das sogenannte freie Ermessen. Es ist grundsätzlich ebenso bei der Rechtsprechung wie bei der Verwaltung vorhanden, sofern eben beide nur mehr oder weniger, niemals aber ganz, von der Gesetzgebung determiniert sind, wie ja auch diese mehr oder weniger durch die Verfassung bestimmt und daher einen mehr oder weniger großen Spielraum freien Ermessens hat (ebd., 1644).

5.4. Horizontale Gewaltenteilung

Die Gewaltenteilungslehre, die **Charles-Louis de Secondat, Baron Brède et de Montesquieu** (1689–1755) in seinem Hauptwerk *De l'Esprit des Lois* (1748) entwickelt, steht nicht nur im Spannungsverhältnis zum Modell Lockes, Rousseaus und letztlich auch Kants. Sie bezieht in zentralen Aspekten geradezu die diametral entgegengesetzte Position.

Doch das bedeutet nicht, dass **Vom Geist der Gesetze** zu Unrecht als Hauptwerk der politischen Philosophie der Aufklärung gilt. Zum einen gelingt Montesquieu eine erstaunliche, nach wie vor lehrreiche rechtssoziologische Analyse, in der Verfassung und Gesetze überhaupt in ihrem Zusammenhang mit den jeweiligen ökologischen, wirtschaftlichen, sozialen und religiösen Gegebenheiten einer Gesellschaft dargestellt werden. So wirke sich insbesondere das Klima auf die jeweilige Lebensweise eines Volkes aus, die ihrerseits dessen *Geist* präge, von dem es wiederum abhinge, welche Verfassung jeweils geeignet wäre. Neuartig ist demnach, die jeweiligen Rechtssysteme in kausalem Zusammenhang mit den dominierenden geographischen, ökonomischen und sozialen Faktoren zu analysieren, die die Kultur einer Nation geprägt haben, wobei insbesondere den Religionen eine Schlüsselrolle zugeschrieben wird. Diese kultursoziologische Einsicht Montesquieus zeigt ihre Nachwirkungen von der Hegelschen Geist-Philosophie bis zu Max Webers religionssoziologischen Studien.

Die zweite Innovation besteht darin, dass der Theorie der Gewaltenteilung (mehr oder minder erfolgreich) ein konsistentes System von Grundbegriffen unterlegt wurde, das bis heute fortwirkt. Dabei bezieht Montesquieu allerdings durchaus eine klare Position in der Frage, welches Gewaltenteilungsmodell am effektivsten der Sicherung der persönlichen Freiheit der Bürger dient, weil es am zuverlässigsten despotische Tendenzen staatlicher Organe neutralisiert: Er ist der Überzeugung, dieses Vorbild in der ungeschriebenen englischen Verfassung gefunden zu haben. So wird im gesamten 6. Kapitel des 11. Buches die Verfassung Englands dargestellt, wobei jedoch nicht immer die reale Verfassungspraxis berücksichtigt wird. Vielmehr wird diese, um der Klarheit der zu entwickelnden Prinzipien willen, zum Teil geglättet.

Schon im ersten Satz unterscheidet Montesquieu die folgenden drei Gewalten: *In jedem Staat gibt es drei Arten von Gewalt (pouvoirs): die **gesetzgebende** Gewalt, die **vollziehende** Gewalt in Ansehung der Angelegenheiten, die vom **Völkerrecht** abhängen, und die **vollziehende** Gewalt hinsichtlich der Angelegenheiten, die vom **bürgerlichen Recht** abhängen* (Montesquieu, Vom Geist der Gesetze, XI, 6, 214).

Es ist zunächst erstaunlich, dass die Judikative nicht als eigenständige Gewalt behandelt wird. Stattdessen unterteilt Montesquieu die Exekutive oder die *puissance exécitrice*, je nach dem Kontext ihrer Ausübung, in zwei Spezialgewalten. Die außenpolitische Exekutive wird in Anknüpfung an Lockes Ausdruck *federative power* (Zweite Abhandlung, XII) als Gewalt gedacht, die für die Entscheidung über Krieg und Frieden, die Diplomatie und die Verteidigung zuständig ist. Die innenpolitische Exekutive dagegen scheint sowohl die **Rechtsprechung** (im Privat- und Staatsrecht) als auch den

Vollzug (von Gesetzen und Urteilen) einzuschließen. Sinn macht dies dann, wenn man davon ausgeht, in Hinblick auf die Legislative solle nicht nur die vollziehende, sondern auch die rechtsprechende Gewalt Gesetze ausführen.

Entscheidend ist, dass Montesquieu, ausgehend von der Unterteilung der Gewalten nach ihren Funktionen, weitergehende Forderungen in Hinblick auf ihr Personal erhebt: *Wenn in **derselben Person** oder der gleichen obrigkeitlichen **Körperschaft** die gesetzgebende Gewalt mit der vollziehenden vereinigt ist, gibt es keine Freiheit; denn es steht zu befürchten, dass derselbe Monarch oder derselbe Senat tyrannische Gesetze macht, um sie tyrannisch zu vollziehen. Es gibt ferner keine Freiheit, wenn die richterliche Gewalt nicht von der gesetzgebenden und vollziehenden getrennt ist. Ist sie mit der gesetzgebenden Gewalt verbunden, so wäre die Macht über Leben und Freiheit der Bürger willkürlich, weil der Richter Gesetzgeber wäre. Wäre sie mit der vollziehenden Gewalt verknüpft, so würde der Richter die Macht eines Unterdrückers haben. Alles wäre verloren, wenn derselbe Mensch oder die gleiche Körperschaft der Großen, des Adels oder des Volkes diese drei Gewalten ausüben würde: die Gewalt, Gesetze zu geben, die öffentlichen Beschlüsse zu vollstrecken und die Verbrechen oder die Streitsachen der einzelnen zu richten* (215).

Dieser Passus enthält vier Teilargumente: (1) Der Zweck des Staates ist nicht das Gemeinwohl, sondern die gesetzliche Freiheit und Sicherheit der Bürger. (2) Der Staatszweck der rechtsstaatlichen Freiheitssicherung erfordert Gewaltenteilung. (3) Die Gewaltenteilungsforderung soll durchaus auch für die Beziehung zwischen vollziehender und rechtsprechender Gewalt gelten. (4) Aus der funktionalen Verschiedenheit der Staatsfunktionen soll nicht nur organisatorische, sondern auch personelle Gewaltenteilung folgen: Eine Gewalt darf demnach nicht von derselben Personengruppe ausgeübt werden, die auch eine andere Gewalt innehat. **Nicht erst die Kombination aller Gewalten in einer Hand, sondern schon die Zusammenführung von nur zwei Gewalten soll alle Freiheit der Bürger vernichten.**

Für Montesquieu ergeben sich hieraus zwingend folgende **Konsequenzen**:

(1) Die Judikative darf nicht von einer ständig im Amt befindlichen Körperschaft ausgeübt werden, sondern ist als

Geschworenengericht zu organisieren, deren Mitglieder periodisch zu wählen seien: *Auf diese Weise wird die unter den Menschen so schreckliche Gewalt, losgelöst von der Bindung an einen bestimmten Stand oder einen bestimmten Beruf, sozusagen unsichtbar und zu einem Nichts* (218). Die **richterliche Gewalt** sei in *gewisser Weise gar nicht vorhanden [en quelque façon nulle]* (220/298), denn die Urteilssprüche sollen nichts anderes sein als *eine genaue Formulierung des Gesetzes [un texte précis de la loi]* (217/296). Im Montesquieuschen Ideal ähnelt der Richter einem Automaten, der Fälle unter das jeweils passende Gesetz subsumiert und klar vorhersehbare Urteile spricht, so dass die angeordnete Sanktion nichts anderes ist als die Konklusion aus einem Gesetz und einem unter das Gesetz fallenden (bewiesenen) Tatbestand. Das wichtigste Mittel, um die Unparteilichkeit der Urteilsfindung zu gewährleisten, soll darin liegen, für die Standesgleichheit von Richter und Angeklagtem zu sorgen. Außerdem habe gemäß des *Habeas Corpus Amendment Act* von 1679 bei jeder Inhaftierung unverzüglich die Anklageerhebung zu folgen und auf Antrag auch ein Haftprüfungsverfahren eingeleitet zu werden (218).

(2) *Die beiden anderen Gewalten (Legislative und Exekutive) können eher an obrigkeitliche Ämter oder dauernde Körperschaften vergeben werden, weil sich ihre Ausübung nicht gegen irgendeinen Einzelnen richtet; denn die eine ist lediglich der allgemeine Wille des Staates, die andere nur die Vollstreckung dieses allgemeinen Willens* (217).

(3) Weil ein freier Staat, d. h. eine *Republik* durch die Selbstregierung der Bürger gekennzeichnet wäre, müsste *das Volk als Ganzes [le peuple en corps] die gesetzgebende Gewalt haben. Das aber ist in den großen Staaten unmöglich, in den kleinen mit vielen Misshelligkeiten verbunden. Deshalb ist es nötig, dass das Volk durch seine Repräsentanten das tun lässt, was es nicht selber tun kann* (218/297). Repräsentanten seien nämlich zu Verhandlungen befähigt, das Volk jedoch nicht (219).

Die **Grundsätze** dieses geforderten Repräsentativsystems betreffen die Organisation (1) der Legislative, (2) der Exekutive (im weiteren Sinn), die Kooperation beider (3) und schließlich die Sonderstellung der Judikative (4).

(1) Für die repräsentative Gesetzgebung soll ausschließlich das freie Mandat geeignet sein, da andernfalls Beratung

und Beschlussfassung allzu schwerfällig vonstatten gingen. Anders als in den despotischen Demokratien der Antike dürfe die Legislative weder Urteile fällen noch Vollzugsbefehle erteilen, sondern ausschließlich allgemeine Gesetze beschließen. Damit schließt Montesquieu an die seit Hobbes gültige Doktrin an, nach der den speziellen öffentlichen Gewalten jeweils nur bestimmte Typen von Rechtsnormen zur Verfügung stehen dürfen, weil sie andernfalls dazu eingeladen würden, die ihnen qua Gesellschaftsvertrag gesetzten Kompetenzgrenzen zu überschreiten. Schließlich plädiert Montesquieu zwar für das **allgemeine Wahlrecht**, das allen mündigen Bürgern zustehen soll, nicht aber für **gleiches Wahlrecht**, sondern für eine ständische Repräsentation. Die **Gewaltenteilung und Kooperation**, wie sie für die Gesetzgebung vorgesehen ist, soll zugleich der **Integration der in Stände gespaltenen Gesellschaft** dienen. Daraus ergibt sich die Forderung nach einem **Zwei-Kammer-System**, das eine Adelskammer mit erblichem Sitz und eine zweite Kammer gewählter Volksvertreter enthält, wobei für den Normalfall die Zustimmung beider Kammern nötig wäre, um ein Gesetz zu beschließen. Für den gewichtigen Spezialfall der Steuergesetzgebung jedoch, soll der Adelskammer kein Stimmrecht, sondern nur ein Veto-Recht zugestanden werden.

(2) Für die Organisation der **Exekutive** kommt nach Montesquieu nichts anderes als die **Monarchie** in Frage; und das aus zwei Gründen: Erstens verspricht die monarchische Regierungsform größere Effizienz als die aristokratische. Zweitens wäre ein parlamentarisches Regierungssystem despotisch, denn hier läge eine Gewaltenfusion von Legislative und Exekutive vor: Die *gleichen Personen hätten manchmal nach ihrem Willen sogar dauernd Anteil an der einen wie der anderen* (222). Dieses **Verbot des parlamentarischen Regierungssystems** wird erstaunlicherweise nicht selten von Interpreten übersehen, die überzeugt sind, Montesquieus Souveränitätsteilungsmodell wäre die einzig denkbare Version der Gewaltenteilung, der auch Kant angehangen habe, während Rousseau dieser rechtsstaatlichen Funktionendifferenzierung feindlich gegenübergestanden hätte.

(3) Nach Montesquieu – der in diesem Punkt mit Locke einig ist – sollen Parlamente nicht permanent tagen, denn

sonst ließe sich die Exekutive allzu sehr kontrollieren. Vielmehr müsse allein der Exekutive das Recht zur Einberufung und Auflösung des Parlaments vorbehalten sein, d. h. die Exekutive soll der Legislative Einhalt gebieten können, nicht aber umgekehrt, denn Exekutive nicht aber Legislative hat natürliche Grenzen. *Hat die vollziehende Gewalt nicht das Recht, den Unternehmungen der gesetzgebenden Körperschaft Einhalt zu gebieten, so wird diese **despotisch** sein. Denn da sie sich alle erdenkliche Macht zusprechen kann, wird sie **die übrigen Gewalten vernichten*** (223).

Nicht die Exekutive, sondern die **Legislative** birgt für Montesquieu offenbar die größten Gefahren für die bürgerliche Freiheit. Deswegen könne es auch nicht genügen, die Legislative von außen zu begrenzen. Auch die Binnenautonomie der Exekutive sei zu gewährleisten: Zwar könne die Legislative nachprüfen, wie die Exekutive die Gesetze ausgeführt hat, aber sie dürfe nicht über die Person des Regenten richten. Die Person des Regenten müsse unantastbar bleiben, während dessen schlechte *Ratgeber* (224), seine *conseillers*, verantwortlich gemacht werden könnten.

(4) Zwar soll die **Judikative** eigentlich getrennt von Legislative positioniert werden, doch sollen drei Ausnahmen zulässig sein: Erstens dürfe der **Adel** nur von der Adelskammer des Parlaments gerichtet werden, da anderenfalls der Neid des Volkes zu übermäßigen Strafen verleiten könnte. Da zweitens der Richter lediglich als *Mund des Gesetzes* agiert, wäre bei ungerechten Gesetzen keine Korrektur möglich. Deswegen soll eine besondere **Equity-Rechtsprechung** durch die Adelskammer eingerichtet werden, die nach Billigkeitsgesichtspunkten übergroße Härten des positiven Rechts mildern soll. Auch für den Fall, dass drittens die Exekutive Rechte der Bürger verletzt und die normalen Gerichte dies nicht sanktionieren, könnte diese Adelskammer als letzte Berufungsinstanz zuständig.sein.

Das besondere Kennzeichen dieses Gewaltenteilungskon zeptes ist die Einwirkung der Exekutive auf die Legislative durch Mitwirkung in ihr. Gewaltenteilung wird bei Montesquieu als Souveränitätsteilung ausdifferenziert, denn er glaubte, nur auf diese Weise könnte der drohenden Gefahr einer Übermacht, wenn nicht gar Allmacht der Legislative begegnet werden: Zwar sei der Exekutive (des Königs) kein Beschlussrecht, wohl aber ein Vetorecht in der Gesetzgebung einzuräumen, sonst wäre Autonomie der Exekutive bald abgeschafft. Die segensreiche Wirkung dieser speziellen Art von Gewaltenteilung könne am englischen Beispiel studiert werden: Die *gesetzgebende Körperschaft ist aus zwei Teilen zusammengesetzt, deren jeder den anderen durch ein wechselseitiges Vetorecht bindet. Beide sind gebunden durch die vollziehende Gewalt, die es ihrerseits wieder durch die Gesetzgebung ist* (226).

Auf die naheliegende Frage, wieso keine gegenseitige Blockade zu befürchten sei, würde Montesquieu anworten: Der Zwang zur gemeinsamen Aktivität verhindert dies, denn keine Gewalt sei in der Lage, ohne Kooperation mit der anderen tätig zu werden. In der englischen Verfassung, wie sie Montesquieu darstellt, gibt es *kein souveränes Zentrum der Macht. Diese Verfassung kennt stattdessen ein Gleichgewicht der verteilen Macht, das, wenn gehandelt werden soll, der Kooperation der Beteiligten bedarf* (Hereth, 92). Montesquieu kann hierfür immerhin drei Beispiele anführen: Erstens kann die Exekutive nicht als Gesetzgeber tätig werden, da sie kein Beratungs- und Stimmrecht, sondern nur Vetorecht besitzt. Zweitens begrenzt die parlamentarische Steuergesetzgebung die Macht der Exekutive. Drittens sei die Entscheidung über den Militärhaushalt zwar Parlamentssache, aber die Armee werde allein von der Regierung befehligt.

Alexander Hamilton (1755–1804) / **James Madison** (1751–1836) und **John Jay** (1745–1829) verfassten in den Jahren 1787/88 eine Reihe von Artikeln – die sog. *Federalist Papers* –, in denen der von ihnen favorisierte Virginia-Plan für eine amerikanische Unionsverfassung gerechtfertigt wurde. Der allgemeine Grundsatz, durch den sich politische Herrschaft rechtfertigen lasse, lautet: Alle Befugnisse der Regierung leiten sich (direkt oder indirekt) vom gesamten Volk her. Die Regierung (im alle Staatsfunktionen einschließenden Sinn) wird von Personen ausgeübt, die ihre Ämter, sofern sie sie korrekt ausüben, auf Zeit innehaben. Ohne Zweifel stehen die Federalists in der Tradition John Lockes, nach dessen Volkssouveränitätslehre alle politischen Ämter vom Volk übertragen werden und sich auf *trust* gründen (Federalist Papers, Nr. 39).

Die Gewaltenteilungslehre der Federalists war von Anfang an umstritten. So wandten ihre Kritiker ein, der *Virginia-Plan* sehe keine strenge Gewaltenteilung vor: Damit hätte man der Tyrannei, d. h. der Konzentration aller legislativen, exekutiven und judikativen Befugnisse in einer Hand den Weg geebnet. Die Federalists reagierten darauf, indem sie sich auf Montesquieu beriefen: Auch der hätte schließlich keine vollständige Gewaltenteilung gefordert. So habe die Exekutive qua Vetorecht Anteil an der Legislative, die Richter würden von der Exekutive ernannt und die Adelskammer sei die höchste Berufungsinstanz. Diese Lösung aber hätte den von Montesquieu aufgestellten drei Grundsätzen vollständig genügt: (1) Jede Gewalt soll an der anderen mitwirken. (2) Alle Gewalten sollen sich gegenseitig kontrollieren. (3) Nur wo eine Personengruppe, die eine Gewalt zur Gänze innehat, auch eine andere Gewalt vollständig ausübt, werde eine freiheitliche Verfassung untergraben. Aus diesen Grundsätzen gehe hervor, dass es in Montesquieus Gewaltenteilungsschema nur eine **partielle** Einwirkung der einen Gewalt in den Funktionsbereich der anderen geben könne. So könne z. B. der Monarch kein Gesetz verabschieden, sondern nur [!] sein Veto einlegen (vgl. Montesquieu, 211). Auch sei die Legislative nicht befugt, zu richten, obwohl beide Kammern zusammen Richter absetzen könnten.

Für die zu beschließende Unionsverfassung sei aus alledem zu folgern, dass kein Regierungszweig als Ganzer die Befugnisse eines anderen Zweiges wahrnehmen darf. Demnach sei lediglich die vollständige Identität der Träger verboten. Eine partielle Vermischung der Gewalten sei dagegen zulässig, weswegen auch eine partielle Identität der Träger gestattet sein könne (Nr. 47).

Die drei genannten Gewaltenteilungsgrundsätze werden im Nr. 48 näher erläutert: Jede freiheitliche Regierung benötigt einen gewissen **Grad an Gewaltenteilung, der sich** in der Praxis nur aufrechterhalten lasse, wenn die Gewalten umgekehrt bis zu einem gewissen Grad miteinander **verbunden** sind und miteinander **vermischt** werden; denn nur durch Interaktion könne eine Gewalt die andere kontrollieren. Folglich seien **Verbindung** und **Vermischung** der Gewalten die geeigneten Mittel, um eine gegenseitige **Kontrolle** der Gewalten mittels *checks and balances* zu bewirken (Nr. 51).

Der *innere Aufbau der Regierung*, d. h. die Organisation der drei öffentlichen Gewalten muss so sein, dass jede Gewalt gerade durch ihre Wechselbeziehung mit der anderen Gewalt, diese daran hindert, ihre Kompetenzen zu erweitern. Das grundlegende Prinzip dieser Art Gewaltenteilung könnte man mit der Formel der **wechselseitigen Beschränkung qua Interaktion** umschreiben (Nr. 48, 307).

Die Hauptgefahr für die Gewaltenteilung geht aus der Sicht der Federalists nicht von der Exekutive, sondern der Bundeslegislative aus: *Die Legislative erweitert überall ihren Aktionsradius und zieht alle Macht in ihren Sog* (ebd., 308). Vor allem bei einer repräsentativ-demokratischen Regierungsform habe die Legislative eine natürliche Tendenz zur Expansion und Usurpation.

So sei ein Parlament allein schon durch seine große Nähe zum Volk begünstigt (Wahlen). Auch seien seine Befugnisse sehr umfangreich und schwer begrenzbar. Beispielsweise habe die Legislative direkten Zugriff auf Finanzen (Steuern, Beamtenbesoldung). Die Exekutive dagegen sei schon durch die Begrenzung der Amtsdauer und die Beschränkung ihrer Funktion relativ geschwächt. Folglich könne bloße Gewaltenteilung keinen hinreichend wirksamen Schutz gegen Usurpationstendenzen der Legislative bieten. Daher seien zwei zusätzliche organisatorische Vorkehrungen nötig (Nr. 48).

Die Federalists empfehlen drei Maßnahmen, die geeignet seien, einen legislativen **Despotismus der Mehrheit** zu verhindern: (1) **Die Legislative** als mächtigste Gewalt müsse **aufgespalten** werden durch verschiedene Wahlmodi, verschiedene Verfahrensregeln und eine nur schwache Verbindung zwischen beiden Häusern. (2) Demgegenüber sei die **Exekutive** dadurch zu stärken, dass ihr innerhalb des Gesetzgebungsprozesses Vetorechte zuerkannt werden. (3) Schließlich müsse die Legislative auch vertikal zwischen **Bund** und **Ländern** aufgeteilt werden (Nr. 51).

Die zweite Differenzierung des von Montesquieu entlehnten Gewaltenteilungsmodells betrifft die **Rolle der Judikative.** Dabei könne man sich auf Montesquieus Auskunft verlassen, die Judikative sei *unbestreitbar die unvergleichlich schwächste der drei Gewalten* (vgl. Montesquieu XI, 6, 220), da sie keine der beiden anderen Gewalten mit Erfolg angreifen kann. Folglich sei die Judikative zu stärken, indem man ihr ein **Normenkontrollrecht** gegenüber der Legislative einräumt. Der richterlichen Gewalt solle die Prüfung der Verfassungsmäßigkeit von Gesetzen zukommen. Zur Begründung wird ein Lockesches Argument angeführt: Jeder Beschluss einer **bevollmächtigten** Körperschaft ist dann nichtig, wenn er dem Inhalt der **Beauftragung** widerspricht. Denn bei politischen Ämtern handele es sich stets um die treuhänderische Ausübung von Kompetenzen, die den Amtsträgern vom Volk übertragen worden seien (vgl. Locke, XIX, 222). Der Beauftragte stehe, was seine Legitimität betrifft, allemal unter seinem Auftraggeber (vgl. Rousseau, III, 4).

So wurde die Legislative von der Verfassung mit verfassungsmäßig begrenzten Aufgaben (z. B. Verbot rückwirkender Gesetze) beauftragt. Folglich seien verfassungswidrige Gesetze nichtig. Denn das Volk habe sich zuerst eine Verfassung gegeben, die auch der Legislative ihre Grenzen setzt.

Gerichte sind demgegenüber bei den Federalists als *vermittelnde Körperschaft zwischen dem Volk und der Legislative gedacht [...], um die Legislative innerhalb der Grenzen zu halten, die ihrer Autorität gesetzt sind.* Die eigentümliche Aufgabe der Gerichte sei die *Auslegung der Gesetze.* Da die Verfassung ein grundlegendes Gesetz sei, komme es in erster Linie der Judikative zu, die Bedeutung der Verfassung zu ermitteln (Nr. 81).

Der Einwand, das **Prüfungsrecht** der Judikative impliziere eine Überlegenheit der Judikative über die Legislative, treffe nicht. Die Normenkontrolle gegenüber dem Parlament **diene** vielmehr **dem Willen des Volkes**: Wenn der Volkswille, der sich in den Gesetzen artikuliert, dem Volkswillen, der sich als Verfassung geäußert hat, widerspricht, dann müssen sich die Richter an das höhere, *fundamentale* Gesetz, die Verfassung, halten.

Etwa zeitgleich mit Sieyes, wenn auch nicht mir dessen Konsequenz skizzieren die Federalists ein mehrstufiges Modell der Volkssouveränität, das nicht zuletzt auch eine zeitliche Dimension besitzt: Der *pouvoir constituant* des Volkes manifestiert sich zuerst in der Verfassungsgesetzgebung, die ihrerseits den *pouvoirs constitués* wohldefinierte Kompetenzen zuweist. Für die einfache Gesetzgebung bedeutet dies, dass ihr (als einem verfassungsrechtlich gebundenen Organ) jede Kompetenz zur Verfassungsänderung versagt bleiben muss. Solange das Volk die Verfassung nicht geändert hat, ist keine konstituierte Gewalt befugt, die geltende Verfassung zu verletzen, selbst wenn die öffentliche Meinung bzw. die Mehrheit der Wähler dies verlangen würde.

Diese Überlegungen lassen laut den *Federalist Papers* nur die **Schlussfolgerung** zu, dass Gerichte die natürlichen **Hüter der Verfassung** sind, denen legitimerweise die Kontrolle der Legislative zukommt. Um diese Aufgabe effektiv wahrnehmen zu können, sei eine weitgehende Unabhängigkeit von der Legislative nötig, die es erforderlich mache, das Richteramt auf Dauer zu vergeben (Nr. 78). Der *Virginia-Plan* übertrage konsequenterweise die richterliche Gewalt einem *Supreme Court*, der als letztinstanzliche Berufungsinstanz tätig sein soll.

Damit haben die Federalists zumindest eine Frage nicht zufrieden stellend beantwortet (Nr. 81): Wenn man bedenkt, dass die meisten Verfassungsartikel sprachlich unterbestimmt sind, lässt sich dann eine präzise Grenze zwischen Auslegung, Fortinterpretation, Gestaltschließung, Gesetzgebung und Verfassungsänderung ziehen?

5.5. Die Kombination vertikaler und horizontaler Aspekte der Gewaltenteilung

Die politische Philosophie des **Emmanuel Joseph Sieyes** (1748–1836) erlebt erst in den letzten Jahrzehnten eine erstaunliche Renaissance. Aber auch um 1800 war Sieyes außerordentlich populär. Er galt damals nicht nur als einer der **profiliertesten Aktivisten der französischen Revolution**, sondern ebenso als ihr wichtigster Verfassungstheoretiker.

Diese Popularität erklärt sich zum Teil aus der publizistischen Tätigkeit des Sieyes-Freundeskreises um **Konrad Engelbert Oelsner** (1764–1828). Speziell dessen zweibändige

Werkausgabe von 1796, aber auch seine authentischen Be-
richte über den Verlauf der Französischen Revolution trugen
erheblich zum positiven Renommee des Abbé bei. Vielen
Zeitgenossen galt Sieyes als besonnener Politiker und Verfassungstheoretiker, der definitiv nicht zu den Wegbereitern
der Jakobinerdiktatur zu zählen war, während seit Mitte un-
seres Jahrhunderts dieses Bild des Öfteren in Zweifel gezogen wurde. Dem mitunter recht undifferenziert geäußerten
Totalitarismusverdacht (Talmon 1961, 73) stehen mittlerweile eine Reihe von Interpretationen gegenüber, die Sieyes als
den eigentlichen *Vater des französischen Konstitutionalismus*
(Bastid, 302) werten und den Volkssouveränitätstheoretiker
par excellence in die Tradition des **politischen Liberalismus**
stellen.

Sieyes' Gewalteilungslehre besteht aus **zwei verschiedenen Konzeptionen**: Bis 1792/93 kreisten seine Überlegungen
darum, wie der demokratische Gesetzgeber verhindern
kann, dass sich die Exekutive seinen Vorgaben entzieht.
Diese vertikale Dimension ist sicher die dominierende in
Sieyes' früher Gewaltenteilungslehre. Sie stellt damit eine
Variante der republikanischen Demokratietheorie dar, die
die Regierung weniger als *Spitze einer separaten Staatsgewalt*,
sondern eher als *Ausschuss* bzw. *Teil einer sich selbst verwal-
tenden politischen Gemeinschaft* betrachtet (Habermas 1996,
289). Sieyes forderte damals ein **strikt hierarchisches Gewaltenteilungsmodell**, das im Idealfall alle Souveränitätsrechte der gesetzgebenden Versammlung vorbehält, indem
sie den Kompetenzengebrauch der Exekutive als Ganzer
durch generelle normative Vorgaben weitestgehend beschränkt. Folglich sollten weder die Regierung noch die
Verwaltung oder die Justiz einen effektiven Einfluss auf die
Gesetzgebung haben (Sieyes, Veto, 169). Denn Sieyes war
überzeugt, die liberale Demokratie würde allein **von der
Exekutive bedroht**.

Durch den Jakobiner-Terror zwischen 1792 und 1794 sah
sich Sieyes gezwungen, seine Theorie der Gewaltenteilung
zu überdenken und zu überarbeiten; denn nun war erwiesen, dass – wovor schon Montesquieu und die Federalists
gewarnt hatten – die Legislative selbst Quelle der Despotie
sein konnte. Für den eingetretenen Fall, dass die souve-

räne Gewalt (insbesondere der *Wohlfahrtsausschuss*) ihren gesetzgeberischen Pflichten nicht nachkommt und stattdessen **außerordentlichen Exekutivorganen**, den sogenannten *Kommissaren*, mittels Blanko-Vollmachten **despotische Befugnisse** überträgt, waren auch in Sieyes früheren Gewaltenteilungsmodellen keinerlei organisatorische Sicherungen vorgesehen.

Bei allen tradierten Modellen hatte man eine **beratungs- und entscheidungsfähige Legislative vorausgesetzt**, die lediglich allgemeine Gesetze beschließen würde, ohne dass es ihr gestattet wäre, dieses Recht eigenmächtig auf andere Organe zu übertragen. Die *Grande Terreur* wurde dadurch möglich, dass die Legislative, der Nationalkonvent, genau dieses Verbot übertrat, und weitreichende Diktaturvollmachten auf verfassungsrechtlich ungebundene Exekutivkomitees übertrug. Die **Legislative selbst** hatte versagt und einer **despotischen Gewaltenverschmelzung** den Weg geebnet, was in der Praxis anarchische Konsequenzen hervorrief, da nun der überlegale Ausnahmezustand zur Regel wurde.

Die eigentliche Ursache für die despotischer Entgleisung der Republik sieht Sieyes allerdings in den Mängeln der politischen Theorie. Denn bislang sei es ihr nicht vergönnt gewesen, ein **Gewaltenteilungsprinzip** zu entwickeln, das die Harmonie von Volkssouveränität und Freiheitsrechten zustande bringen würde.

Sieyes Gewaltenteilungslehre von 1795, die m. E. an Komplexität durch keine andere Lehre überboten wird, grenzt zunächst zwei überkommene Modelle gegeneinander ab: Auf der einen Seite stehe das dezidiert souveränitätsfeindliche Arretierungs- und **Balancemodell**, für das Montesquieu und die Federalists eintraten. Es gehorche ausschließlich dem Prinzip der *Trennung ohne Einheit* (*système des contra-poids*) und berge die Gefahr der gegenseitigen Blockierung der Gewalten, die aus der strikt 'polykratischen' Division der Souveränität erwachse.

Sieyes mag auf Montesquieus Modell eines mit beiderseitigen Vetorechten ausgestatteten parlamentarischen Zweikammersystems (Montesquieu, 298, 302) angespielt haben, wenn er die Gefahr des Gesetzgebungsnotstandes beschwört: *Wenn die mit gleicher Gewalt versehen Vollmachten unabhängig bleiben, so gibt es in dem Gange der Geschäfte keine Sicherheit mehr; die beiden Kammern werden in Gegenwirkung [...] beharren; und wenn die Maschine wieder in Bewegung kommt, so hat dies [...] keine andere Ursache, als dass sich das System verändert, dass es sich verliert, dass, anstatt eine eingebildeten Gegengewichts, jene unumschränkte Gewalt, jene Einheit ohne Trennung wieder eingetreten ist, welche alle Gefahren des Despotismus erneuert* (Grundverfassung, 378). Die einzige Möglichkeit, wie ein äquilibristisches System der Machtverteilung zwischen Trägern gleicher Funktion tätig werden kann, liegt nach Sieyes darin, dass die eine Kammer (oder auch Gewalt) die andere dominiert und sich ihre Funktion aneignet.

Das andere Modell sei sowohl im *Ancien Régime* als auch in der *Grande Terreur* praktiziert worden. Seine Losung laute *Einheit ohne Trennung* und sein einziger Zweck sei die **ungehemmte Maximierung der Souveränität**. Dieses rechtsstaatsfeindliche Ideal *unumschränkte(r) Gewalt* enthalte aber *alle Gefahren des Despotismus* und sei der geborene Feind des Rechtsstaates (Grundverfassung, 378). Sieyes führt die kollektive in die *Terreur* mündende Faszination, die von der Idee ursprünglicher und im Zustand formloser und ungehemmter Ursprünglichkeit verbleibenden Volkssouveränität ausgegangen war, auf ihre Abkunft vom absolutistischen Denken zurück: *Das Wort [Souveränität] hat sich nur darum der Einbildungskraft so kolossarisch dargestellt, weil der Geist der Franzosen, noch von monarchischem Aberglauben, sich eine Pflicht daraus machte, es mit der ganzen Erbschaft der prunkhaften Eigenschaften und unumschränkten Gewalten auszuschmücken, mit denen die angemaßten Souveränitäten glänzten; wir haben sogar gesehen, wie sich der Gemeingeist in seiner unermesslichen Freigebigkeit entrüstete, dass der Volkssouveränität nicht noch mehr beigelegt wurde; man schien mit einer Art von patriotischem Stolz zu sich selbst zu sagen: wenn die Souveränität großer Könige schon etwas so Mächtiges, so furchtbares ist, so müsste die Souveränität eines großen Volkes vollends ganz etwas Gewaltiges sein* (Grundverfassung, 375).

Sieyes nennt als generelle Regel, deren Anwendung sowohl der Despotie als auch dem Staatszerfall entgegenwirkt:

Wenn von [...] politischer Staatsverfassung die Rede ist, so ist Einheit bloß allein Despotismus, Trennung bloß allein Anarchie; nur Trennung mit Einheit gibt die gesellschaftliche Gewähr, ohne welche keine Freiheit fest gegründet ist (Grundverfassung, 369 f.). Beide tradierten Organisationsmodelle seien abzulehnen, da sie entweder das Moment der **Einheit** oder das der **Trennung verabsolutieren** und daher auf eine Maximierung oder auf eine Minimierung der Souveränität abzielen.

Sieyes will demonstrieren, dass man das Prinzip der gesetzgebenden Volkssouveränität, gemäß dem die *gesetzgebende Versammlung* [...] *der wahre Zentralpunkt, der oberste Regulator aller Teile der Staatseinrichtung* ist (Grundverfassung, 386), mit dem des gewaltenteiligen Rechtsstaates versöhnen kann, und dass dies die wahre Garantie der Freiheitsrechte wäre. Auch Sieyes beruft sich im Grundsätzlichen auf **Rousseaus** Konzept der **vertikalen Gewaltenschichtung.** Dort wurde Souveränität für die Gesetzgebung reserviert und die Kompetenzen der ausführenden, organisatorisch selbständigen Gewalten (Rousseau, Gesellschaftsvertrag, 3, 16) den generellen Vorgaben der Legislative unterstellt. Dass Sieyes selbst nach der Erfahrung der *Grande Terreur* im wesentlichen am vertikalen, auf ein demokratisches Souveränitätszentrum ausgerichtetes Schichtungsmodell der Staatsgewalt à la Rousseau festhält, geht schon aus seiner Definition des Verfassungsbegriffs hervor: *Wenn wir das Wort Grundverfassung nach seinem richtigen Sinn verstünden, so würden wir finden, dass sie fast gänzlich in der Organisation der Zentralstaatseinrichtung [...] bestehe, das heißt, desjenigen Teils der politischen Maschine, den Ihr dazu gründet, das Gesetz zu geben, und desjenigen Teils, welcher unmittelbar damit verbunden ist, und den Ihr dazu bestimmt, von dem Zentralpunkt aus [...] die Vollstreckung des Gesetzes in allen Punkten der Republik zu bewirken* (Grundverfassung, 367).

Freilich müssen nach Sieyes an Rousseaus Modell der hierarchischen Gewaltenteilung **erhebliche Nachbesserungen** vorgenommen werden, um der Gefahr des Despotismus entgegenzuwirken. Dazu müsse man sowohl dem Prinzip der Einheit als auch dem Prinzip der Trennung der Staatsgewalt(en) Rechnung tragen: *Die Frage ist, wie man [...] die Gewalten trennen soll? Die Regel [...] antwortet uns: trennet,* *um den Despotismus zu verhüten; contrahiert, um die Anarchie zu vermeiden* (Grundverfassung, 370). *Die beiden komplementären Risiken der Despotie und der Anarchie lassen sich nur dort beherrschen, wo Einheit mit Trennung der öffentlichen Gewalt verbunden wird* (Grundverfassung, 371).

Die Lösung könne demnach nur darin bestehen, die öffentlichen Gewalten wie ein *système naturel* einzurichten (Grundverfassung, 380). Doch was ist darunter zu verstehen? Ein ‚natürliches' Gewaltenteilungssystem ist eine Verfassungskonstruktion, die *Gesetze(n) einer natürlichen Organisation* gehorcht. Der Staat sei als *politische(s) System des Zusammenwirkens verschiedner Teile* oder *der organisierten Einheit* zu organisieren (Grundverfassung, 380). Sollen die Organisationskomponenten *Einheit* **und** *Trennung* in einer ‚natürlichen' Verfassung vereint werden, dann setzt dies voraus, dass **beide Ausgangsmodelle erheblich modifiziert werden:**

An die Stelle des ‚mechanischen', durch wechselseitige Vetorechte gesteuerten Gleichgewichtsmodells **Montesquieus** (ebd., XI, VI) muss ein *système politique du concours* treten, das die Gewalten durch konstruktive, verschiedenartige Teilhabe intern miteinander vernetzt. Auf diese Weise könne ausgeschlossen werden, dass sich die Gewalten gegenseitig blockieren. Das andere Modell einer gewaltenverschmelzenden *action unique* müsse, um der Freiheitsrechte willen, durch eine gewaltenvermittelte, funktional differenzierte *unité d'action* ersetzt werden (Grundverfassung, 379). Auf diese Weise könne die Kooperation getrennter Staatsfunktionen gesichert werden, ohne doch in despotische Allmacht umzuschlagen.

Erst wenn diese zwei Modifikationen vorgenommen seien, lasse sich ein **gemischtes System** denken, in dem sowohl die Trennungskomponente als auch die Einheitskomponente der Verfassung zur Geltung kämen. Dieses neuartige System könne als *système de l'unité organisée* (System organisierter Einheit) bezeichnet werden (Grundverfassung, 371).

Diese Überlegungen setzen voraus, das **Kernproblem jeder Verfassung** wäre die Beziehung zwischen der **Legislative** und der **Exekutive** (im engeren Sinn) (367 f.). Sieyes bietet ein dialektisches Modell der Interaktion zwischen beiden

Gewalten an, das aus den Komponenten der **Trennung**, der **Kooperation** und der **differenzierten Kooperation** bestehen soll.

Die **Teilung** der Funktionen der öffentlichen Gewalt ist für Sieyes nur dann optimal austariert, wenn die Gewalten nicht nur im Verhältnis untereinander sondern auch in sich selbst differenziert sind. Dementsprechend soll die Legislative wie die Exekutive in zwei Kammern bzw. Funktionen aufgespaltet werden. Die **Legislative** besteht aus dem *Tribunat* als erster und der *Législature* als zweiter Kammer, die **Exekutive** dagegen setzt sich aus dem beratenden und beschließenden Regierungskollegium, dem *Gouvernement*, und der Verwaltung, dem *Pouvoir exécutif* als ihrem nur ausführendem Instrument zusammen.

Doch anders als bei Montesquieu wird die Gesetzgebung nicht durch Vetorechte aufgespaltet, vielmehr werden den beiden Kammern verschiedene Aufgaben zugewiesen, so dass neben dem Trennungsprinzip auch das der **Kooperation** berücksichtigt wäre: Allein die zweite Gesetzgebungskammer, die *Législature*, soll Gesetze beschließen können, während neben dem *Tribunat* auch das *Gouvernement* zur Gesetzesinitiative und -beratung berechtigt ist (Grundverfassung, 399); beide sollen wie zwei Parteien in einem Zivilprozess den Richter – in diesem Fall die *Législature* – von der ausschließlichen Berechtigung ihres jeweiligen Standpunktes zu überzeugen trachten (ebd., 394).

Sieyes plädiert entschieden für eine *Mischverfassung* (dazu Nippel 18 ff.), nach der das **demokratische** Moment in der *Législature*, das **oligarchische** im Tribunat und das **monokratische** in der Regierung realisiert sein sollen: Gesetze werden zweckmäßigerweise von wenigen beraten, von vielen beschlossen und von einem ausgeführt; die Kombination dieser drei heterogenen Staatsformelemente in einer Verfassung soll erstens die Qualität, zweitens die Legitimität, drittens die Wirksamkeit der Gesetze optimieren und viertens die Verantwortlichkeit der Regierung gegenüber dem Gesetzgeber sicherstellen.

Schließlich erörtert Sieyes die dritte Komponente seines Gewaltenteilungsschemas, die **differenzierte Kooperation der Gewalten**. Die Mischverfassungskomponenten sollen nach dem Grundsatz der **Einheit** getrennter Gewalten auf spezielle Art auch wieder zusammengefügt werden: Alle drei Staatsfunktionen sollen **in jeder Einzelgewalt** wirksam sein (ähnlich die Lösung in den Federalist Papers; vgl. Nr. 47 und 48). So zeigt sich beispielsweise das Mischverfassungsprinzip in der **Gesetzgebung** daran, dass in ihr neben dem demokratisch-beschließenden (720 Mitglieder der *Législature*) und dem aristokratisch-beratenden (240 Abgeordnete des *Tribunats*) auch das ‚monarchische' Element (7 Regierungsmitglieder) mit dem Recht zur Gesetzesinitiative (Grundverfassung, 385) vertreten ist (Grundverfassung, 398 f.). Eine aktive Teilnahme der Regierung an der Beschlussfassung über Gesetzesvorlagen, wie es in den heutigen parteienvermittelten parlamentarischen Regierungssystemen üblich ist, wäre für Sieyes ganz abwegig gewesen; denn dann wäre die Regierung auch als Gesetzgeber tätig.

Stattdessen soll die **Regierung** erstens allein vermittels ihres Initiativrechtes an der ‚aristokratischen' Gesetzesberatung ebenso Anteil haben wie an der ‚demokratischen' Gesetzgebung. Durch ihr Initiativrecht ist sie Moment der ihr übergeordneten Gewalt. Insofern sie zweitens Rechtsgesetze in Verordnungen ummünzt, hat sie innerhalb der Exekutive selbst eine demokratische, quasi-gesetzgebende Funktion und schließlich kommt ihr drittens ein originäres autokratisches Moment zu, da sie Minister und Verwaltungsdirektoren in eigener Verantwortlichkeit ernennt und einsetzt, dies freilich zu dem Zweck, den effizienten und kontrollierbaren Vollzug der Gesetze sicherzustellen (Grundverfassung, 385 f.).

In Hinblick auf ihren innovativen Charakter kann man die beiden Thermidor-Reden aus dem Jahr 1795 kaum überschätzen: Sie enthalten das Rahmenprogramm einer ‚natürlichen' Verfassung, die dem Montesquieuschen Modell mechanischer, durch Vetorechte gesteuerter Trennung und Balancierung der Gewalten ebenso kritisch gegenübersteht wie der jakobinischen Praxis der Gewaltenverschmelzung. Darüber hinaus sei auch das ‚subsumtionslogische' Modell vertikaler Gewaltenschichtung nach Rousseau revisionsbedürftig, wenn die politischen Gefahren des Despotismus und der Anarchie gleichermaßen gebannt werden sollen.

Dieser doppelten Gefahr soll die begrenzte Verklammerung der in sich und gegeneinander funktional differenzierten Gewalten durch wohldefinierte Verfahrenskompetenzen begegnen, so dass trotz aller auf Kooperation zielenden Verschränkung keine Gewalt dazu in der Lage ist, ihre Intervention zur Blockierung bzw. Beherrschung der anderen Gewalt zu nutzen.

Vollendet wird das Sieyessche Modell des gewaltenteilenden Rechtsstaats durch die (neuartige) Institution einer *Jury constitutionnaire*. Diesem höchsten Gericht sollen drei Funktionen zukommen: *Ich verlange, dass das über die Verfassung wachende Geschworenengericht drei Sachen leiste: 1) Es soll getreu die Grundverfassungsakte bewachen. 2) Es soll sich, entfernt von allen verderblichen Leidenschaften, mit allen Plänen beschäftigen, welche die Grundverfassung vervollkommnen können. 3) Es soll endlich der bürgerlichen Freiheit das Hilfsmittel einer natürlichen Billigkeit in allen wichtigen Fällen darreichen, wo das väterliche Gesetz ihre gerechte Garantie vergessen haben wird. In andern Ausdrücken betrachte ich das über die Verfassung wachende Geschworenengericht: 1) Als ein Kassationsgericht in der verfassungsmäßigen Ordnung. 2) Als eine Werkstatt, wo die Vorschläge zu Verbesserungen in der Grundverfassung, welche die Zeit erfordern würde, niedergelegt werden. 3) Als ein Zusatz der natürlichen Gerichtspflege in den Lücken der positiven Gerichtspflege* (Gericht, 406).

Die *Jury constitutionnaire* ist demnach konzipiert als (a) Kassationsgericht, das die Verfassung (im organisatorischen Sinn) gegen deren Verletzung durch die öffentlichen Gewalten sichert. Sie soll (b), indem sie Verfassungsänderungsverfahren einleiten kann, als institutionelles Gegenstück zum *pouvoir constituant* des Volkes tätig werden. Schließlich hat sie (c) gegenüber den einfachen Gerichten die Aufgabe materialer Verfassungsrechtsprechung zu übernehmen.

Den drei allgemeinen Funktionen der *Jury constitutionnaire* entsprechen konkrete Verfahrensrechte:

(a) Nur der Verfassungsjury steht in der Rolle eines *Tribunal de cassation* ein Prüfungsrecht gegenüber Akten der verfassungsmäßigen Staatsorgane zu, die als verfassungswidrig beanstandet wurden. Das betrifft erstaunlicherweise auch Entscheidungen des Gesetzgebers (Gericht, 417). Zu den möglichen Gegenständen einer Verfassungsklage zählen die Tätigkeit der *Législature*, des *Tribunats*, des obersten ordentlichen Gerichtes (ebd., 433), der Elektorenversammlungen, der Primärwählerversammlungen (ebd., 412 f.) und – höchstwahrscheinlich – auch der Regierung. In die Zuständigkeit der Jury sollen allein die Akte derjenigen Staatsorgane fallen, deren Kompetenzen durch die Verfassung und das positive Recht nicht vollständig definiert sind und infolgedessen zum gewaltenteilungsverletzenden Missbrauch einladen können. Erklärt das ‚Verfassungsgericht' einen politischen Akt für verfassungswidrig, so ist er nichtig (Gericht, 409).

Das Initiativrecht zur Verfassungsklage kommt den obersten Staatsorganen, d. h. der Regierung und den beiden Kammern der Legislative, Tribunat und Législature, ohne jede Einschränkung zu, sie mögen gegeneinander Klage erheben oder eine Minderheit einer einzelnen Kammer gegen deren Mehrheit. Die einzelnen Bürger dagegen sind nur bedingt klageberechtigt. Über die Annahme ihrer Verfassungsbeschwerden entscheidet die *Jury constitutionnaire*; wird sie verweigert, weil sich das Klagemotiv als offenkundig unzureichend herausstellt, soll eine obligatorische Geldstrafe verhindern, dass durch *unmäßigen Eifer einiger Appellanten* die Verfassungsbeschwerde entwertet werden kann (Gericht, 416 f.). Dem Gericht selbst, so Sieyes' weitsichtige Überlegung, darf keinerlei Initiativrecht zukommen, denn andernfalls könnte es sein Prüfungsrecht speziell zur Domestizierung der Legislative verwenden (ebd., 417). Überdies scheint Sieyes der Verfassungsjury keine materiale Normenkontrolle gegenüber dem Gesetzgeber zugestehen zu wollen; denn die Zuständigkeit des höchsten Gerichts wird ausdrücklich auf die Kontrolle der *vorgeschriebenen Formen* beschränkt, die die verfahrensmäßigen *Grenzen* der Gewalten bestimmen (Grundverfassung, 407).

(b) In verfassungsdynamischer Hinsicht besitzt die *Jury constitutionnaire* die Funktion eines **Atelier de proposition** mit einem entsprechenden Beratungs- und Vorschlagsrecht für Verfassungsänderungen. Auch wenn die Jury Verfassungsänderungsverfahren initiieren darf, so soll dies doch keineswegs deren Übermacht zur Folge haben: Analog der

Organisation der parlamentarischen Legislative wird die Verfassungsrevisionsbefugnis zwischen den Urversammlungen, dem Verfassungsgericht und der gesetzgebenden Versammlung geteilt (Gericht, 419), um zu verhindern, dass die *Jury constitutionnaire* im Extremfall von sich aus verfassungsändernd tätig werden kann: *Nach meiner Meinung haben die über die Verfassung wachenden Geschworenen nicht das Recht, selbst die Grundverfassung zu berühren; denn dies hieße, ihnen die verfassunggründende Gewalt anzuvertrauen* (Gericht, 417 ff.).

Gegenstände möglicher Innovationen sind sowohl die einzelnen Verfassungsartikel als auch – erstaunlicherweise – die vorangestellte Erklärung der Menschenrechte. *Die über die Verfassung wachenden Geschworenen werden sich beständig mit den Kenntnissen beschäftigen, die ihnen zur Vervollkommnung der Verfassung und der Erklärung der Rechte des Menschen geschickt zu sein scheinen* (Gericht, 434). Das ‚Verfassungsgericht' soll diesbezügliche Anregungen sammeln und in einem Turnus von zehn Jahren den zur (indirekten) Verfassungsänderung befugten Organen vorlegen. *Bloß auf den Vorschlag eingeschränkt, haben sie nicht einmal die Befugnis, dies Recht auszuüben, wann und wie es ihnen gut dünkt* (Gericht, 419).

Die *Jury constitutionnaire* hat die Vorschlagsliste für Verfassungsergänzungen oder -revisionen zunächst dem *Tribunat* und der *Législature* zu unterbreiten, die ihrerseits verpflichtet sind, dieses *cahier* wenigstens drei Monate vor Eröffnung der jährlichen Urversammlungen diesen vorzulegen sowie möglichst allgemein bekannt zu machen. Allein die Urversammlungen als die ultimative Quelle aller Repräsentation sind autorisiert, mit einfacher Mehrheit darüber zu entscheiden, ob sie die *verfassunggründende Gewalt* für eine gewisse Zeit und einen wohldefinierten Zweck der gesetzgebenden Gewalt, d. h. der *Législature*, übertragen wollen; diese wird im Falle eines positiven Bürgerentscheides ermächtigt, über die (unveränderbaren) Änderungsvorschläge begründungspflichtig zu entscheiden.

Nach Sieyes garantiert dieser arbeitsteilige Revisionsmodus in optimaler Weise, dass der *Wunsch des Volkes* mit den *Einsichten der Weisen* dem *strengen Grundsatz der Trennung der Gewalten* gemäß vermittelt wird. Auch in seinem Verfassungsprojekt von 1795 wahrt Sieyes die Kontinuität zur eigenen Theorie der überkonstitutionellen, verfassunggebenden Volkssouveränität; sie besteht darin, dass weder die *Jury constitutionnaire* noch die normale Legislative aus eigener Autorität zur Verfassungsänderung berufen sind, sondern der zwischen ihnen vermittelnden Ermächtigung durch die *Urversammlungen* (d. h. der Versammlungen der Gemeinden oder Stadtteile) bedürfen, die als *pouvoir commettant* allein ihren *pouvoir constituant* auf einen *pouvoir constitué* übertragen kann (423 f.).

(c) Schließlich erhält die verfassungwahrende Jury eine Letztentscheidungsbefugnis gegenüber den einfachen Gerichten, bei der sie sich auf ungeschriebenes Naturrecht berufen kann; diesen Tätigkeitszweig bezeichnet Sieyes als *jurisdiction d'équité naturelle*. Seine Informationen zu dieser Rolle der Jury fallen allerdings recht knapp aus. So heißt es etwa, diese spezielle Sektion des Verfassungsgerichtes solle als oberste distributive Gerechtigkeitsinstanz *eine Ergänzung natürlicher Gerechtigkeitspflege für die Lücken der politischen sein* (Gericht, 423).

Zum einen könne die Jury dort, wo hinsichtlich eines bestimmten Sachverhaltes kein positives Gesetz existiert, der Einzelne aber einen kategorischen Anspruch auf Rechtsentscheid besitze, zur normativen Regelung des strittigen Rechtes direkt auf das Naturrecht und die Rechtedeklaration zurückgreifen und zum anderen müsse der normale Richter das Verfassungsgericht dann zum Zweck einer (ersatzweisen) Rechtsentscheidung anrufen können, wenn er sich aus Gewissensgründen weigern muss, positives, bezogen auf den Einzelfall offenkundig ungerechtes Recht anzuwenden (Gericht, 424 f.). Wie in der amerikanischen Verfassungstheorie (vgl. Federalist Papers, Nr.78 u. 81) sieht Sieyes eine wesentliche Garantie der Unabhängigkeit der Justiz darin, dass der einfache Richter nicht verpflichtet ist, ein ungerechtes Gesetz anzuwenden.

Während die zweite Befugnis einen Ermessensspielraum nach Billigkeitsgesichtspunkten offen lassen soll, der im Falle eines evidenten Konfliktes zwischen Naturrecht und positiven Gesetzen material gerechte(re) Urteile zu sprechen erlaubt, leitet Sieyes die erste Befugnis aus dem Naturrecht des Einzelnen auf Rechtssicherheit besonders in Fragen distributiver Gerechtigkeit ab. Da einerseits gemäß dem rechtsstaatlichen Rückwirkungsverbot (Gericht, 425 f.) die positive Gesetzgebung allein zukünftige Fälle regeln kann, der Einzelne aber andererseits kategorisch Anspruch auf richterlichen Entscheid eines Rechtsstreites besitzt, ist nach Sieyes die Institutionalisierung einer überpositiven Natur- und Grundrechtsjudikation unverzichtbar. Soll nicht (partiell) der Naturzustand wieder eintreten, dann ergibt sich aus dem naturrechtlichen Prinzip der *individuelle(n) Freiheit* für den Staat die unbedingte Verpflichtung, zwischen strittigen Rechten zu entscheiden: Der Einzelne muss *seine Zuflucht zu einem Richter nehmen (können), er muss stets ein Gesetz finden können, welches sich auf den Fall anwenden lässt, den er ihm vorlegen will, weil wir voraussetzen, dass ihm wirklich ein Unrecht angetan ist* (Gericht, 425).

Damit bleibt er – soviel lässt sich festhalten – sowohl seinen freiheitsrechtlichen als auch seinen volkssouveränitätstheoretischen Grundüberzeugungen treu, wenngleich sich das Schwergewicht deutlich auf die ersteren verlagert hat; dies gilt selbst noch für die Frage nach den nötigen Befugnissen einer die Gewaltenteilung stabilisierenden verfassungsrechtlichen Metainstitution. Auch deren Kompetenzen werden durch prozedurale Regeln erheblich beschnitten. Die wichtigsten Garantien gegen möglichen Missbrauch des verfassungswahrenden Amtes sollen darin liegen, dass jene höherstufige öffentliche Gewalt erstens nicht die Funktion einer anderen Gewalt ausüben darf, sie zweitens nicht von sich aus tätig werden kann und drittens etwaige Verfassungsänderungen zwar von der Jury beraten und auch initiiert werden können, ohne dass sie aber den *pouvoir constituant* des Volkes übergehen darf: So wird jedes Verfassungsänderungsverfahren als (partielle) Verfassunggebung eingestuft und kategorisch von der plebiszitären Legitimierung durch die Urwählerversammlungen abhängig gemacht. Besonders diese prozedurale Bestimmung unterscheidet Sieyes' Konzeption von der der Federalists, die plebiszitäre Verfassungsänderungsverfahren grundsätzlich ausschließt (vgl. Federalist Papers, Nr. 49).

Wie man sieht, zieht Sieyes aus der Erfahrung der Jakobinerdiktatur denkbar radikale Konsequenzen; und doch bleibt er trotz unbestreitbarer ‚justizstaatlicher' bzw. ‚expertokratischer' Tendenzen auch in seinem Projekt von 1795 ein **liberaler Volkssouveränitätstheoretiker.**

Er entwirft ein neuartiges und – betrachtet man z. B. die partielle Einbindung der Regierung in den legislativen Diskurs – stabileres Gewaltenteilungssystem. Zweifellos wird damit die konstitutionalistische, auf Montesquieu zurückgehende Gewaltenteilungskonzeption der horizontal-balancierenden Souveränitätsteilung gestärkt. Aus der anderen Seite hofft er, menschenrechtliche, rechtsstaatliche und demokratisch-republikanische Verfassungsprinzipien unter Vermittlung einer institutionellen Repräsentation des *pouvoir constituant* gleichermaßen sichern zu können. Wegweisend ist die Überlegung, man müsse die unvermeidliche Machtkonzentration auf Seiten der *Jury constitutionnaire* durch eine Kombination von repräsentativen und plebiszitär-demokratischen Verfahren auch und gerade in verfassungsrechtlichen Fragen bändigen. Wollte man jedoch umgekehrt die Idee einer über den Staatsgewalten stehenden verfassungwahrenden Jury deswegen unrealistisch nennen, weil ihr keinerlei Zwangsmittel zur Verfügung stünden, so ist daran zu erinnern, dass Sieyes spätestens in seinen Entwürfen zur Verfassung des Jahres 1799 dafür plädiert, dem *Collège des Conservateurs* seine bewaffnete Einheiten der Nationalgarde an die Seite zu stellen (vgl. Hafen, 241 f.).

Im Gegensatz zur bundesdeutschen Praxis können nach Sieyes Verfassungsänderungen von juridischen und politischen Repräsentanten zwar beraten und initiiert, keinesfalls aber ohne formellen Beschluss des eigentlichen Souveräns von ihnen beschlossen werden. Es mag just diese komplementäre Beziehung zwischen verfassungsrechtlich-fachwissenschaftlichen, politisch-institutionellen und bürgerschaftlichen Diskursen sein, die Sieyes' Gewaltenteilungstheorie als ganzer und seinem Projekt einer *Jury constitutionnaire* im Besonderen noch heute kritische Aktualität verleiht. Wenn man den europäischen Integrationsprozess, der bislang primär von Märkten und Institutionen betrieben wurde, in Hinblick auf die sich abzeichnende Notwendigkeit einer

Verfassunggebung überdenkt, dann enthält Sieyes' zweite Thermidorrede immerhin Hinweise darauf, wie verfassunggebende Akte zwar durch verfassungsjuridische Experten und politische Repräsentanten beraten und in Gang gesetzt, aber durch plebiszitäre Entscheide abgeschlossen und direkt-demokratisch legitimiert werden könnten.

6. SOZIALE GERECHTIG-KEIT UND FREIHEITS-RECHTE: EIN UNLÖS-BARER KONFLIKT?

Aus der Perspektive marktradikaler Kritiker des europäischen und insbesondere des bundesdeutschen Sozialstaatsmodells ist die politische Ideengeschichte ein einziges Schreckenskabinett. Selbst wenn man den despotischen Wohlfahrtsstaat des Absolutismus unberücksichtigt lässt und sich dem aufgeklärten Naturrecht zuwendet, wird deutlich, wie stark die Vorstellung verankert ist, die Legitimität politischer Herrschaft hänge (mindestens auch) davon ab, ob es ihr gelingt, gesellschaftlichen Deklassierungsprozessen entgegenzuwirken.

6.1. Republikanischer Sozialstaat

Einer der ersten Sozialstaatstheoretiker ist **Immanuel Kant** (1724–1804), der doch auf den ersten Blick in dieser Hinsicht unverdächtig scheint. Hatte ihn nicht schon Carl Schmitt ohne Einschränkung der Riege liberalistischer Eigentumstheoretiker zugerechnet?

In Schmitts Deutung mochte Kant weder demokratische noch soziale Freiheitsrechte anerkennen, sondern ausschließlich die **klassischen Abwehrrechte**, wie etwa das Recht auf freie Berufswahl oder die Garantie des Privateigentums. Liberale Freiheitsgrundrechte haben den Zweck, staatsfreie Zonen der Privatautonomie zu definieren und sie vor dem Zugriff der öffentlichen Gewalt zu schützen (dazu Thiele 2003,

298 ff.). Die Kantische Republik sei ein typischer **liberaler Minimalstaat**, der möglichst viele Bereiche des gesellschaftlichen Lebens vor rechtlicher Regulierung geschützt sehen wollte:

Die Formulierungen von Kant sind hier deshalb von Interesse, weil sie den klarsten, endgültigen Ausdruck dieser prinzipiellen Vorstellung der bürgerlichen Aufklärung enthalten, die bisher durch keine neue ideelle Grundlage ersetzt worden sind. [...] Die moderne bürgerlich-rechtstaatliche Verfassung ist nach [...] ihrem Grundschema zunächst eine freiheitliche Verfassung, und zwar im Sinne der bürgerlichen Freiheit. Ihr Sinn und Ziel ist in erster Linie nicht Macht und Glanz des Staates [...], sondern [...] Schutz des Bürgers vor dem Missbrauch staatlicher Macht. Sie ist, wie Kant sagt, erstlich nach Prinzipien der Freiheit der Glieder einer Gesellschaft als Menschen' gestiftet.

Der liberale Staat Kants – wie ihn Carl Schmitt präsentiert – ist der typische Nachtwächterstaat, der lediglich dafür Sorge trägt, die Bürger ungestört ihren Geschäften nachgehen zu lassen. Denn – so Schmitts Argument – durch **liberale Abwehrrechte** werde nämlich kein **Staat** formiert, sondern allenfalls **deformiert**.

Dem asymmetrischen Verteilungsprinzip der liberalen Grundrechte gemäß wird nämlich *die Freiheitssphäre des Einzelnen [...] als etwas vor dem Staat Gegebenes vorausgesetzt, und zwar ist die Freiheit des Einzelnen prinzipiell unbegrenzt, während die Befugnis des Staates zu Eingriffen in diese Sphäre prinzipiell begrenzt ist* (Verfassungslehre, 126).

Den paradigmatischen Kern dieser liberalen Freiheitsrechte stelle das **Grundrecht auf Privateigentum** dar. Dieses erhebe insofern einen absoluten Geltungsanspruch, als **staatliche Eingriffe kategorisch verwehrt** würden: *Alle echten Grundrechte sind absolute Grundrechte, d. h. sie werden nicht ,nach Maßgabe der Gesetze' gewährleistet, ihr Inhalt ergibt sich nicht aus dem Gesetz, sondern der gesetzliche Eingriff erscheint als Ausnahme und zwar als prinzipiell begrenzte und messbare, generell geregelte Ausnahme. Es gehört zu dem grundlegenden Verteilungsprinzip des bürgerlichen Rechtsstaates, dass die Freiheit des Einzelnen vorausgesetzt wird und die staatliche Beschränkung als Ausnahme erscheint* (ebd., 166).

Der Staat habe sich aus der Perspektive des Kantischen Liberalismus auf zwei Aufgaben zu beschränken: Erstens hätte der Staat die gegebene Eigentumsverteilung rechtlich zu garantieren und zweitens müsste er im Vertragsrecht die institutionellen Rahmenbedingungen freier Konkurrenz um Marktchancen gewährleisten. In Kantische Terminologie übersetzt, würde sich die Funktion des liberalen Staates auf die rechtliche Garantie einer *iustitia tutatrix* (die vorhandenen Besitz beschützende Gerechtigkeit) und einer *iustitia commutativa* (die Tauschgerechtigkeit) beschränken (Kant, Rechtslehre, § 41, 306).

Ein Staat Kantischen Zuschnitts sei wesentlich eine Eigentumssicherungsanstalt, die die Interessen der *beati possidentes* (der glücklichen Besitzenden) und nur diese vertrete. *Alles liberale Pathos wendet sich gegen Gewalt und Unfreiheit. Jede Beeinträchtigung, jede Gefährdung der individuellen, prinzipiell unbegrenzten Freiheit, des Privateigentums und der freien Konkurrenz heißt ‚Gewalt' und ist eo ipso etwas Böses. Was dieser Liberalismus von Staat und Politik noch gelten lässt, beschränkt sich darauf, die Bedingungen der Freiheit zu sichern und Störungen der Freiheit zu beseitigen* (Schmitt, Begriff des Politischen, 70). Der Kantische Staat wäre demnach nichts anderes als der *ideelle Gesamtkapitalist* (Engels), was jede Art von Umverteilung kategorisch ausschlösse.

In der Tat deutet das Faktum, dass Kant zwar die in der Französischen Revolution gebräuchlichen Losungen der *Liberté* und der *Egalité* wörtlich ins Deutsche übernimmt, die *Fraternité*-Losung aber nicht mit **Brüderlichkeit**, sondern mit **Selbstständigkeit** übersetzt, genau in diese Richtung: *Der bürgerliche Zustand also, bloß als rechtlicher Zustand betrachtet, ist auf folgende Principien a priori gegründet: 1. Die Freiheit jedes Gliedes der Societät, als Menschen. 2. Die Gleichheit desselben mit jedem Anderen, als Unterthan. 3. Die Selbstständigkeit jedes Gliedes eines gemeinen Wesens, als Bürgers. Diese Principien sind nicht sowohl Gesetze, die der schon errichtete Staat giebt, sondern nach denen allein eine Staatserrichtung reinen Vernunftprincipien des äußeren Menschenrechts überhaupt gemäß möglich ist* (Kant, Gemeinspruch, 290).

Und doch sollte man sich davor hüten, aus diesen oder ähnlichen Passagen, die **falschen Schlüsse** zu ziehen. Wer sich nämlich mit einem Schmittianischen Vorverständnis an die Originaltexte wendet, muss mit erheblichen Irritationen rechnen.

So heißt es noch in der **Rechtslehre von 1796**: *Dem Oberbe-
fehlshaber steht indirect, d. i. als Übernehmer der Pflicht des Volks,
das Recht zu, dieses mit Abgaben zu seiner (des Volks) eigenen Erhaltung zu belasten, als da sind: das* **Armenwesen, die Findelhäu-
ser und das Kirchenwesen**, *sonst milde oder fromme Stiftungen
genannt* (Rechtslehre, 325 f.).

Das bedeutet: Das Volk hat erstens die Pflicht, sich selbst
zu erhalten. Daher hat es zweitens die Pflicht, auch jedes einzelne Mitglied der Gesellschaft zu erhalten. Der Souverän erfüllt drittens diese Pflicht stellvertretend für das Volk, indem
er viertens soziale Einrichtungen für Bedürftige schafft. Um
diese zu finanzieren, hat er fünftens das Recht, das Volk mit
Abgaben zu belasten.

Aber diese Belastungen sollen nicht das Volk als Ganzes
treffen. Vielmehr sei die Regierung ausschließlich dazu *berechtigt,* **die Vermögenden** *zu nötigen, die Mittel zur Erhaltung
derjenigen, die es [...] nicht vermögen, herbei zu schaffen. Zwar ist
hier noch die Rede von den nothwendigsten Naturbedürfnissen.*

Doch schon auf der folgenden Textseite ist von umverteil-
lender *Belastung des Eigenthums* die Rede, die *zwangsmäßig* zu
geschehen habe und beispielsweise durch eine *Belastung [...]
des Handelsverkehrs* erfolgen könne. Schließlich wird gefordert, die *Versorgung der Armen* müsse *durch laufende Beiträge*
erfolgen, **so dass jedes Zeitalter die Seinigen ernährt** (Rechtslehre, 325 f.).

Spätestens jetzt muss dem marktradikalen Leser unbe-
haglich werden. Spricht sich nicht schon Kant einerseits gegen ein **Umlageverfahren** aus, weil ein solches System unter
Umständen nicht gewährleisten kann, dass *jedes Zeitalter die
Seinigen ernährt?* Wie würde Kants Urteil etwa über unser
bundesrepublikanisches Finanzierungssystem ausfallen, das
einen fiktiven ‚**Generationenvertrag**' unterstellt, der aber aufgrund der derzeitigen demographischen Entwicklung versa-
gen muss? Ist es nicht höchst befremdlich, dass für den Erzli-
beralen Kant Wohltätigkeitsorganisationen, deren Mittel aus
Spenden finanziert würden, völlig indiskutabel waren? Es
werden nämlich ausdrücklich *wohltätige Anstalt[en] für Arme,
Invalide und Kranke* gefordert, *welche auf dem* **Staatsvermögen**
fundiert und **unauflöslich** zu sein haben. Daraus folgert Kant,
dass diese Versicherung **nicht auf freiwillige Beiträge oder**

wohltätige Stiftungen angewiesen sein dürfen. Die erforderlichen Finanzmittel seien vielmehr *zwangsmäßig, als Staatslasten* von den vermögenden Bürgern einzuziehen (ebd.).

Irritierender noch ist Kants Argument, die Pflicht des Staates zur Errichtung und fortwährenden Unterhaltung sozialer Sicherungssysteme ergebe sich geradewegs aus dem **Gesellschaftsvertrag**. Das würde bedeuten, dass soziale Rechte auf der rechtlich elementarsten Ebene verbürgt wären, die sich denken lässt: Denn unter dem Gesellschaftsvertrag versteht Kant einen legitimatorischen Hintergrundkonsens einer Gesellschaft, der jedem existierenden Staat normativ vorausgeht, weil durch ihn ein politischer Souverän allererst konstituiert wird. Zwar ließe sich durchaus darüber streiten, ob der Kantische Gesellschaftsvertrag lediglich als ideelles Konstrukt oder nicht auch als reales Entscheidungsverfahren konzipiert ist, doch hier kommt es auf Folgendes an:

Wenn Kant soziale Rechte auf der normativen Ebene des **Gesellschaftsvertrages** ansiedelt, will er damit deutlich machen, dass diese (wie die klassischen Freiheitsrechte auch) der Verfassung und den in ihr positivierten Menschen- und Bürgerrechten übergeordnet sind. Denn der Gesellschaftsvertrag soll nach dem Verständnis der Aufklärung **allem** positiven Recht vorausliegen. Folglich müsste Kant Rechtsansprüche auf staatliche Kompensationsleistungen nachgerade in den Rang absoluter Freiheitsgrundrechte erheben: *Der allgemeine Volkswille hat sich nämlich zu einer Gesellschaft vereinigt, welche sich immerwährend erhalten soll, und zu dem Ende sich der inneren Staatsgewalt unterworfen,* **um die Glieder dieser Gesellschaft, die es selbst nicht vermögen, zu erhalten** (325 f.).

Die Struktur der Argumentation ist klar: Das Volk hat den gemeinsamen Willen, sich dauernd zu erhalten. Um dies zu können, unterwirft sich das Volk einer (von ihm selbst eingesetzten) Staatsgewalt. Denn nur so können auch die Untertanen erhalten werden, die es aus eigener Kraft nicht vermögen. Denn außerhalb des Staates, d. h. im Naturzustand, überleben nur die Stärksten.

Die Verpflichtung des Staates zur dauernden Erhaltung der Bedürftigen ist demnach die stellvertretende Ausübung einer Selbstverpflichtung des Volkes zur Erhaltung seiner Mitglieder. Weil im Naturzustand, in dem jeder nur soviel Recht wie Macht besäße, nur die Stärksten überleben könnten, überträgt die Gesellschaft in einem ursprünglichen Vertrag dem Staat das Recht, durch Rechtszwang die geeigneten Mittel zum Zweck der kollektiven Selbsterhaltung zu bestimmen und zu beschaffen.

Weit entfernt davon, den Staat zu einem Selbstzweck erklären zu wollen, sieht Kant die *ratio essendi* (den Daseinsgrund) des Staates in der gesicherten Erhaltung des Lebens *aller* Gesellschaftsmitglieder. Daraus folgt, dass derjenige Staat, der es zuließe, dass auch **nur *ein* Untertan** aus Armut zugrunde ginge, seine gesellschaftsvertragliche Legitimation einbüßen würde.

Wenn der Zweck des Staates aber nichts anderes sein soll, als die Erhaltung der Gesellschaft, was läge dann näher, als die Rechtmäßigkeit des Gebrauchs staatlicher Gewalt davon abhängig zu machen, dass es den Untertanen **wohl ergeht**? Und was läge näher als zu folgern, dass zu diesem ein **hierarchisch organisierter Verwaltungsstaat** am allerbesten geeignet sein müsste?

Und tatsächlich erwägt Kant diese Argumentation, die keinen Gesellschaftsvertrag, sondern einen **Unterwerfungsvertrag** imaginiert; dies jedoch nicht, ohne ihr den gebührenden Spott zuteil werden zu lassen:

*Warum hat es noch nie ein Herrscher gewagt, frei herauszusagen, dass er gar **kein Recht des Volks gegen ihn** anerkenne; dass dieses seine Glückseligkeit bloß der **Wohltätigkeit** einer Regierung, die diese ihm angedeihen lässt, verdanke, und alle Anmaßung des Untertans zu einem Recht gegen dieselbe (weil dieses den Begriff eines erlaubten Widerstands in sich enthält) ungereimt, ja gar strafbar sei? – Die Ursache ist: weil eine solche **öffentliche Erklärung** alle Untertanen gegen ihn **empören** würde, ob sie gleich, **wie folgsame Schafe von einem gütigen und verständigen Herren geleitet**, wohlgefüttert und kräftig beschützt, über nichts, was ihrer Wohlfahrt abginge, zu klagen hätten. – Denn **mit Freiheit begabten Wesen** genügt nicht der Genuss der Lebensannehmlichkeit, die ihm auch von Anderen (und hier von der Regierung) zu Teil werden kann; sondern auf das Prinzip kommt es an, nach welchem es sich solche verschafft. **Wohlfahrt aber hat kein Prinzip, weder für*

den, der sie empfängt, noch der sie austeilt (der eine setzt sie hier-
in, der andere darin): weil es dabei auf das Materiale des Willens
ankommt, welches empirisch und so der Allgemeinheit einer Regel
unfähig ist. Ein mit Freiheit begabtes Wesen kann und soll also
im Bewusstsein dieses seines Vorzuges vor dem vernunftlosen Tier
nach dem formalen Prinzip seiner Willkür keine andere Regierung
*für das **Volk**, wozu es gehört, verlangen, als eine solche, **in welcher***
***dieses mit gesetzgebend ist:** d. i. das **Recht der Menschen**, welche*
gehorchen sollen, muss notwendig vor aller Rücksicht auf Wohl-
*befinden vorhergehen, und dieses ist ein **Heiligtum, das über allen***
***Preis (der Nützlichkeit) erhaben ist**, und welches keine Regierung,*
so wohltätig sie auch immer sein mag, antasten darf (Fakultäten,
87).

Was Kant von der Tradition der Herrschaftsvertragstheorie trennt, ist die normative Ausrichtung seiner Staatsrecht-
lehre auf das **republikanische Ideal**. Der **Gesellschaftsver-**
trag ist in dieser vernunftrechtlichen Version des Naturrechts
gerade kein bloßes ‚Gedankenexperiment', mittels dessen
auf die Legitimität beliebiger Staaten geschlossen werden
könnte: Vielmehr enthält das rechtstheoretische Konstrukt
‚Gesellschaftsvertrag' die **prozedurale Grundnorm der**
Selbstgesetzgebung, der jede Republik mittelbar oder unmittelbar Rechnung zu tragen hat.

Die gesetzgebende Gewalt kann nur dem vereinigten Willen des
Volkes zukommen. Denn da von ihr alles Recht ausgehen soll, so
muss [darf] sie durch ihr Gesetz schlechterdings niemand unrecht
tun können. Nun ist es, wenn jemand etwas gegen einen anderen
verfügt, immer möglich, dass er ihm dadurch unrecht tue, niemals
aber in dem, was er über sich selbst beschließt (denn volenti non fit
iniuria). Also kann nur der übereinstimmende und vereinigte Wil-
le aller, sofern ein jeder über alle und alle über einen jeden ebendas-
selbe beschließen, mithin nur der allgemeine vereinigte Volkswille
gesetzgebend sein (Rechtslehre, § 46, 313).

Kant besteht darauf, in einer vernunftgemäßen Republik
hätten über den konkreten **Inhalt wohlfahrtsstaatlicher Po-**
litik, d. h. vor allem über die erforderlichen Eingriffe in das
Recht auf Privateigentum, ausschließlich das **gesetzgeben-**
de Volk bzw. seine von ihm autorisierten Stellvertreter zu
entscheiden. Dies betrifft auch und gerade die Bestimmung
des konkreten **Inhalts** und der exakten **Grenzen** möglichen

Privateigentums. Was und wie viel der Einzelne jeweils besitzen kann, ohne dass verbürgte Freiheitsrechte anderer in der Praxis wertlos würden, lässt sich nicht unmittelbar aus Grundrechtskodifikationen in der Verfassung herleiten. Denn diese enthalten allenfalls allgemeine Grundsätze, die wegen ihrer Abstraktheit gar nicht auf den Einzelfall anwendbar sind (dazu Kühl 137 ff.).

Kants **gesellschaftsvertragliche Eigentumslehre** hat nämlich eine weitreichende Konsequenz: Sie ist in der Lage, eine Täuschung, die dem Sachenrecht seit je anhaftet, aufzulösen: So sei die Annahme irrig, es könnte ein unmittelbares vertragliches Rechtsverhältnis zwischen einer Person und einer Sache geben (Rechtslehre, §§ 11, 17). Die gängige Formel, eine Person habe *ihren Willen in eine Sache gelegt*, sei irreführend. Denn **Sachen** als solche seien schlechterdings **nicht vertragsfähig**. Andernfalls müsste man behaupten, sie besäßen einen Willen.

Eine Rechtsbeziehung zwischen einer Person und einer Sache kann demnach keine ursprüngliche sein, sondern muss aus einer Rechtsbeziehung zwischen Personen hervorgehen: *Denn alles Rechtsverhältnis ist ein blos intelligibeles Verhältnis vernünftiger Wesen zu einander und **dadurch** zu Objecten der Willkühr in Ansehung deren ihre Willkühr nur durch das Gesetz der Allgemeingültigkeit derselben für jedermann eingeschränkt wird* (Vorarbeiten zur Rechtslehre, 213; vgl. Kühl 235).

Deswegen kann das Privateigentum an Sachen nur auf die (allerdings nicht beliebige) intersubjektive Anerkennung von exklusiven Nutzungsrechten gegründet werden, wozu letztlich die praktische Idee eines ursprünglichen Gemeinbesitzes (aber nicht historischen Gesamtbesitzes) erforderlich ist (Rechtslehre, §§ 16 f.). Das Institut des Privateigentums, das dazu ermächtigen soll, alle anderen Personen von der Nutzung einer konkreten Sache auszuschließen, verlangt bei Kant kategorisch die Vermittlung durch einen *synthetisch-allgemeinen Willen* (Rechtslehre, §'17, 269). Die Urteile dieses Gemeinwillens sind, wie das Adjektiv *synthetisch* besagt, Entscheidungen, die dem Vorgegebenen etwas Neues hinzufügen.

Eigentumsrechtliche Gesetze sind bei Kant weder Naturrechtsprinzipien noch sind sie aus diesen direkt ableitbar, sondern sie erfordern einen eigenständigen **Entscheidungsakt**, der positives Gesetzesrecht setzt: *Etwas Äußeres als das Seine zu haben, ist nur in einem rechtlichen Zustande, unter einer öffentlich gesetzgebenden Gewalt, d. i. im bürgerlichen Zustande, möglich* (Rechtslehre, § 8, 255).

Das *[r]echtliche Postulat der praktischen Vernunft* besagt lediglich, dass es möglich sein muss, einen *jeden äußeren Gegenstand meiner Willkür als das [rechtlich] Meine zu haben* bzw. erwerben zu können (Rechtslehre, § 2, 246). Die einzige **Einschränkung** hinsichtlich der Art und des Umfangs des Eigentum ist, dass es *mit der gleichen Freiheit (qua Vermögen) aller anderen, ebenfalls Äußeres als das Seine zu haben, vereinbar ist* (vgl. dazu Langer, 143ff). Damit wissen wir aber noch keineswegs, ob diese Grenze in einem konkreten strittigen Fall überschritten wurde oder nicht.

Die normativen Entscheidungsmaßstäbe, nach denen sich widerstreitende subjektive Rechte in Hinblick auf den *Rechtsgrund* der jeweiligen Erwerbung beurteilen lassen, können trivialerweise nicht selbst aus der **gegebenen Eigentumsverteilung** entnommen werden (Kant, Rechtslehre, § 10, 260). Was beurteilt werden soll, wäre dann selbst der Urteilsmaßstab. Damit läge ein Zirkelschluss vor.

Das weiß Kant jedoch zu vermeiden: Wenn er beispielsweise *die Befugnis eines jeden, ursprünglich einen Boden zu erwerben, in der Idee eines ursprünglichen Gesamtbesitzes begründet* sieht (disjunktiv verstanden als *Recht eines jeden auf irgendeinen Boden*), zugleich aber in einer Doppelbegründung, die ‚Berechtigung' für diese Erwerbung in die Idee einer Vereinigten Willkür verlegt, welche die Quantität und Qualität des erlaubten Besitzes von der möglichen Zustimmung aller Betroffenen abhängig macht (Langer 139), dann ist er denkbar weit entfernt davon, einer bloßen positiv-rechtlichen Anerkennung der jeweils gegebenen Eigentumsverteilung das Wort zu reden.

Um auf allgemeingültige Weise die Grenzen des jeweiligen Umfangs und Inhaltes des Rechtes auf Privateigentum zu bestimmen, können weder Normen über die Rechtmäßigkeit *einseitiger* noch *doppelseitiger* Erwerbung genügen (vgl. Kant, Rechtslehre, § 41). So kann im Streitfall weder die im ‚guten Glauben' vorgenommene Inbesitznahme einer Sache ausschließen, dass sie zuvor einer anderen Person gehörte noch kann der bloße Nachweis eines Vertrages garantieren, dass der Verkäufer die von ihm veräußerte Sache zu Recht besitzt. Ein systematisches Ganzes privatrechtlicher Bestimmungen der präzisen (quantitativen und qualitativen) Grenzen rechtlich möglichen Eigentums erfordert nach Kant unabdingbar Akte der *distributiven* und mithin dezisiven Gerechtigkeit: *Es giebt kein unmittelbares Recht in Sachen (denn diese können uns nicht verbindlich seyn) sondern nur ein Recht gegen Personen. Also kann es keine eigenmächtige Erwerbung geben, sondern zu allem wird austheilende Gerechtigkeit erfordert* (Vorarbeiten zur Rechtslehre, 281).

Die Pointe der Kantischen Argumentation liegt gerade darin, dass die naturrechtlichen Prinzipien der *beschützenden* aber auch der ausgleichenden, *wechselseitig erwerbenden* Gerechtigkeit (Rechtslehre, § 41, 306) unzureichend sind, weil sie nicht für alle denkbaren Fälle strittigen Rechts Entscheidungskriterien enthalten. Um die Defizite der beiden naturrechtlichen Gerechtigkeitsprinzipien aufzuheben, ist allemal ein gewaltenteiliger Staat erforderlich, dessen (demokratischer) Souverän die generelle Rechtssicherheit verbürgenden Distributionsgesetze hinsichtlich der allgemeingültigen rechtlichen **Grenzen** der Erwerbung und des Besitzes von Sachen allererst festzulegen hat: *Stellt der Gesetzgeber fest, dass nur ein bestimmtes Maß am Bodenbesitz mit der Realisierung bestimmter Momente des Privat- und öffentlichen Rechts vereinbar ist, so gehört nur ein Eigentum in den fixierten Grenzen zu dem peremtorisch möglichen Mein und Dein* (Brandt 1974, 193). Aus der menschenrechtlichen Forderung nach *bürgerlicher Selbständigkeit* (Kant, Rechtslehre, § 46, 313 f.) folgt als eine *Regel a priori für Eigentumsgesetze, dass sie das quantum und quale des Besitzes so begrenzen und bestimmen müssen, dass nicht auf Grund einer Akkumulation von Boden- (d. h. Produktionsmittel)besitz für einen Teil des Volks eine faktische Unmöglichkeit entsteht, bestimmte Fähigkeiten oder einen bestimmten Besitz und dadurch die Qualität des selbständigen Staatsbürgers zu erwerben* (Brandt 1974, 202).

Insofern diese Beschlüsse, die möglichem Privateigentum Grenzen setzen, Äußerungen des gesetzgebenden Souveräns sind, kommt als Rechtfertigungsgrund nur die *allseitige Willkür* bzw. die *vereinigte Willkür Aller in einem [ideellen] Ge-*

samtbesitz in Frage (Kant, Rechtslehre, §§ 10 f., 260 f.; dazu Langer 150). Dies allerdings verpflichtet dazu, die entsprechenden, eine bestimmte Eigentumsordnung festschreibenden Gesetzgebungsverfahren so zu gestalten, dass nicht nur der mutmaßliche, sondern der empirische Wille der Bürger zur Geltung kommt. Nur auf diese Weise könnten Kantische Rechtfertigungsansprüche vollkommen erfüllt werden (dazu Maus 1992, 191 ff.).

Das positive Eigentumsrecht wendet **gerade nicht** lediglich Naturrecht oder positive Grundrechte auf die Erscheinungswelt an, sondern bedarf der demokratischen Entscheidung. Folglich kann das Privateigentum **nicht** den Status eines absoluten Freiheitsgrundrechtes beanspruchen.

Das ungeschriebene, für jedermanns Vernunft offenbare Naturrecht sage uns immerhin soviel: Die im Privateigentum ‚versachlichte' Freiheit des einen muss mit der Freiheit des anderen nach einem allgemeinen Gesetz der Freiheit zusammen bestehen können. Wir erfahren jedoch nichts hinsichtlich der konkreten *Grenzbestimmung des Mein und Dein*, die für den Einzelfall festlegt, was und wie viel an äußeren Gegenständen der Willkür mit dem naturrechtlichen Prinzip der gleichen rechtlichen Freiheit in concreto vereinbar ist.

Wolfgang Kersting spricht in diesem Zusammenhang von einem *kontraktualistischen Begründungsmodell*, das Kant mit seinen naturrechtlichen Vorläufern, insbesondere Pufendorf und Grotius, teile (Kersting 1984, 115, 147, 153). Auch Claudia Langers Kant-Studie kommt zu diesem Ergebnis: *Die Rechtstheorie darf sich nicht von dem Wortlaut des Terminus Sachenrecht verführen lassen und muss das ius reale als interpersonales Rechtsverhältnis begreifen und es damit auf eine ihm logisch vorgängige Rechtsgemeinschaft als Geltungsgrund verweisen [...]. Die Idee der vereinigten Willkür enthält somit ein kontraktualistisches Modell für die Regelung der Eigentumsordnung. Sie ist nichts anderes als die auf das äußere Mein und Dein angewandte Idee des ursprünglichen Vertrages* (Langer, 170 u. 166). Vor diesem Hintergrund muss die bisweilen dramatisierte Frage danach, ob Kant Besitzindividualist oder -kollektivist war, als falsch gestellt erscheinen. Kant ist definitiv weder ein individualistischer noch ein kollektivistischer Eigentumstheoretiker, sondern ein demokratischer. Um des unveräußerlichen

Naturrechts auf **Freiheit** willen sei zwar ein ursprüngliches Recht auf Eigentum anzuerkennen. Doch um der gleichursprünglichen **Gleichheit** des Freiheitsrechts willen, sei der Gesetzgeber befugt, Inhalt und die Grenzen des Gebrauchs dieses Rechts so festzusetzen, das das Sacheigentum des einen Sacheigentum des anderen nicht unmöglich macht.

Dasjenige **Ausmaß an sozialer Ungleichheit,** das mit dem Rechtsprinzip der gleichen Freiheit **jeweils** noch vereinbar wäre, ist aus dem Blickwinkel der Kantischen Rechtslehre nämlich **keine Konstante,** die sich aus reinen Rechtsbegriffen einfach herleiten ließe. Dasjenige Maß an ungleicher Verteilung von Freiheitschancen, das jeweils mit der gesellschaftsvertraglichen Selbstbindung der Staatsbürger verträglich wäre, hängt sicher ebenso von historischen, soziologischen wie kulturellen Faktoren ab. So scheint der Grad, von dem an die soziale Ungleichheit als Skandal gewertet wird, in asketisch-protestantisch geprägten Gesellschaften ungleich höher zu liegen als etwa in katholisch oder muslimisch dominierten Gesellschaften.

Weit entfernt davon, das Privateigentum (wie etwa das der Religionsfreiheit) zu den absoluten Freiheitsgrundrechten zu zählen (dazu Thiele, Repräsentation, 98 ff.), muss Kant zu den Ahnen des **Grundgesetzes** gerechnet werden, das eine demokratische und zugleich sozialstaatliche Eigentumslehre immerhin skizziert. Auch das Grundgesetz will *Inhalt und Schranken* **des Privateigentums durch den demokratischen Gesetzgeber bestimmt wissen** (Art. 14, Abs. 1 GG). Das Recht auf Eigentum bezeichnet damit sicher **kein absolutes Grundrecht,** sondern **allenfalls eine institutionelle Garantie** (dazu Häberle 1983, Stein 1988). Und für den Extremfall, dass das Gebot der Allgemeinwohlbindung (Art. 14, Abs. 2 GG) grob verletzt wird, soll eine gesetzliche Enteignung bei Entschädigung möglich sein (Art. 14, Abs. 3 GG). Die besondere Leistung der Kantischen *Rechtslehre,* die bei der *Herren-chiemsee-Konferenz* Pate gestanden haben muss, liegt gerade darin, *zwei auf den ersten Blick, wie es scheint, nicht zu harmonisierende Grundpositionen zu begründen und zugleich miteinander vereinbar zu machen. Erstens das Recht des Individuums auf Eigentum, das der Staat zu respektieren hat, und zweitens das Recht des Staates auf Veränderung der gegebenen Eigentumsordnung* *(nach einer kontraktualistisch konzipierten Gerechtigkeit), dem sich das Individuum unterordnen muss* (Langer 139).

Auch massiv in gegebenes Eigentum eingreifende gesetzliche Umverteilungen sind für Kant keineswegs ausgeschlossen: So schließt er hinsichtlich des rechtlich erlaubten Besitzes an Grund und Boden aus dem Vernunftbegriff eines ursprünglichen Gesamtbesitzes des Bodens darauf, dass es für alle Einzelnen ein Recht auf den *Besitz [...] irgend einen Platzes auf demselben [...] durch seine Willkühr* geben müsse. Besitz und Gebrauch eines Bodens seien nämlich zur *Erhaltung ihres Daseins schlechterdings notwendig* (Kant, Vorarbeiten zur Rechtslehre, 323 u. 318). Man könnte hier das nur notdürftig chiffrierte Programm einer Bodenreform herauslesen, deren rechtliche Implikationen leicht auszumalen wären: Der Staat hätte enteignende Eingriffe in das (feudale) Grundeigentum vorzunehmen, um den so verstaatlichten Grund und Boden den eigentumslosen Bauern und Landarbeitern zuzuteilen.

Für den ‚ordoliberalen' Kant-Leser bliebe nur noch ein Trost, der allerdings in einem Klischee bestünde, das so alt ist, wie die *Rechtslehre* selbst: Schon **Fichte** beruhigte sich mit der Versicherung, man habe hier ein **Alterswerk** vor sich, dem es an begrifflicher und argumentativer Prägnanz mangele. Die Rechtslehre hätte eine *gute Einleitung, übrigens alte Hefte ohne Klarheit* (Fichte, Rechtslehre, 498).

6.2. Despotischer Sozialstaat

Hinsichtlich des nur ein Jahr früher erschienenen *Naturrechts* **Johann Gottlieb Fichtes** (1762–1814) verfängt diese ‚Abwehrstrategie' jedoch nicht. Wenig überraschend ist, dass er wie Kant ein durch Zwangsbeiträge finanziertes staatliches Sozialversicherungssystem fordert, dessen Finanzierung auf dem Solidarprinzip beruhen müsse. Doch in mehrfacher Hinsicht weicht das Naturrecht von 1796 grundsätzlich vom liberaldemokratischen Programm Kants ab, so dass man Fichte schwerlich gegen den Vorwurf verteidigen kann, er hätte **vordemokratischen Sozialstaatskonzepten** den Weg bereitet.

Erstens knüpft Fichte an Kants Eigentumslehre an: Auch für ihn lässt sich das Privateigentum nur aus dem Gemeinwillen herleiten. Und dieser Gemeinwille wird wie bei Kant auf einen Gesellschaftsvertrag zurückgeführt: *Alles Eigentum gründet sich auf die Vereinigung des Willens mehrerer zu Einem Willen* (Naturrecht, § 12, 128).

Aber Fichte geht noch einen entscheidenden Schritt weiter: Kant hatte den Gesellschaftsvertrag im Sinne eines **formalen**, letztlich **prozeduralen Legitimitätsprinzips** verstanden. Nach Kant wäre demnach genau **diejenige** Eigentumsverteilung legitim, deren Prinzip dem gemeinsamen Willen der Staatsbürger entstammt.

Fichte distanziert sich objektiv von Kant, wenn er den Gesellschaftsvertrag im Sinne eines materialen Gerechtigkeitskriteriums deutet, das gegebenenfalls weit radikalere Eingriffe in bestehende Eigentumsverhältnisse gebieten kann, als es Kant für zulässig gehalten hätte. Diese Zuspitzung lässt sich aus dem Umstand erklären, dass Fichte **zusätzlich zum Gesellschaftsvertrag,** der (bei Rousseau und Kant) als zugleich verfassunggebender Akt einen gesetzgebenden Souverän installiert, einen speziellen *Eigentumsvertrag* postuliert.

Das grundlegendes Prinzip dieses *Eigentumsvertrages* lautet: *Jeder besitzt sein Bürgereigentum, nur insofern und auf die Bedingung,* **dass alle Staatsbürger von dem ihrigen leben können;** *und es hört auf, inwiefern sie nicht leben können, und wird das Eigentum jener; es versteht sich immer, nach dem bestimmenden Urteil der Staatsgewalt* (Naturrecht, § 18, 213).

Dieser zusätzliche Eigentumsvertrag ergänzt das prozedural-organisatorische Legitimitätskriterium des Gesellschaftsvertrages um ein **materiales** Verteilungskriterium, dessen extreme Version sich freilich erst in der 1800 erschienenen Schrift über den *Handelsstaat* findet. Dort heißt es: Alle *müssen ohngefähr* **gleich angenehm** *leben können* oder das Eigentum müsse *unter alle* **gleich** *verteilt werde[n]* (Handelsstaat, 402).

Damit wird der Boden der **Kantischen** Gesellschaftsvertragstheorie definitiv verlassen. Denn dort wurde darauf verzichtet, den Souverän, dessen Wille der des Volkes sein soll, auf eine bestimmte (z. B. egalitäre) Eigentumsordnung festzulegen, solange nur rechtlich ausgeschlossen würde, dass Personen unverschuldet in Not geraten könnten. Es wäre daher sinnlos, Kant ein sozialistisches oder liberalistisches Eigentumsideal andichten zu wollen. Weder ist Kant ein Vorläufer von Friedrich Engels noch von Friedrich August von Hayek. Im Unterschied zu Fichte vertritt er nämlich eine radikal **demokratische Eigentumskonzeption**.

Zweitens erwächst nach Fichte aus dem Gesellschaftsvertrag ein *absolutes Zwangsrecht auf Unterstützung*, das auf vermittelte Weise aus der eigentumsvertraglichen Komponente des Gesellschaftsvertrags folgt: *Alles Eigentumsrecht gründet sich auf den Vertrag Aller mit Allen, der so lautet: wir alle behalten dies, auf die Bedingung, dass wir dir das Deinige lassen. Sobald also jemand [...] nicht leben kann, ist ihm das, was schlechthin das Seinige ist, nicht gelassen, der Vertrag ist also in Absicht auf ihn völlig aufgehoben, und er ist von diesem Augenblicke an nicht mehr rechtlich verbunden, irgendeines Menschen Eigentum anzuerkennen* (Naturrecht, § 18, 213).

Ist nach Fichte das **Urrecht** *einer Person, d. h. das unveräußerliche Eigentum aller Menschen [...]* **leben zu können** (212) nicht gewährleistet, dann sollen für den in seinem Naturrecht Lädierten alle anderen aus dem Eigentumsvertrag resultierenden Rechtspflichten nichtig sein. Mit der physischen Not erlischt für die durch die bestehende Eigentumsverteilung geschädigte Person jede Verpflichtung, fremdes Privateigentum zu respektieren. Die Gefährdung des eigenen Lebens scheint demnach auf den ersten Blick lediglich Rechtspflichten gegenüber *anderen Privatpersonen* aufzuheben und einen überlegalen Gebrauch des Urrechts im Sinne eines natürlichen **Notrechtes** zu erlauben. Der Staat und die Rechtsstellung der benachteiligten Person ihm gegenüber scheint hiervon nicht betroffen.

Auf der anderen Seite jedoch wird das Prinzip *Jedermann soll [...] leben können* als *Grundsatz jeder vernünftigen Staatsverfassung* bezeichnet, für dessen Realisierung *der Staat [...] Anstalten treffen* müsse, bezeichnet (ebd.). Damit wird ein Verhältnis von Rechten und Pflichten, das zunächst lediglich Privatpersonen betreffen sollte, als ein rechtliches Verhältnis *zwischen Staatsbürgern* interpretiert: *Jeder besitzt sein Bürgereigentum, nur insofern und auf die Bedingung, dass alle Staatsbür-*

ger [...] leben können; und es hört auf, inwiefern sie nicht leben können, und wird das Eigentum jener; es versteht sich immer, nach dem bestimmenden Urteil der Staatsgewalt (213).

Damit transformiert sich das *absolute unveräußerliche* Urrecht aller Menschen auf Selbsterhaltung von einem privatrechtlichen in ein **staatsrechtliches Prinzip**. Die eigentumsvertragliche Rechtsbeziehung der Privatpersonen untereinander wird nun durchsichtig als eine Rechtsrelation, die diese nur vermöge des Staatsbürgervertrags und des sich aus ihm herleitenden Staatsbürgerstatus verpflichtet. In heutige Terminologie übersetzt hieße dies, dass aus einem zunächst natürlichen subjektiven Notrecht ein **subjektives öffentliches Recht** in einem sehr speziellen Sinn wird: Das Recht, leben zu können, wird jetzt im Sinne eines sozialen ‚**Grundrechtes**‘ gewendet, aus dem sich im Falle des Marktversagens konkrete Leistungsansprüche des Einzelnen an den Staat herleiten.

*Die exekutive Macht ist darüber so gut als über alle anderen Zweige der Staatsverwaltung verantwortlich, und der Arme, es versteht sich, derjenige der den Bürgervertrag mit geschlossen hat, hat ein **absolutes Zwangsrecht auf Unterstützung*** (ebd.).

Gegebenenfalls kann der einzelne Staatsbürger dieses Zwangsrecht auf Unterstützung geltend machen. Adressat dieses Rechtsanspruchs sind nun allerdings nicht mehr die begünstigten anderen Privatpersonen, sondern es ist der Staat. Dieser wird verpflichtet, institutionelle Vorkehrungen zu treffen, mittels derer sich die durch reale Ungleichverteilungen gestörte eigentumsvertragliche Balance wiederherstellen lässt.

Der Eigentumsvertrag ermächtigt und verpflichtet den Staat demnach auch, die erforderlichen **Umverteilungsmaßnahmen** vorzunehmen: Mit Zwangsbeiträgen, die von den ökonomisch Begünstigten einzuziehen seien, müsse eine staatliche *Unterstützungsanstalt* (215) eingerichtet und finanziert werden, die individuelle Notlagen zu beseitigen habe: *Von dem Augenblick an, da jemand Not leidet, gehört keinem derjenige Teil seines Eigentums mehr an, der als Beitrag erfordert wird, um einen aus der Not zu reißen, sondern er gehört rechtlich dem Notleidenden an. Es müssen für eine solche Repartition gleich im Bürgervertrage Anstalten getroffen werden* (212).

Drittens schließlich erweitert Fichte fatalerweise die sozialen Rechte um ein **Recht auf Arbeit:** *Leben zu können ist das unveräußerliche Eigentum aller Menschen. Es ist ihm [jedem Menschen] eine gewisse Sphäre der Objekte zugestanden worden ausschließlich für einen gewissen Gebrauch, haben wir gesehen. Aber der letzte Zweck dieses Gebrauchs ist der, leben zu können. Die Erreichung dieses Zwecks ist garantiert; dies ist der Geist des Eigentumsvertrages. es ist der Grundsatz jeder vernünftigen Staatsverfassung: Jeder soll von **seiner Arbeit leben können** (208).* Um diesen Grundsatz erfüllen zu können, habe der Staat die entsprechenden *Anstalten* zu treffen (212).

Fichte ist sich der wirtschaftspolitischen Konsequenzen des **Grundrechts auf Arbeit** durchaus bewusst. Zum einen muss die Implementierung jenes Grundrechts die für das liberale Modell typische Funktionsdifferenzierung zwischen privatautonomer Erwerbsgesellschaft und politischem Staat grundlegend verändern. An die Stelle des sozialstaatlich gebändigten Kapitalismus würde über kurz oder lang eine **integrale Staatswirtschaft** treten, die das Steuerungselement des Marktes durch das des **Planes** ersetzen wird, an dessen Vorgaben sich alle einzelnen Wirtschaftsakteure zu halten hätten: *In einem **Volke von Nackenden** wäre das Recht, das Schneiderhandwerk zu treiben kein Recht; oder soll es ein Recht sein, so muss das Volk aufhören, nackend zu gehen. Wir gestehen dir das Recht zu, solche Arbeiten zu verfertigen, heißt zugleich: wir machen uns verbindlich, **sie dir abzukaufen** (212).*

Vier Jahre nach Erscheinen des Naturrechts ist Fichte dann bereit, alle Konsequenzen, die sich aus dem postulierten Grundrecht auf Arbeit ergeben, zu ziehen: *Der Staat habe jedem Bürgern die Gewähr zu bieten, dass er stets Arbeit, oder Absatz für seine Ware findet, und für dieselbe den auf ihn kommenden Anteil von den Gütern des Landes erhalten solle. Erst durch diese Versicherung bindet ihn der Staat an sich* (Handelsstaat, 111). Die staatliche ‚Arbeitsplatzgarantie' lässt sich aber nur realisieren, wenn das **Distributionsmedium** Markt mit dem des **Planes** vertauscht wird: der Staat hat notfalls selbst als Nachfrager aufzutreten.

Einerseits ist Fichtes Konzept unverkennbar mit einer Wiederbelebung des mittelalterlichen **Zunftordnung** belastet: *Aber diese Gewähr kann der Staat nicht leisten, wenn er*

173

*nicht die **Zahl** derer, die denselben **Arbeitszweig** treiben, schließt, und für die Erbauung des notwendigen Unterhalts für alle sorgt. Erst durch diese Schließung wird der Arbeitszweig Eigentum der Klasse, die ihn treibt* (112).

Andererseits zeigt sich Fichte überzeugt, die staatliche Arbeitsgarantie zwinge dazu, den außenwirtschaftlichen Protektionismus ins Extrem der Autarkie zu treiben, womit die Tradition des Merkantilismus und auf dieser Lehre fußenden Schutzzollpolitik der Nationalstaaten wiederbelebt wird: *Aus dieser Schließung der Erwerbszweige, und dieser Gewährleistung, dass jeder die gewohnten Bedürfnisse stets zu einem billigen Preise haben solle, folgt die **Schließung des Handelsstaates gegen das Ausland** von selbst; und es ist nicht nötig, darüber noch ein Wort hinzuzusetzen* (ebd.).

Aus alledem wird ersichtlich, dass Fichtes Version des Rechtes auf Arbeit den liberalen Rechtsstaat Kantischen Typs in einen wohlfahrtsdespotischen Verwaltungsstaat verwandeln muss. Unausweichlich ist diese Konsequenz deswegen, weil Fichtes Modell einer Zentralverwaltungswirtschaft umfangreiche **Eingriffe in die Privatsphäre** der Untertanen erforderlich macht. Denn schließlich wird das *Recht auf Arbeit* als *Pflicht zur Arbeit* ausgelegt, von deren Erfüllung das Lebenkönnen abhängen soll: *Jeder muss von seiner Arbeit leben können, heißt der aufgestellte Grundsatz. Das **Lebenkönnen** ist sonach **durch die Arbeit bedingt**, und es gibt kein solches Recht, wo die Bedingung nicht erfüllt worden* (Naturecht, § 18, 214).

Ein grundsätzlicher Konflikt zwischen liberalen Abwehrrechten und sozialen Grundrechten ist nicht nur unausweichlich, sondern es ist auch entschieden, wie sich die Gewichtung zwischen beiden Rechtsarten verschieben muss; dies jedenfalls dann, wenn das Recht auf Arbeit von der Erfüllung der Pflicht zur Arbeit abhängig gemacht wird und überdies die **Beweislast** allein dem Bedürftigen auferlegt sein soll:

*Da alle verantwortlich sind, dass jeder von seiner Arbeit leben könne, haben sie notwendig auch das **Recht der Aufsicht**, ob jeder in seiner Sphäre soviel arbeite, als zum Leben nötig ist, und übertragen es der für gemeinschaftliche Rechte und Angelegenheiten verordneten Staatsgewalt. Keiner hat eher rechtlichen Anspruch auf die Hilfe des Staats, bis er nachgewiesen, dass er in seiner*

Sphäre alles mögliche getan, um sich zu erhalten, und dass es ihm dennoch nicht möglich gewesen. [...] Wie nach dem obigen Satze kein Armer, so soll [...] auch kein Müßiggänger in einem vernunftgemäßen Staate sein (Handelsstaat, 114).

Die dem Recht auf Arbeit korrespondierende Pflicht zur Arbeit erfordert den Ausbau einer **Verwaltungsbürokratie**, die die wirtschaftlichen Aktivitäten, aber auch das **Privatleben** der Untertanen zu überwachen hat. An die Stelle einer durch Freiheitsgrundrechte begrenzten Staatsmacht tritt der tendenziell totale Verwaltungs- und Polizeistaat. Schon 1796 heißt es, die Staatsgewalt sei so zu organisieren, dass *alles Ordnung* sei, *und alles nach der Schnur* gehe. **Vor allem müsse die Polizei so** *ziemlich* **wissen,** *wo jeder Bürger zu jeder Stunde des Tags sei, und was er treibe* (Naturrecht, § 21, 302).

Was die freiheitsrechtlichen Kosten des von Fichte propagierten totalen Sozialstaats betrifft, so hat schon *Karl Vorländer* festgestellt, dass er *wenigstens in seiner äußeren Organisation dem Polizeistaat des 18. Jahrhunderts zum Verwechseln ähnlich sieht* (Vorländer 60). Erstaunlicherweise aber erhebt Fichtes *Naturrecht* von 1796 nach wie vor einen freiheitsrechtlichen Anspruch. So heißt es beispielsweise: *Der Inbegriff aller Rechte ist die* **Persönlichkeit***; und es ist die erste und höchste Pflicht des Staats, diese an seinen Bürgern zu schützen* (Naturrecht, § 10, 318). Auch in § 17 wird betont, dass den Leistungen des Staates lediglich begrenzte Leistungen der Bürger zu entsprechen haben, damit der letztere nicht *seinem ganzen Sein und Wesen nach mit dem ersten in Eins zusammen[...]schmilzt* (§ 17, 204). *Der beschützende Körper besteht sonach nur aus Teilen dessen, was dem Einzelnen angehört. Alle sind in ihm begriffen, aber nur zum Teil.* Demnach würde das Individuum *zufolge des Vereinigungsvertrages gerade kein Teil eines organisierten Ganzen* (ebd., 205).

Doch lassen sich Fichtes Ausführungen kaum gegen den Einwand verteidigen, die liberalen Abwehrrechte gegen Übergriffe des Staates würden dem Prinzip sozialer Gerechtigkeit nachgerade geopfert. Von allen wirtschafts- und sozialpolitischen Restriktionen, die Fichte empfiehlt, ist wohl die rigide Beschränkung des grenzüberschreitenden Reiseverkehrs bis heute eine der anstößigsten Forderungen geblieben: *Zu reisen hat aus einem geschlossenen Handelsstaate nur der Gelehrte und der höhere Künstler. Der müßigen Neugier und Zerstreuungssucht soll es nicht länger erlaubt werden, ihre Langeweile durch alle Länder herumzutragen* (Handelsstaat, 162).

Es sind jedoch nicht nur die ‚negativen', die Staatsmacht begrenzenden Freiheitsgrundrechte, die in Fichtes Staatsrecht marginalisiert werden. Denn seine Staatslehre ist in ihrer Konstruktionslogik durch ein Demokratie- und Gewaltenteilungsdefizit beschädigt. Dieser Strukturfehler in der Verfassung hätte, auch wenn kein Grundrecht auf Arbeit gefordert würde, von sich aus autoritative Konsequenzen.

So erklärt Fichte, die Forderung nach Gewaltenteilung sei allein schon deswegen zurückzuweisen, weil der vorausgesetzte Unterschied zwischen **Maßnahmen** und **Gesetzen** ein bloßes Konstrukt sei. Genau besehen hätten nämlich beide Normtypen und Staatsorgane **dieselbe** *exekutive* **Aufgabe**: die Ausführung von Naturrechtsprinzipien: *Da den **Verwaltern der exekutiven Gewalt** auferlegt ist, über das Recht überhaupt zu halten, und sie dafür (dass das Recht herrsche) verantwortlich sind, so muss ihnen von Rechts wegen überlassen werden, für die Mittel der Realisierung des Rechts Sorge zu tragen; und sonach auch die **Verordnungen** selbst zu entwerfen, welche eigentlich keine neuen Gesetze, sondern nur bestimmte Anwendungen des einigen Grundgesetzes sind, welches lautet: diese bestimmte Menschenmenge soll rechtlich nebeneinander leben* (Naturrecht, § 16, 161).

Es ist dieses Zusammenspiel zweier Komponenten, durch den der Wohlfahrtsdespotismus vorprogrammiert ist: Fichte kombiniert nämlich **materiales Naturrecht** mit einer **vormodernen Staatszwecklehre**: Die Aufgabe des Herrschers soll darin bestehen, die **Glückseligkeit** seiner Untertanen zu befördern. Um diesen Zweck optimal erfüllen zu können, stellt Fichte einen Verfassungsgrundriss vor, der nicht nur vordemokratisch ist, sondern genau besehen nicht einmal rechtsstaatlich genannt werden kann: Ebenso wenig wie sein Modell eine kompetenzbezogene Trennung von Legislative und Regierung vorsieht, wird eine institutionell selbständige Rechtsprechung gefordert (dazu Thiele 2002, 91 ff.).

Fichtes materiale Staatszwecklehre erklärt die Wohlfahrt zur *ultima* allen staatlichen Handelns. Damit ist ein **technischer Staatsbegriff** und eine entsprechende **Output-**

Legitimationskonzeption vorprogrammiert. Wenn er die Kantisch-Rousseausche Forderung nach Gewaltenteilung nämlich zurückweist, geschieht das unter Hinweis auf die angeblich **höhere Effizienz despotischer Herrschaftsorganisation**. Es sei nämlich unbezweifelbar, dass nach der *Natur der Sache* niemand anderes als der *Verwalter der exekutiven Gewalt* derjenige sei, *der das Ganze, und alle Bedürfnisse desselben, immerfort übersieht*. Der Regent müsse folglich auch der natürliche Interpret des gemeinsamen Willens sein (Naturrecht, 16 f.). Hier wird der Grundzug der Argumentation Fichtes überdeutlich: **Materiales Naturrecht** wird mit einer letztlich **technischen Legitimitätslehre** politischer Herrschaft kombiniert.

Manche Interpreten verleitete dies allerdings zu einem **Fehlschluss**: Oft hält man den Hinweis auf Fichtes ‚frühsozialistische' Gerechtigkeitstheorie für ausreichend, um den technokratischen Grundzug des von ihm favorisierten ‚totalen Verwaltungsstaates' zu erklären. Eine Pointierung sozialer Rechte als solche, auch wo sie als verfassungsrechtlich einklagbare positive Leistungsansprüche an den Staat ausformuliert werden, kann dazu jedenfalls nicht genügen; erfordert dies doch zunächst nichts anderes als ein bürokratisches **System sozialstaatlicher Verwaltung**. Das allein bedeutet aber noch längst nicht, die wohlfahrtstaatliche Administration würde die die Bürger zwangsläufig in ‚entmündigte' Untertanen verwandeln.

Fichte hätte in diesem Zusammenhang die Unverzichtbarkeit einer demokratischen Organisation der einfachen Gesetzgebung bemerken müssen. Denn nur so könnte verhindert werden, dass sich der ‚soziale Leistungsstaat' gegenüber den Bürgern verselbständigt und in ein despotisches Monstrum verwandelt.

Die Forderung nach einer demokratischen Organisation des Sozialstaates ist jedenfalls dann zwingend, wenn man die Legitimität politischer Herrschaft nach dem Modell des **Gesellschaftsvertrages** und nicht nach dem des **Herrschafts- bzw. Unterwerfungsvertrages** denkt. Denn wer außer den Normadressaten sollte denn befugt sein, den konkreten Grad an reeller Ungleichverteilung des Eigentums festzulegen, von dem an aktive Umverteilungspolitik geboten wäre, und außerdem zu bestimmen, bis zu welchem Grad an erreichter Eigentumsgleichheit diese Egalisierungspolitik zu betreiben wäre?

Doch wie konnte es geschehen, dass Fichte Demokratie und Gewaltenteilung für überflüssig hielt und sich dabei mit **Kant** einig glaubte? In gewissen Grenzen muss man Fichte entlasten. Denn schließlich war es Kant selbst, der erheblich zu dieser Fehldeutung beigetragen hat. Die Friedensschrift von 1795 enthält nämlich einen Passus, in dem die **Demokratie** mit dem **Despotismus** in Zusammenhang gebracht wird.

Unter den drei Staatsformen ist die der Demokratie, im eigentlichen Verstande des Worts, notwendig ein Despotism, weil sie eine exekutive Gewalt gründet, da alle über und allenfalls auch wider Einen (der also nicht mit einstimmt), mithin alle, die doch nicht alle sind, beschließen; welches ein Widerspruch des allgemeinen Willens mit sich selbst und mit der Freiheit ist. Alle Regierungsform nämlich, die nicht repräsentativ ist, ist eigentlich eine Unform, weil der Gesetzgeber in einer und derselben Person zugleich Vollstrecker seines Willens [...] sein kann (Kant, Frieden, 352).

Ohne Zweifel wertet Kant die absolute Demokratie als *Despotie* und stellt stattdessen die Forderung nach einer *repräsentativen Regierungsform* auf (352 f.). Fichte muss das so gelesen haben, als hätte sich Kant nicht nur gegen die demokratische **Regierungs**form, sondern auch gegen die demokratische **Staats**form ausgesprochen, die durch die Auszeichnung der Person des Gesetzgebers bestimmt ist. So kommt es zu dem Fehlschluss, dass Kant die direkte Volksgesetzgebung in toto als despotisch abgelehnt hätte (Fichte, Naturrecht, Einleitung, 13 ff.).

Doch Fichtes Missverständnis der Demokratiekritik Kants ist noch grundsätzlicher: Seinem Eindruck nach hat Kant nicht nur die unmittelbare, sondern auch die repräsentative Volksgesetzgebung als despotisch zurückgewiesen und sich im Gegenzug zugunsten einer gewaltenverschmelzenden Repräsentativherrschaft des ‚Regenten‘ ausgesprochen (dazu Thicle 2002, 60 ff.). Dann wäre Kant Anhänger der absoluten Monarchie gewesen.

Wie konnte Fichte zu solch einem Fehlurteil gelangen? Seine Lektüre trug dem Umstand nicht Rechnung, dass der Repräsentationsbegriff in zwei höchst verschiedenen Bedeutungskontexten verwendet wird: Die Forderung nach Repräsentation kann sowohl gegen die **unmittelbare Volksgesetzgebung** gerichtet sein als auch gegen jede **Fusion der Staatsfunktionen** in einer Hand, also auch gegen die ‚absolute Demokratie'. Im ersten Fall würde Repräsentativgesetzgebung, z. B. in Form eines Parlamentes, gefordert und im zweiten Fall Gewaltenteilung.

Objektiv hat sich Fichtes Staatslehre von ihren Kantischen Wurzeln losgesagt. Der Staat Fichtes zeichnet sich durch **weitreichende Kompetenzverschiebungen von der Legislative zur Regierung und Verwaltung** aus. Die Ausübung politischer Herrschaft wird nun nicht mehr durch Verfahren der Bildung des gesetzgebenden Gemeinwillens gerechtfertigt, sondern sie soll sich durch inhaltlich ‚gerechte' Maßnahmegesetze legitimieren, die allein dem Wohlwollen des Regenten und der Urteilskompetenz seiner Berater zu danken sind.

Spiegelbildlich dazu treten die Souveränitätsrechte der Bürger nur im verfassungsrechtlichen Ausnahmezustand in Kraft. Dass die außerordentliche Verfassungsgesetzgebungskompetenz des Volkes im Zusammenhang mit dem *Staatsinterdikt* keineswegs als Demokratieäquivalent gewertet werden kann, ergibt sich bereits daraus, dass nach Fichte nicht nur der ursprüngliche Verfassunggebungsakt, sondern auch alle weiteren Verfassungsänderungen einstimmig zu erfolgen haben (Naturrecht, § 16, 184 f.).

Im politischen Normalzustand dagegen erschöpfen sie sich in einem Pauschalverzicht auf den politischen Gebrauch ihrer Freiheitsrechte zugunsten des Staates und einem ‚generalisierten Systemvertrauen' gegenüber der ‚fürsorgenden' Regierung. Erst mit dieser Festlegung auf ein wesentlich **autoritatives Staatsmodell** ist ein (im weiten Sinne) demokratischer Sozialismus ausgeschlossen und ein **advokativer Sozialismus** vorprogrammiert. Nur unter dieser verfassungsorganisatorischen Prämisse kann Fichtes starke Gewichtung materialer Gerechtigkeitsprinzipien (auf Kosten freiheitsrechtlich-partizipatorischer Legitimitätsprinzipien) ihre verheerende Wirkung entfalten. Fatal ist dabei nicht schon die Ausdifferenzierung des allem positiven Recht normativ vorangehenden, *jedem Menschen, kraft seiner Mensch-*

heit, zustehende[n] Recht[es] auf gleiche Freiheit (Kant, Rechtslehre, 237) durch ‚soziale Grundrechte', sondern der von
Fichte vorausgesetzte despotische Staatsformkontext. Denn
nur innerhalb einer vordemokratischen Staatsrechtslehre
konnte das Prinzip distributiver Gerechtigkeit, insbesondere
dort, wo dessen Erfüllung seitens der Regierung die Bedingung des Fortgeltens eines speziellen *Unterwerfungsvertrages*
sein soll, zu einer Lehre von den materialen Staatszwecken
ausgebaut werden, die mit der freiheitsrechtlichen Grund-
orientierung der Kantischen Rechtslehre in Konflikt geraten
musste.

Wortwörtlich verwendet Fichte denn auch den Begriff des
Unterwerfungsvertrags (Naturrecht, § 17, 206), womit er *nolens
volens* an die Tradition des vorneuzeitlichen **Herrschaftsvertrages** anschließt. Dieser Vertragstyp knüpft die Übertragung
aller Souveränitätsrechte auf den Fürsten lediglich an die
Garantie bestimmter, im Vertrag wohldefinierter materialer
(ständischer oder auch individueller) Rechte.

Die schärfsten Einwände gegen diese Vertragskonstruktion erhebt Kant: Er bezieht sich schon im *Gemeinspruch* kritisch auf den noch bei **Achenwall** gebräuchlichen Ausdruck
Übertragungsvertrag, weil die damit implizierte Annahme
eines Widerstandsrechts notwendig an die Konstruktion
eines doppelten Souveräns gebunden sei. Kants Haupt-
einwand gegen die widerstandsrechtlichen Konsequenzen
der Theorie des zum *pactum unionis* hinzutretenden *pactum
subjectionis* ist im Jahr 1793 freilich nicht unmittelbar volks-
souveränitätstheoretischer Art, sondern zielt vorrangig
auf den Selbstzweckcharakter des bürgerlichen Zustandes
peremtorischer Rechte. Ein (realer oder fiktiver) Unterwerfungsvertrag, der ein Recht des Volkes auf Widerstand gegen den vertragsbrüchigen Souverän enthielte, würde eine
Handlungsweise legalisieren, die *in höchstem Grade Unrecht*
wäre, weil sie *alle rechtliche Verfassung unsicher macht, und den
Zustand einer völligen Gesetzlosigkeit (status naturalis), wo alles
Recht aufhört [...], einführt* (Kant, Gemeinspruch, 301).

Dagegen heißt es bei Fichte wieder vorkantisch: *Der Staat,
als solcher steht mit den Untertanen, als solchen, in einem gegenseitigen Vertrage, zufolgedessen es von beiden Seiten Rechte und
Pflichten gibt* (Naturrecht, § 21, 291). Es ist zwar nicht er-

wiesen, dass Kant bei seiner konsequenten Zurückweisung aller eudämonistischen und damit funktionalistischen Legitimitätslehren Fichte im Blick hatte. So sagt er etwa, eine ,väterliche' Regierung behandele die Untertanen *wie folgsame Schafe*, die von einem *gütigen und verständigen Herren geleitet, wohlgefüttert und kräftig beschützt* würden und die *über nichts, was ihrer Wohlfahrt abginge, zu klagen hätten* (Kant, Fakultäten, 87). Objektiv traf aber Kants Äußerung von 1798 die im frühen *Naturrecht* angelegten und in der Schrift über den *Geschloßnen Handelsstaat* voll entwickelten Tendenzen.

Doch bei aller berechtigten Kritik, die Fichtes Modell von 1800 verdient, sollte man jedoch zweierlei berücksichtigen: Zum einen ist sein kameralistisches Konzept der Wirtschafts- und Sozialpolitik lediglich radikaler als die im sonstigen Europa gängige Praxis. Zum anderen bezieht es sich auf die preußische Agrargesellschaft, deren ständische Gliederung für den größten Teil der Bevölkerung, besonders für die besitzlosen Landarbeiter, Rechtlosigkeit und bitterste Armut zur Konsequenz hatten. Dies gilt besonders für die Zeit nach den drei schlesischen Kriegen (1740–1763).

Man mag daher die Schrift über den Handelsstaat als ,materialistisches' Reversbild der Kantischen Konzeption einer Staatsreform nach Vernunftrechtprinzipien verstehen. Beide implizieren die Überwindung der als naturrechtswidrig erkannten ständischen Gesellschaft. Doch die politischen Mittel, mit denen jene Transformation bewerkstelligt werden soll, aber auch die Zielorientierung hätten gegensätzlicher nicht sein können.

6.3. Der Sozialstaat als Kompromiss zwischen individueller Freiheit und Sittlichkeit

Die *Grundlinien der Philosophie des Rechts* Georg **Wilhelm Friedrich Hegels** (1770–1831) wurden in einer neuen, ausgesprochen dynamischen Phase der wirtschaftlichen Entwicklung Europa verfasst. Im Zuge der rasanten technologischen Entwicklung wurden Gesellschaften, die zuvor überwiegend von der Landwirtschaft gelebt hatten, ins Industriezeitalter katapultiert.

Karl Marx (1818–1883) und **Friedrich Engels** (1820–1895) beschreiben diesen im 19. Jahrhundert einsetzenden Prozess der ‚**Globalisierung**' des Handels und der Produktion mit treffenden Worten: *Das Bedürfnis nach einem stets ausgedehnteren Absatz für ihre Produkte jagt die Bourgeoisie über die ganze Erdkugel. Überall muss sie sich einnisten, überall anbauen, überall Verbindungen herstellen. Die Bourgeoisie hat durch ihre Exploitation [Ausbeutung] des Weltmarkts die* **Produktion und Konsumtion aller Länder kosmopolitisch gestaltet.** *Sie hat [...] den nationalen Boden der Industrie unter den Füßen weggezogen. Die uralten nationalen Industrien sind vernichtet worden und werden noch täglich vernichtet. Sie werden verdrängt durch neue Industrien, deren Einführung eine Lebensfrage für alle zivilisierten Nationen wird* (Marx/Engels 466).

Dieser wirtschaftliche Umstrukturierungsprozess trug erheblich dazu bei, dass auch die tradierten Systeme der Sozialintegration mit einem Mal veraltet waren. Alle gesellschaftlichen Subsysteme stellten sich über kurz oder lang ein auf die neuen Steuerungsmedien des Marktes und des Gewinns mit der Folge, dass sich ein ‚neuer Geist' der vorhandenen Institutionen bemächtigte und sie von innen heraus ‚veränderte' oder aber zerstörte und durch adäquatere ersetzte.

Die fortwährende Umwälzung der Produktion, die ununterbrochene Erschütterung aller gesellschaftlichen Zustände, die ewige Unsicherheit und Bewegung zeichnet die Bourgeoisepoche vor allen anderen aus. Alle festen eingerosteten Verhältnisse mit ihrem

Gefolge von altehrwürdigen Vorstellungen und Anschauungen werden aufgelöst, alle neugebildeten veralten, ehe sie verknöchern können. Alles Ständische und Stehende verdampft, alles Heilige wird entweiht, und die Menschen sind endlich gezwungen, ihre Lebensstellung, ihre gegenseitigen Beziehungen mit nüchternen Augen anzusehen (465).

Hegel hatte die ersten Auswirkungen der industriellen Revolution auf die traditionellen *Systeme der Sittlichkeit,* der Familie, der Zünfte und der Stände am Beispiel der **englischen** Entwicklung studiert. Der Übergang von der **Agrar-** und **Hauswirtschaft,** der **Zunftordnung** und der **ständischen Gliederung** der Gesellschaft zur **Marktvergesellschaftung** im Verein mit einer forcierten Industrialisierungspolitik hatte vor allem eine rapide zunehmende soziale Mobilität (in horizontaler und vertikaler Hinsicht) zur Folge (Weber, Wirtschaft und Gesellschaft, 382). Hegels Sozialstaatstheorie ist entsprechend fundiert durch empirische Beobachtungen der ‚Individualisierung' von Lebensformen, die als unvermeidliche Begleiterscheinung wirtschaftspolitischer Modernisierung **sowohl produktive als auch destruktive Züge** besitzt.

Noch für Kant beschränkten sich die wirtschaftspolitischen Aufgaben des Staates im wesentlichen auf die Bereitstellung eines rechtlichen *Gehege[s],* innerhalb dessen sich den ungeselligen Neigungen der Menschen nicht beabsichtigte gemeinnützige Effekte abtrotzen lassen (Kant, Idee, 22). Hegel nannte diesen Typ des liberalen ‚Nachtwächterstaats' *den äußeren Staat, – Not- und Verstandesstaat,* dessen Prinzip die *in ihre Extreme verloren[e]* Sittlichkeit sei (Hegel, Grundlinien, § 183, 567).

Dieser mit der modernen Individualisierung einhergehende Zerfall der politischen Sittlichkeit zeige sich z. B. daran, dass die Privatpersonen die Begleichung ihrer Steuerschuld fälschlicherweise als Freiheitseinbuße begriffen, während sie doch in Wahrheit zur Sicherung der Bedingungen ihrer Freiheit beitrügen: *So sehen die meisten z. B. die Bezahlung von Abgaben für ein Verletzen ihrer Besonderheit an, für ein ihnen Feindseliges, das ihren Zweck verkümmert, aber so wahr dies scheint, so kann doch die Besonderheit des Zwecks nicht befriedigt werden ohne das Allgemeine, und ein Land, worin keine*

Abgaben bezahlt werden, dürfte sich auch nicht durch die Erkräfti-gung der Besonderheit auszeichnen (§ 184, 568).

Diese staatsfeindliche Gesinnung ist nach Hegel allein schon aus folgendem Grund abwegig: Ein Staat, der sich auf die Erfüllung seiner liberalen Kernaufgaben beschränken würde und die Subsistenz der Privatpersonen ausschließlich dem Markt anvertraute, würde die Verelendung großer Teile der Bevölkerung zulassen: *Die **Besonderheit für sich,** einerseits als sich nach allen Seiten auslassende Befriedigung ihrer Bedürf-nisse, zufälliger Willkür und **subjektiven Beliebens,** zerstört in ihren Genüssen sich selbst und ihren substantiellen Begriff; ande-rerseits als unendlich erregt und in durchgängiger Abhängigkeit von äußerer Zufälligkeit und Willkür sowie von der Macht der Allgemeinheit beschränkt, ist die Befriedigung des notwendigen wie des zufälligen Bedürfnisses zufällig. **Die bürgerliche Gesell-schaft bietet in diesen Gegensätzen und ihrer Verwicklung das Schauspiel ebenso der Ausschweifung, des Elends und des bei-den gemeinschaftlichen physischen und sittlichen Verderbens dar*** (§ 185, 569).

Im Gegensatz zur damaligen **britischen Praxis,** deren Wirtschaftspolitik der **Laissez-faire-Doktrin** anhing und de-ren Sozialpolitik im wesentlichen repressiver Art war, zieht Hegel für Preußen den Schluss, eine allgemeine *Aufsicht und Vorsorge der öffentlichen Macht [sei] nötig* (§ 235, 384). *Es ist nicht allein das Verhungern, um was es zu tun ist, sondern der wei-tere Gesichtspunkt ist, dass kein Pöbel entstehen soll* (§ 240, 387).

Die *Vervielfältigung und Verschränkung der täglichen Bedürf-nisse* (§ 235, 384) habe einen solch hohen Grad an Arbeitstei-lung bewirkt, dass an eine prinzipiell staatsfreie Wirtschaft, die allein durch das freie Spiel von Angebot und Nachfrage reguliert würde, nicht mehr zu denken sei. Insbesondere in Wirtschaftskrisen, die durch den Außenhandel noch vertieft würden, hätte sich gezeigt, dass die *Interessen von Produ-zenten und Konsumenten in Kollision kommen* **können** (§ 236, 384). Diese Erfahrung lehre, dass die binnenökonomischen Gleichgewichtsmechanismen unzulänglich seien und um außerökonomische Stabilisierungsmechanismen ergänzt werden müssten. Im Allgemeinen werde nur der Staat als zu-ständig erachtet, um die den Wirtschaftskreislauf stützenden Regulierungsleistungen zu erbringen. Als dringlichste Maßnahme empfiehlt Hegel eine staatliche **Kontrolle der Produktion von Grundnahrungsmitteln** und zwar sowohl hinsichtlich der **Preise** als auch der **Qualität** (§ 236, 384 f.). Sehr wahrscheinlich reagierte Hegel mit dieser Forderung auf die europäische Agrarkrise von 1816/17: Durch den starken Anstieg der Brot- und Getreidepreise entstand eine Hungersnot mit hoher Sterblichkeit und Massenemigration in Folge.

Dennoch ist Hegel weit entfernt davon, eine Rückkehr zu staatsdirigistischen Wirtschaftslehren, etwa dem Merkantilismus oder dem Kameralismus (als dessen deutsche Variante), zu empfehlen. Der allgemeine **Grundsatz, der staatliche Eingriffe sowohl gebietet als auch begrenzt,** besagt vielmehr, dass die Handels- und Gewerbefreiheit einerseits und die staatliche *Aufsicht und Vorsorge* (§ 235, 384) andererseits zwei komplementäre Komponenten moderner Wirtschaftspolitik sind, von denen keine ohne die andere bestehen kann: *Gegen die Freiheit des Gewerbes und Handels in der bürgerlichen Gesellschaft ist das andere Extrem die Versorgung sowie die Bestimmung der Arbeit aller durch öffentliche Veranstaltung* (§ 236, 385).

Allerdings wäre eine staatliche Zentralverwaltungswirtschaft einer extrem liberalistischen Wirtschaftsordnung keineswegs vorzuziehen. Denn eine staatliche Planwirtschaft, wie sie Fichte im *Geschlossenen Handelsstaat* von 1800 propagiert, würde nur die **eine** von den beiden sich gegenseitig bedingenden Ordnungskomponenten berücksichtigen: **Planung** und **Vorsorge.** Ihr fehlte die *Vermittlung der Arbeit des Einzelnen durch seine besondere Willkür und sein besonderes Interesse* (ebd.).

Individuelle Willkür **und** staatliche Regulierung sind vielmehr in einen *Gleichgewichtszustand* zu versetzen. Nur auf diese Weise ließen sich die beiden komplementären Gefahren des privatwirtschaftlichen Chaos einerseits und der bürokratischen Erstarrung andererseits bannen. *Dieses [Privat-]Interesse ruft jene Freiheit gegen die höhere Regulierung an, bedarf aber je mehr es blind in den selbstsüchtigen Zweck vertieft [ist] umso mehr einer solchen, um zum Allgemeinen zurückgeführt zu werden und um die gefährlichen Zuckungen und die Dauer des Zwischenraumes, in welchem sich die Kollisionen auf dem Wege bewusstloser Notwendigkeit ausgleichen sollen, abzukürzen und zu mildern* (ebd.).

Die von Hegel empfohlene wirtschafts- und sozialpolitische Maxime, besagt, dem Grad der Individualisierung wirtschaftlicher Entscheidungskompetenzen müsse der Grad an staatlicher Regulierung und Prävention entsprechen: **Je mehr Allokationen** (d. h. Zuordnungen knapper wirtschaftlicher Ressourcen) **also dem Markt überantwortet wird werden, desto mehr staatliche Regulierung soll erforderlich sein.** Denn wo die staatliche Rechtsordnung Marktwirtschaft und Privateigentum in *ungehinderte Wirksamkeit* entlässt, sind Produktion und Konsumption einem Prozess zunehmender Interdependenz ausgesetzt. Diese gesteigerte gesellschaftliche Arbeitsteilung bewirke zwar eine fortwährende Produktivitätssteigerung und ein entsprechendes Bevölkerungswachstum. Allerdings sei der Nutzen, der aus diesem Fortschritt gezogen werden könne, gesellschaftlich höchst ungleich verteilt:

Durch die Verallgemeinerung des Zusammenhangs der Menschen durch ihre Bedürfnisse und der Weisen, die Mittel für diese zu bereiten und herbeizubringen, vermehrt sich die Anhäufung der Reichtümer [...] auf der einen Seite, wie auf der anderen Seite die **Vereinzelung und Beschränktheit der besonderen Arbeit** *und damit die Abhängigkeit und Not der an diese Arbeit gebundenen Klasse, womit die* **Unfähigkeit der Empfindung und des Genusses** *der weiteren Freiheiten und besonders der geistigen Vorteile der bürgerlichen Gesellschaft zusammenhängt* (Grundlinien, § 243, 389).

Am **englischen Beispiel** (§ 245, 390) konnte Hegel das *Herabsinken einer großen Masse unter das Maß einer gewissen Subsistenzweise* als Konsequenz einer ‚marktradikalen' Wirtschafts- und Sozialpolitik studieren. Der *Erzeugung des Pöbels* mit den entsprechenden physischen, psychischen und moralischen Deformationen, dem *Verluste des Gefühls des Rechts, der Rechtlichkeit und der Ehre, durch eigene Tätigkeit und Arbeit zu bestehen*, korrespondierte die Konzentration *unverhältnismäßige[r] Reichtümer in wenige[n] Hände[n]* (§ 244, 389). *Die wichtige Frage, wie der Armut abzuhelfen sei, ist eine vorzüglich die moderne Gesellschaft bewegende und quälende* (§ 244, Zusatz, 390).

Nach Hegel, der die angelsächsische Lösung, die *Armen ihrem Schicksal zu überlassen*, mit Sarkasmus kommentiert, kommen nur zwei wirtschaftspolitische Gegenstrategien in

Betracht, die allerdings je für sich Probleme aufwerfen. Implizit kritisiert er dabei sowohl den Gleichheitsfanatismus französischer Revolutionäre als auch Fichtes wohlfahrtsdespotisches Modell vom *Geschlossenen Handelsstaat*.

Wird mittels direkter Belastung der Vermögenden (z. B. in Gestalt einer Luxussteuer oder gar Enteignungen etwa durch Säkularisierung kirchlichen Besitzes) den Armen eine *ordentliche Lebensweise* ermöglicht, widerspricht dies, so gibt Hegel zu bedenken, dem ethischen Prinzip der Marktgesellschaft: der Leistungsgerechtigkeit. Auch müsse das an ihre autonome Selbsterhaltung gebundene Selbstgefühl einer Person, deren *Ehre* Schaden nehmen. Denn die *Subsistenz der Bedürfnisse* wäre gesichert, *ohne durch Arbeit vermittelt zu sein, was gegen das Prinzip der bürgerlichen Gesellschaft und des Gefühls ihrer Individuen von ihrer Selbständigkeit und Ehre wäre* (Grundlinien, § 245, 390).

Setzte man dagegen auf staatliche **Arbeitsbeschaffungsprogramme**, entstünde eine Überproduktion von Gütern, für die es an zahlungskräftiger Nachfrage fehlte: *Es kommt hierin zum Vorschein, dass bei dem Übermaße des Reichtums die bürgerliche Gesellschaft* **nicht reich genug** *ist, d. h. an dem ihr eigentümlichen Vermögen nicht genug besitzt, dem Übermaße der Armut und der Erzeugung des Pöbels zu steuern* (ebd.).

Das Kardinalproblem der modernen Verkehrswirtschaft – ihre Tendenz zur asymmetrischen Verteilung von Lasten und Nutzen, so dass extremer Armut extremer Luxus gegenübersteht – lässt sich demnach *wirtschafts*politisch nicht lösen. Nach Hegel kommen allein *sozial*politische Gegenstrategien in Betracht, die zwar das Problem ebenso wenig lösen, aber immerhin doch seine Folgen mildern können. Diese Verpflichtung moderner Politik auf sozialstaatliche Garantien wird auf zweierlei Weise begründet:

Zum einen argumentiert Hegel **gerechtigkeitstheoretisch**. So heißt es, die Armut sei nicht allein der individuellen Willkür (z. B. dem Glücksspiel) zuzurechnen, sondern resultiere ebenso aus *zufällige[n], physische[n] und in den äußeren Verhältnissen [...] liegende[n] Umständ[e]*, die beide die Erwerbschancen der Marktakteure beeinflussen (Grundlinien, § 241, 387).

Die Möglichkeit der Teilnahme an dem allgemeinen Vermögen, das besondere Vermögen, ist aber bedingt, teils durch eine unmit-

telbare eigene Grundlage (Kapital), teils durch die Geschicklichkeit, welche ihrerseits wieder selbst durch jenes, dann aber durch die zufälligen Umstände bedingt ist, deren Mannigfaltigkeit die Verschiedenheit in der Entwicklung der schon für sich **ungleichen natürlichen körperlichen und geistigen Anlage** *hervorbringt* (§ 200, 353).

Die ,Lotterie der Gesellschaft', d. h. die Zufälligkeit der sozialen Situation, in der ein Individuum heranwächst, wird demnach ergänzt durch eine *Lotterie der Natur* (Rawls 1990, 94; dazu Kersting 1993, 60 ff.). Diese zufällige Verteilung natürlicher physischer und psychischer Qualitäten wird – so Hegels Einsicht – in der Moderne durch Marktmechanismen derart potenziert, **dass naturbedingte Ungleichheiten größere gesellschaftliche Ungleichheiten hervorbringen als es in früheren Gesellschaftsordnungen der Fall war.** Ohne dass es eigens ausgesprochen würde, basiert die gesamte Hegelsche Argumentation auf der moralischen Prämisse, aus natürlichen Begünstigungen dürften keinerlei gesellschaftliche bzw. rechtliche Privilegien resultieren, weil sie nicht als persönliches Verdienst gewertet werden könnten.

Zum andern wird die gerechtigkeitstheoretische Argumentation durch sozial- und wirtschaftsgeschichtliche Überlegungen bestärkt: *Die bürgerliche Gesellschaft reisst das Individuum aus diesem Bande heraus,* **entfremdet** *dessen Glieder einander und anerkennt sie als* **selbständige Personen;** *sie substituiert ferner statt der äußeren unorganischen Natur und des väterlichen Bodens, in welchem der Einzelne seine Subsistenz hatte, den ihrigen [,Boden'] und unterwirft das Bestehen der ganzen Familie selbst, der Abhängigkeit von ihr, der Zufälligkeit* (Grundlinien, § 238, 386).

In traditionalen **Agrargesellschaften** war die Familie für die Erziehung zur Erwerbsfähigkeit und die Ernährung der Nichterwerbsfähigen zuständig und die Natur, speziell der Boden garantierte den Lebensunterhalt. Demgegenüber habe die ökonomische Modernisierung, d. h. die ,Marktvergesellschaftung' und die Industrialisierung, den Einzelnen auf der einen Seite von der Bindung an die Familie und die Natur (insbesondere den Boden) emanzipiert.

Bei Marx und Engels heißt es wenig später: *Die Bourgeoisie, wo sie zur Herrschaft gekommen, hat alle* **feudalen, patriarchalischen, idyllischen** *Verhältnisse zerstört. Sie hat die bunt-*

*scheckigen Feudalbande, die den Menschen an seinen natürlichen Vorgesetzten knüpften, unbarmherzig zerrissen und kein anderes Band zwischen Mensch und Mensch übriggelassen als das **nackte Interesse**, als die gefühllose ‚bare Zahlung'. Sie hat die heiligen Schauer der frommen Schwärmerei, der ritterlichen Begeisterung, der spießbürgerlichen Wehmut in dem eiskalten Wasser egoistischer Berechnung ertränkt. Sie hat die persönliche **Würde** in den **Tauschwert** aufgelöst und an die Stelle der zahllosen verbrieften und wohlerworbenen Freiheiten die eine **gewissenlose Handelsfreiheit** gesetzt. Sie hat, mit einem Wort, an die Stelle der mit religiösen und politischen Illusionen verhüllten Ausbeutung die offene, unverschämte, direkte, dürre Ausbeutung gesetzt. [...] Die Bourgeoisie hat dem Familienverhältnis seinen rührend-sentimentalen Schleier abgerissen und es auf ein reines **Geldverhältnis** zurückgeführt* (Marx/Engels, Das Kommunistische Manifest, 464 f.).

Auch Hegel erkennt auf der einen Seite an, dass die Marktwirtschaft den Einzelnen in Hinblick auf seine Herkunft und seine Erwerbsmöglichkeiten eindeutig freier gemacht hat. Auf der anderen Seite werde der Einzelne *aber zugleich vollständig abhängig gemacht von der bürgerlichen Gesellschaft* (Grundlinien, § 238, 386).

Insofern das *Individuum* **Sohn der bürgerlichen Gesellschaft** *geworden* ist, hat diese *ebensosehr* **Ansprüche** *an ihn, als er* **Recht** *auf sie*. Vor allem sei die Gemeinschaft verpflichtet, unverschuldete Not zu lindern. Die ***allgemeine Macht übernimmt die Stelle der Familie bei den Armen***, indem sie einerseits *unmittelbaren Mangel* beseitigt und andererseits den psychischen Leiden entgegenwirkt, *die aus solcher Lage und dem Gefühl des Unrechts entspringen* (Grundlinien, § 241, 388).

Unzulässig sei es jedenfalls, die Beseitigung von Armut dem Zufall, etwa der Mildtätigkeit oder der Bereitschaft zu *fromme[n] Stiftungen* anheim zu stellen. Ganz wie bei Kant (Kant, Rechtslehre, 326) wird die Beliebigkeit von Sozialtransfers beargwöhnt, solange sie nicht **staatlich** gewährleistet, sondern der privaten Moralität überantwortet bleiben: *Der öffentliche Zustand ist im Gegenteil für* **um so vollkommener** *zu achten,* **je weniger** *dem Individuum für sich nach seiner besonderen Meinung, in Vergleich mit dem, was auf allgemeine Weise veranstaltet ist,* **zu tun bleibt** (Grundlinien, § 242, 388 f.).

Demnach ergibt sich als Zwischenbilanz, dass Hegel in Übereinstimmung mit Kant **staatliche** (bzw. kommunale) **Wohlfahrtsinstitutionen** wie etwa *öffentliche Armenanstalten, Krankenhäuser* usw. fordert (§ 242, 388). Allerdings habe der Staat neben wirtschaftspolitischer Krisenprävention einerseits und sozialpolitischer ‚Daseinsvorsorge' andererseits noch eine dritte Aufgabe zu übernehmen, die für die Stabilität des Gesamtsystems keineswegs nachrangig sei: Der Staat müsse als Aufsichtsorgan (§ 252) an der inneren Vernünftigkeit der Marktgesellschaft ansetzen und die **Selbstorganisationskräfte der bürgerlichen Gesellschaft stärken**, die insbesondere in den berufsständischen Interessensvertretungen, den sogenannten **Korporationen** vorhanden wären.

In berufsständischen *Korporationen* artikulieren und organisieren die Mitglieder die Wahrnehmung ihrer Interessen, die je nach Arbeitszweig divergieren. Entscheidend sei, dass die Gewerbetreibenden ihre eigensüchtigen Zwecke auf diese Weise **als partiell allgemeines Interesse** erfahren und sich umgekehrt das allgemeine Interesse der Korporation in den besonderen Interessen der Mitglieder **spezifiziere**, wodurch eine gegenseitige Befruchtung zwischen beiden Modi ermöglicht werde (§ 251).

Der eigentliche Effekt der Interessensverbände soll nämlich ein doppelter sein: Erstens wirkt die Korporation den Entfremdungstendenzen entgegen, denen der Einzelne in der modernen Verkehrswirtschaft ausgesetzt ist; sie hat eine sozialintegrative Funktion. Zweitens aber schützt sie pragmatisch die ökonomische Subsistenz seiner Mitglieder. Die Korporation wirkt demnach auf doppelte, sozialpsychologische und technische Weise derjenigen Gefahr entgegen, die dem modernen Kapitalismus wesentlich eigen ist:

Das Herabsinken einer großen Masse unter das Maß einer gewissen Subsistenzweise, die sich von selbst als die für ein Mitglied der Gesellschaft notwendige reguliert - und damit zum Verluste des Gefühls des Rechts, der Rechtlichkeit und der Ehre, durch eigene Tätigkeit und Arbeit zu bestehen -, bringt die Erzeugung des Pöbels hervor, die hinwiederum zugleich die größere Leichtigkeit, unverhältnismäßige Reichtümer in wenige Hände zu konzentrieren, mit sich führt (§ 244, 389).

Welches sind nun die spezifisch technischen Mittel, die Korporation gegen Marktzufälle einsetzt? Der Staat müsse den Korporationen das Recht einräumen, 1. eigene Interessen organisiert zu verfolgen, 2. Mitglieder je nach Qualifikation, Rechtschaffenheit und Bedarf zuzulassen oder abzuweisen, 3. Die Berufsausbildung eigenständig zu organisieren und Prüfungen abzuhalten.

Wenn diese Bedingungen erfüllt seien, könne die Korporation – im Gegensatz zum Markt – als **zweite, artifizielle Familie fungieren**, insofern sie die ökonomische Selbsterhaltung der Mitglieder (und ihrer Familien) von der Korporation garantiert (§ 252, 394).

Die **Familie** habe nämlich nunmehr ihren festen Boden in der **Korporation**, insofern 1. die Subsistenz auf Befähigung (und nicht auf Zufall oder Geburt) beruht und 2. das Einkommen garantiert wird. Denn die Korporation bescheinigt autark die Berufsqualifikation, so dass kein weiterer Qualifikationsnachweis erforderlich ist. Außerdem sichert und organisiert sie die Weiterbildung ihrer Mitglieder. Schließlich repräsentiert sie den gesellschaftlichen Rang des jeweiligen Berufes in der Gesellschaft. Für die Korporation seien kennzeichnend: die Gemeinschaft, die Berufsehre, die gesicherte Subsistenz sowie die Pflicht zur gegenseitigen Hilfe. Für den Markt dagegen seien typisch: die Isolierung der Individuen, die Zufälligkeit der Subsistenz, die Erfolgs- d. h. Zufallsabhängigkeit der Ehre, sowie die mannigfaltigen Formen des Neides bzw. Hochmutes (§ 253, 395 f.). Nach der Familie sei demnach die Korporation die *zweite Wurzel des Staats*: *Heiligkeit der Ehe und die Ehre in der Korporation sind die zwei Momente, um welche sich die **Desorganisation der bürgerlichen Gesellschaft** dreht* (§ 255, 396).

Die **Familie** und die **Korporation**, nicht etwa das Eigentum oder der Vertrag, sind also die beiden Institutionen der bürgerlichen Gesellschaft, die deren Tendenz zur sozialen Desintegration und Atomisierung der Individuen entgegenwirken (§ 255). Familie und Korporation sind nach Hegel die beiden Medien, in denen die *Sphäre der bürgerlichen Gesellschaft [...] in den Staat über[geht]* (§ 256, 397).

Aus wissenschaftlicher, d. h. rechtsphilosophischer Perspektive biete sich die **sittlichkeitstheoretische** Beziehung zwischen Familie, Gesellschaft und Staat als ein Dreischritt dar: Während in der Familie der soziale Zusammenhalt ein unmittelbarer ist, der als natürliche **Einheit** zur Abgrenzung gegen andere Familien neigt, findet sich in der Gesellschaft das gegenteilige Extrem: Hier herrschen **Besonderung**, Entzweiung, Ent-Sittlichung, wobei die entwickeltste Institution bürgerlicher Sittlichkeit, die familienanaloge Funktion hat, die Korporation ist. Deren Zweck kann freilich kein allgemeiner, sondern nur ein besonderer sein, weswegen Hegel diesem Existenzmodus des Sittlichen nur *formelle* Allgemeinheit zugestehen kann. Erst der politische Staat repräsentiere eine mit den einzelnen und besonderen Interessen vermittelte Sittlichkeit, die den **allgemeinen** Zweck als solchen zur Existenz bringt (ebd.).

6.4. Der Sozialstaat als Revolutionsprophylaxe

Lorenz von Stein (1815–1890), der Staatsrecht und Volkswirtschaft zunächst in Kiel und ab 1855 in Wien lehrte, gilt einerseits als Schüler Fichtes und Hegels und andererseits als Inspirationsquelle Marxens. Denn niemand erkannte wie er die enorme Bedeutung der sozialen Frage für die weitere Entwicklung der industriellen Gesellschaft.

Lorenz von Steins 1849 publiziertes dreibändiges Werk über die gesellschaftlichen und politischen Entwicklungen, die sich bis 1848 in Frankreich ereigneten, trägt den Titel *Geschichte der sozialen Bewegung in Frankreich von 1789 bis auf unsere Tage*. Die Studie behandelt allerdings keineswegs ausschließlich die Entwicklung der Sozialstruktur Frankreichs. Vielmehr werden die **Interdependenzen** zwischen **Prinzipien** oder **Ideen**, der **Gesellschaftsstruktur** und der **Verfassung** untersucht. Thema sind demnach die Wechselbeziehungen zwischen dem **kulturellen**, dem **sozialen** und dem **politischen** bzw. **rechtlichen** System der französischen Gesellschaft.

Obwohl Zeitgenosse von Marx und Engels, besteht von Stein darauf, dass Ideen, insbesondere die in den jeweiligen

Nationen als gültig anerkannten Rechtsprinzipien, entscheidenden Einfluss auf die Dynamik von Gesellschaft und Staat ausüben. Damit knüpft er zum einen an Hegels Überlegungen zur Geschichte des Staatsrechts an, der insbesondere den Religionen eine maßgebliche Rolle für die Entwicklung der sogenannten Volksgeister zusprach, die ihrerseits darüber entscheiden sollten, welche Art von Verfassung für das entsprechende Volk jeweils zuträglich wäre. Beispielsweise heißt es: *Im allgemeinen ist die Religion und die Grundlage des Staats eins und dasselbe [...]. [...] Es kommt hier wesentlich auf den Begriff der Freiheit an, den ein Volk in seinem Selbstbewusstsein trägt. [...] Es ist ein Begriff der Freiheit in Religion und Staat* (Hegel, Philosophie der Religion I, 236 f.).

Andererseits nimmt von Stein eine methodologische Überlegung vorweg, die für das Selbstverständnis der Sozial- und Kulturwissenschaften von grundsätzlicher Bedeutung ist. Max Weber hat in kritischer Auseinandersetzung mit dem Historischen Materialismus die elementare Funktion der Religionen für die Entwicklungsrichtung gesellschaftlicher, politischer und kultureller Interessen hervorgehoben: *Interessen (materielle und ideelle), nicht: Ideen, beherrschen unmittelbar das Handeln der Menschen. Aber: die ,Weltbilder', welche durch ,Ideen' geschaffen wurden, haben sehr oft als Weichensteller die Bahnen bestimmt, in denen die Dynamik der Interessen das Handeln fortbewegte. Nach dem Weltbild richtete es sich ja: ,wovon' und ,wozu' man ,erlöst' sein wollte und – nicht zu vergessen: – konnte* (Weber, Wirtschaftsethik, 414).

Ganz im Geiste Hegels und Webers geht von Stein von der Annahme aus, die Art und Weise, in der Interessen interpretiert und nach Maßgabe dieser Interpretation verfolgt werden, sei wesentlich von ideellen Faktoren geprägt; dies auch dann, wenn Ideen in den jeweiligen Konflikten und dem entsprechenden Bewusstsein der Akteure keine herausgehobene Rolle spielen oder zu spielen scheinen.

Von Stein wurde denn auch, nicht ohne Ironie, aber auch nicht ohne Hochachtung als ein *Realist, der im weiten idealistischen Mantel* einherschreite, bezeichnet (von Stein., Geschichte, Bd. I, Vorwort v. Gottfried Salomon, Bd. I, XLII). So stellt von Stein die anspruchsvolle Behauptung auf, die gesamte gesellschaftlich-politische Entwicklung der Jahre 1789–1830 lasse sich aus dem **Prinzip** der *Erklärung der Menschen- und Bürgerrechte* erklären. *Dies Prinzip, das jene Déclaration zur Grundlage der neuen Gesellschaft machte: war die Entwicklung der freien einzelnen Persönlichkeit, nie gehemmt durch die feudalen Vorrechte der alten Zeit* (von Stein, Bd. I, 213).

Der 1789 in der *Déclaration des droits de l'homme et du citoyen* ausgesprochene und erläuterte Grundsatz der gleichen politischen Freiheit aller Bürger sei das *erste Grundgesetz der neuen Gesellschaft* (ebd., 209). An die *vollkommene und radikale Aufhebung aller Standesunterschiede* habe sich die *vollkommene Gleichheit im Staate* angeschlossen. Dies jedoch **nicht allein im Sinne rechtsstaatlicher Gewährleistungen**, etwa der Forderung nach Gleichheit vor dem Gesetz oder der nach gleichem Zugang zu öffentlichen Ämtern. Vielmehr kulminierten alle diese egalitaristischen Normen im *Prinzip der Souveränität des Volkes*.

Mit dem Prinzip der **Volkssouveränität**, die sich erklärtermaßen in der **Gesetzgebung** artikulieren sollte, wurden zugleich Rechte aktuell, die die praktischen Voraussetzungen für die Ermittlung des jeweiligen Inhalts der *volonté générale* gewährleisteten: die **Pressefreiheit**, das **Versammlungs-** und **Petitionsrecht**, kurz: alle Rechtsgarantien, die nötig wären, um den gleichen Zugang und die gleiche Teilhabe am **Willensbildungsprozess** der Nation sicherzustellen (ebd., 209).

All diese Forderungen nach politischer Gleichheit kulminieren, so von Stein, in der Forderung nach Abschaffung des Zensuswahlrechts und nach Einführung des **allgemeinen freien und gleichen Wahlrechts**. Die Realisierung dieses egalitären Partizipationsrechtes hätte aber die gesamte vorhandene Sozialordnung auf den Kopf gestellt: Denn de facto sei der **Wahlzensus** alles andere als eine willkürliche Setzung gewesen. Vielmehr habe sich in diesem Prinzip der Staatswillensbildung nichts anderes artikuliert als die wirtschaftliche Struktur der Gesellschaft. Eine auf der **Geburt** und besonderen **Vorrechten** (insbesondere hinsichtlich des Eigentums an Grund und Boden) beruhenden Gesellschaftsordnung entspreche nämlich keine Staatsverfassung besser, als eine, deren Wahlrecht die *Bauform der Gesellschaft* widerspiegelte (Böckenförde, Lorenz von Stein, 189).

De facto kodifizierte die Rechteerklärung von 1789 keineswegs die politischen Forderungen der Nation, sondern
in Wahrheit die des Dritten Standes. Dessen Interesse ging
aber, so sollte sich bald zeigen, weit über eine bloße poli-
tisch-rechtliche Umgestaltung des Staates hinaus: *Mit der
Anwendung der Ideen der Freiheit und Gleichheit auf die **wirkli-
chen** Zustände änderte sich ihre Natur; man hatte sie bisher [...]
wesentlich für rein politische Prinzipien gehalten; jetzt wart klar,
dass sie in der Tat **gesellschaftliche Grundsätze** seien, und die Revolution, indem sie in der Déclaration des droits das erste gesellschaftliche Grundgesetz für die Nation aufstellte, zeigte von da an
ihren wahren Charakter, den Charakter einer **sozialen Umgestaltung** des ganzen Volkes* (von Stein, Bd. I, 213 f.).

Der Dritte Stand artikulierte im Medium politisch-recht-
licher Forderungen in Wahrheit ein normatives Gesellschafts-
modell, das nicht auf dem **Privileg,** sondern auf **Arbeit** und
freiem **Erwerb** beruhen sollte. Die gesamte Epoche zwischen
1789–1830 sieht Lorenz von Stein durch den Kampf dieser
beiden Gegengesellschaften geprägt: *Jetzt aber stehen wir, so
scheint es, am Ende derselben. Die neue Gesellschaft hat vollständig gesiegt: das Staatsbürgertum ist das Resultat einer vierzigjäh-
rigen Bewegung, und die staatsbürgerliche Gesellschaft ist ohne
Gegner die Herrin in Volk und Staat* (ebd., 502).

Die Déclaration, die Überwindung des Gleichheitswahns
der Jakobiner, die Despotie Napoleons und schließlich die
Julirevolution von 1830, durch die der ‚Bürgerkönig‘ Louis
Philippe die Macht errang, seien die Phasen eines politisch-
sozialen Transformationsprozesses gewesen, an dessen Anfang die Feudalgesellschaft und an dessen Ende die bürgerliche gestanden hätte.

Doch die ‚staatsbürgerliche‘ oder, wie von Stein auch
sagt, *volkswirtschaftliche Gesellschaft*, deren Produktionsweise
durch den Wettbewerb vieler, etwa gleichmächtiger Markt-
teilnehmer gekennzeichnet war, verwandele sich notwendig
in die **industrielle Gesellschaft**:

*Das Wesen der industriellen Gesellschaft besteht [...] in der,
aus der volkswirtschaftlichen Gesellschaft allmählich, aber mit
unabweisbarer Notwendigkeit hervorgehenden **Herrschaft des Ka-
pitalbesitzes über das ganze Güterleben und seine Bewegungen.**
Jedes Volk, das die feudale Gesellschaft in sich gebrochen hat und*

zur volkswirtschaftlichen übergegangen ist, muss über kurz oder lang in die industrielle Gesellschaft hineingeraten. Es ist für die europäischen Völker von der äußersten Wichtigkeit, sich diese Notwendigkeit zu vergegenwärtigen (ebd., Bd. II, 26).

Die industrielle Gesellschaft erkauft demnach die Überwindung des alten Ständeantagonismus zwischen Feudaladel und Bürgertum durch einen **neuen Klassengegensatz**: den zwischen Kapitalbesitzern und Arbeitern.

In welchem Grad Lorenz von Steins Frankreichbuch als Inspirationsquelle für die Marxsche Gesellschaftstheorie in Frage kam, wird z. B. dort ersichtlich, wo gezeigt wird, wie die auf das **Prinzip der gleichen Freiheit** gegründete neue Gesellschaftsordnung aufgrund interner ‚Bewegungsgesetze' einen **neuen sozialen Gegensatz** hervorbringen muss: *Die dem Prinzip nach freieste, auf der Gleichheit des Rechts erbaute Gesellschaft entlässt aus sich die materielle Unfreiheit* (Böckenförde, von Stein, 191).

Insofern die industrielle Produktionsweise durch den **Zwang** zur Gewinnmaximierung gesteuert werde, müsse sich der Interessensgegensatz zwischen Arbeiterschaft und Kapitaleignern fortwährend vertiefen: *Die industrielle Gesellschaft bringt aus sich den Gegensatz der Klassen, ihre Bewegung gegeneinander hervor: auf der einen Seite den Kapitalbesitz, der als die Bedingung für Arbeit und Unternehmen das gesamte Güterleben und seine Bewegung beherrscht, auf der anderen Seite die vom Kapital abhängige, dem Druck des ‚Maschinenlohns' und der Konkurrenz des Kapitals untereinander unterworfene Arbeit, die je länger je mehr zur Kapitallosigkeit und materieller Unfreiheit verurteilt ist* (ebd., 190 f.).

Weit entfernt davon, moralische Schuldzuweisungen vorzunehmen, erklärt Lorenz von Stein das Zustandekommen ‚entfremdeter' Arbeitsverhältnisse, geringen Löhnen, Arbeitslosigkeit und entsprechender sozialer Not aus ökonomischen Zwängen: Kein Kapitaleigner kann es sich – bei Strafe seines Untergangs – leisten, **mehr** Arbeitskräfte zu beschäftigen, als unbedingt erforderlich sind, oder **höhere** Löhne zu zahlen, als unvermeidlich ist.

Jedes Unternehmen muss [...] danach streben, eine [...] Amortisierung des Anlagekapitals [...] zu erreichen. Nun aber kann die Amortisierung nur auf einem Wege geschehen. Der Unternehmer muss einen so großen Unternehmungsgewinn machen, dass mit dem Überschuss desselben über Verwendungen und Zinsen allmählich ein Kapital erworben wird (von Stein, Bd. II, 24).

Die entscheidende Wende für den weiteren Verlauf der Sozialgeschichte des industriellen Frankreich verdankt sich nach von Stein folgendem Umstand: Die arbeitende Klasse gelangt über kurz oder lang dazu, die eigene Lage zu hinterfragen und auf der Basis einer adäquaten Situationsdeutung erweiterte Handlungsoptionen zu ermitteln. Durch diese subjektive Komponente verwandelt sich die Arbeiterschaft regelmäßig von einer ausschließlich ‚fremdbestimmten‘, von Marktbewegungen abhängigen sozialen Klasse in eine soziale Macht. Die zur ‚Klasse-für-sich‘ gewordene Arbeiterschaft könne als in sich organisiertes Großsubjekt nicht nur ihre Marktchancen verbessern, sondern eigene politische und insbesondere rechtliche Forderungen geltend machen.

[So] musste es dem Arbeiterstand klar werden, dass auch für ihn zwar das Prinzip [der] abstrakten Gleichheit aller Persönlichkeit allerdings zugestanden werde, dass aber zugleich die Gesetze, welche die Verteilung der Güter regeln, eine Verwirklichung derselben aufhoben (ebd., 93).

Weil die Bewegungen auf dem Arbeitsmarkt und die rentabilitätsorientierte Organisation von Arbeitsprozessen normalerweise jede Kapitalbildung auf Seiten des Arbeiters verhindern, reduziere sich das ihm zur Verfügung stehende Freiheitsspektrum in extremer Weise. Insofern die Arbeitskraft ihrem Besitzer nur als nachgefragte Ware Nutzen bringe, sei er de facto dazu gezwungen, sie zu den jeweils gültigen Marktkonditionen anzubieten.

Wo das *Prinzip der Güterverteilung* auch den Arbeitsmarkt reguliert, zwingt es den Nichtbesitzenden dazu, einen ‚**performativen Selbstwiderspruch**‘ zu begehen: Zwar weiß er sich in Kenntnis der Menschenrechtserklärung als ein freies und gleiches Wesen, das auf diese Eigenschaften nicht verzichten kann, selbst wenn es dies wollte. Doch andererseits ist dasselbe Individuum gezwungen, in der Marktsphäre und der Produktionssphäre so zu agieren, als wäre es eine Sache:

Zu diesem Bewußtsein seiner durch das Gesetz der Güterverteilung beherrschten Lage trat der Gedanke, dass jedes seiner Mitglieder als Mensch zu einem anderen, besseren, durch das Wesen der freien Persönlichkeit bedingten Leben berufen sei, und nun lag es nahe, den Widerspruch herauszufühlen und zu erkennen, in welchem nicht bloß mehr die äußere Lage und der begrenzte Erwerb [...] der Arbeiter, sondern vielmehr das auch für ihn gültige Prinzip der freien und gleichen Persönlichkeit mit dem Prinzip der auf der gegenwärtigen Gestalt der Arbeit beruhenden Güterverteilung stand (ebd.).

Die entwickelte industrielle Gesellschaft bringe ihren grundlegenden Widerspruch zu Bewusstsein: Auf der **einen Seite** gilt das menschenrechtliche Prinzip der Verfassung, das jedem Einzelnen eine unveräußerliche Würde zuspricht und deswegen alle rechtlichen Verpflichtungen aus **freiwilligen** Entscheidungen hervorgehen lässt. Auf der **anderen Seite** besteht für den Eigentumslosen ein ‚**stummer Zwang**‘ der sozialen Verhältnisse, der den erklärten **Verfassungsgrundsätzen** von 1789 Hohn spricht, weil er die deklarierte **Freiwilligkeit**, die allen Vertragsabschlüssen zu Grunde liegen soll, auf höchst effektive Weise unterläuft.

Aus der Sicht von Steins sind **Sozialismus** und **Kommunismus** nicht anderes als (rationale) Versuche der arbeitenden Klasse, diese regelmäßig wiederkehrende individuelle Ohnmachtserfahrung kausal zu erklären und geeignete Gegenstrategien zu ersinnen: *[Das] Gemeinsame, die eigentliche soziale Tatsache ist, dass eben der Arbeiterstand begonnen hat, sich als ein selbständiger, leidender, vom Kapitale beherrschter, aber dennoch vom Wesen der Arbeit wie vom Wesen der Persönlichkeit zur gesellschaftlichen Gleichheit mit dem besitzenden Stande berufener zweiter Stand der Gesellschaft zu erkennen. Diese Erkenntnis bringt ihn zuerst in scharfen täglich wachsenden Gegensatz zur besitzenden Klasse; sie lässt ihn aber auch zweitens mit allem Ernste an die* **Mittel** *denken, durch welche seiner Lage abgeholfen werden kann* (ebd., 96).

Von Stein ist weit entfernt davon, diesen gesellschaftlichen Interessengegensatz unmittelbar auf den Staat zu übertragen und beispielsweise die konspirationstheoretische These aufzustellen, die herrschenden politischen, juristischen und kulturellen und Eliten wären ‚bezahlte Agenten des Kapitals‘. Seine Argumentation zielt vielmehr auf diejenige Komponente der *Déclaration* von 1789, die bisher nur am Rande Berücksichtigung fand: die Volkssouveränität.

Das Legitimationsprinzip der **Volkssouveränität** bedeutet nämlich nichts anderes als die **Herrschaft der Gesellschaft über den Staat**, weswegen insbesondere Rousseau, Sieyes und Kant das Demokratieprinzip nur für die Gesetzgebung forderten, während die Exekutive zur strikten Ausführung der Gesetzes verpflichtet sein sollte. Der eigentlichen Staatsgewalt sollte es als einem unselbständigen Instrument der **Legislative** untersagt sein, die Ziele dieser **durch den Staat vermittelten normativen Selbststeuerung der Gesellschaft** zu modifizieren.

Wenn jedoch gemäß der Menschen- und Bürgerrechteerklärung die Gesellschaft den Staat normieren soll, ist die Folgerung zwingend, dass sich in der Politik diejenigen sozialen Gruppen durchsetzen werden, die auch in der Gesellschaft die dominierenden sind. *Keine Verfassungsreform [...] kann diese unausbleibliche Konsequenz erschüttern* (von Stein, Bd. III, 140).

Ernst-Wolfgang Böckenförde fasst diesen Argumentationsschritt zusammen: *Indem die Republik den Staat in den Volkswillen verlegt, begründet sie die (unmittelbare)* **Herrschaft der Gesellschaft über den Staatswillen.** *Da aber in der Gesellschaft selbst die besitzende Klasse über die nichtbesitzende herrscht, nimmt diese auch die Staatsgewalt in ihre Hände. [...] Der in der industriellen Gesellschaft bestehende* **Gegensatz der Klassen verlagert sich,** *da ein ausgleichendes, neutrales Argument in der Verfassung nicht mehr besteht, unmittelbar* **in den Staat selbst.** *Die* **Volkssouveränität als Souveränität der Gesellschaft wird zur Souveränität des Gegensatzes zwischen Kapital und Arbeit, zwi**-*schen Besitz und Nichtbesitz* (Böckenförde, von Stein, 197 f.).

Das Volkssouveränitätsprinzip bewirke also, dass sich der gesellschaftliche Antagonismus der Interessen in den Staat hineinverlagert und seine Verfassungsgeschichte strukturiert. Da nämlich nach der ,Logik' der Erklärung der Menschen- und Bürgerrechte (wenn auch nicht in der politischen Realität) beide Klassen prinzipiell dasselbe Recht am Staat geltend machen können, stehen sich nun zwei, einander ausschließende *Ideen der Republik* (Böckenförde, 198) gegenüber: die *Republik des industriellen Besitzes und die Republik des industriellen Nichtbesitzes* (von Stein, Bd. 3, 168).

Typisch für die **Republik der Besitzenden** seien neben weitestgehender Handels- und Gewerbefreiheit das Zensuswahlrecht, die Beschränkung der Ministerkontrolle auf die parlamentarische Mehrheit und schließlich das den Staatswillen repräsentierende Amt des Präsidialamtes. Die **Republik der Nichtbesitzenden** dagegen erfüllte die Forderungen nach allgemeinem Stimmrecht, Direktwahl der Abgeordneten, Progressivsteuer, kostenlosem Schulbesuch sowie staatlicher Arbeitsförderung (168 ff.).

Indem das Demokratieprinzip den gesellschaftlichen Interessensgegensatz politisiert, verwandelt sich die Volkssouveränität in die politische *Souveränität des Gegensatzes zwischen der besitzenden und arbeitenden Klasse. Es folgt, dass dieser Gegensatz, eben weil er souverän ist, zu einem Kampfe von Kapital und Arbeit um die Staatsgewalt wird* (167).

Lorenz von Steins besondere Leistung besteht nach Böckenförde nicht allein darin, zu zeigen, dass die politische und staatsrechtliche Dynamik der industriellen Gesellschaft eine (latente) *Bewegung auf den Bürgerkrieg* hin darstellt. Vielmehr habe er darüber hinaus eine allgemeingültige Erklärung für jenen selbstdestruktiven Trend bieten können, die letztlich auch zur Erklärung des Scheiterns der Weimarer Republik beitragen könne (Böckenförde, von Stein, 199): Immer dann, wenn ein ökonomischer Interessensantagonismus durch Demokratisierung der Staatswillensbildung in die Republik verlagert wird, droht er Staat und Gesellschaft zu zerreißen; es sei denn es gelänge, jenen gesellschaftlichen Konflikt im Rahmen einer erweiterten Demokratiekonzeption, der *sozialen Demokratie,* zu neutralisieren (von Stein, Bd. 3, 207).

Diese Perspektive eröffnet uns von Stein, indem er die Interessen von Kapital und Arbeit mehr nur in Bezug auf antagonistische Beziehungskomponenten erörtert. Die Möglichkeit einer sozialstaatlichen Entschärfung des Klassenkonfliktes zu unterstellen, setzt voraus, dass er ebenso reziprozitäre Komponenten besitzt: *Damit das Kapital großen Erwerb mache, muss es die Arbeit haben; damit die Arbeit die Mittel der Bildung und des Erwerbs finde, muss sie das Kapital durch tüchtige und willige Tätigkeit unterstützen. Arbeit und Kapital, ihrem innersten Wesen nach sich gegenseitig erzeugend und bedingend, haben daher ein solidarisches Interesse* (von Stein, Bd. 3, 203).

Auf den ersten Blick muss das wie ein trockenes Versichern klingen; dies jedenfalls in Zeiten, in denen Entscheidungen global agierender Kapitalbesitzer ganze Volkswirtschaften ruinieren und die entsprechenden Staaten delegitimieren können. Doch von Stein hat definitiv etwas anderes im Auge als die häufig genug kurzsichtigen empirischen Interessen der Kontrahenten. Vom Standpunkt des rationalen Egoisten müsse sich dagegen das wahre Verhältnis der Klasseninteressen nahezu von selbst enthüllen, wenn man nur die folgenden Evidenzen beachte:

Erstens bestehe das *natürliche Interesse des Kapitalbesitzers* nicht nur in der Erhaltung, sondern darüber hinaus in der *Vermehrung dieses Kapitalerwerbs. Zweitens* sei die eigentliche Quelle der Kapitalvermehrung zweifellos die Arbeit. *Drittens* falle der Kapitalerwerb *umso größer aus, je besser und allgemeiner die Arbeit ist* (197). Es sei demnach *viertens im höchsten Interesse des Kapitals selber, alles dasjenige zu tun, was die Arbeit besser macht.* Was *fünftens* die Arbeit in Hinblick auf die Qualität ihrer Produkte *allgemeiner* machen könne, was sie also von den Zufällen, die aus der ungleichen Verteilung individuellen Wissens und technischer Geschicklichkeit resultieren, befreien könnte, sei aber vor allem die *geistige Bildung des Arbeiters.* Auch heißt es in sozialromantischem Ton: *[Die] höchste Blüte der Arbeit ist identisch mit der größten Höhe des Kapitalerwerbs* (ebd.).

Doch ist von Stein Realist genug, um der Illusion zu entgehen, diese ideelle Anreizkomponente, die vermittels der Bildung eine Steigerung des Selbstgefühls und der *Ehre* des Arbeiters verspricht, könnte den sozialen Frieden sichern; unbedingt erforderlich sei eine Ergänzung um materielle Gratifikationen (198). Schon 1849 plädiert der Volkswirtschaftler Lorenz von Stein zugunsten einer bescheidenen ,**Vermögensbildung in Arbeitnehmerhand**', weil *die Möglichkeit des Erwerbs vom Kapital den Arbeiter selbst wieder zum Käufer macht,* wodurch indirekt die Verwertung des eingesetzten Kapital sichergestellt werde.

Doch diese **makroökonomische** Argumentation ist nicht die einzige und wohl auch nicht die dominierende. Entscheidend ist vielmehr der **krisenprophylaktische** Effekt, den von Stein von einer breiten Streuung des Eigentums erwartet:

Zweitens muss die Arbeit die Möglichkeit eines, wenn auch nur kleinen Kapitalerwerbs haben. [...] Es lassen sich sehr verschiedene Wege denken, auf denen man die Arbeit so einrichtet, dass sie einen kleinen Überschuss erzeugt und dadurch den Arbeiter allmählich zum Besitzenden macht. [...] In der Hauptsache kommt es darauf an, als das Prinzip aller sozialen Reform anzuerkennen, dass der Arbeit die Möglichkeit des Kapitalerwerbes gegeben werde.

Vermittels dieser sozialpolitischen Strategie könne es auf lange Sicht gelingen, den Klassenkonflikt durch einen Mentalitätswandel zu entschärfen, der sozialintegrative Effekte nach sich ziehen würde, weil nun die wechselseitige Bedingtheit der zunächst antagonistisch scheinenden Interessen durchsichtig werde.

*Nun ist der höchste Kapitalerwerb durch die Arbeit das Interesse der besitzenden Klasse in der industriellen Gesellschaft, der Erwerb geistiger Güter und eines materiellen Kapitals das Interesse der Nichtbesitzer. Beide Interessen sind daher ihrem Wesen nach identisch; das eine ist stets die absolute Voraussetzung des anderen; die Wahrheit ist daher gegeben in der **Gegenseitigkeit** und der **Solidarität der Interessen**.*

Weil demnach die *Bedingungen, durch welche die Arbeit gehoben werden muss, zugleich dieselben Bedingungen sind, welche die Entwicklung des Kapitalerwerbs erzeugen,* sei eine **Sozialpolitik**, die die (ideellen und materiellen) Interessen der Lohnarbeiter in den Mittelpunkt stellt, im wohlverstandenen Eigeninteresse der Kapitaleigner: das elementare, allgemeine Interesse der Besitzenden bestehe nämlich in der *Abwendung der Gefahr, welche in der Feindschaft der Arbeit gegen das Kapital liegt* [...] *Niemals kann eine Verwendung der Besitzenden zugunsten der Arbeiter so teuer sein, als ein einziger Arbeiteraufstand teils durch seine unmittelbaren, teils durch seine mittelbaren Folgen* (201 f.).

Entscheidend ist, dass der Staatsrechtslehrer von Stein mit dieser *Strukturformel des Sozialstaates oder der ‚sozialen Demokratie'* (Böckenförde, von Stein, 200) keine **Verfassungsreform**, sondern eine **Verwaltungsreform** anvisierte. Letztere aber sei eine unbedingte Notwendigkeit auch und gerade im aufgeklärten Selbstinteresse der Besitzenden. Denn nur wenn die **sozialstaatliche ‚Umprogrammierung' der Exekutive** gelinge, könne eine politische Revolution vermieden werden, die das **Zensuswahlrecht** abschaffen und damit den Besitzenden ihre **partizipatorischen Privilegien** nehmen würde.

Soll daher die besitzende Klasse mit dem Bestehenden zufrieden sein, so muss, nach der Natur des Besitzes, die Verfassung unangetastet in ihren Händen bleiben. Soll aber zweitens die nichtbesitzende Klasse sich bei dieser Herrschaft der Besitzenden über den Staat beruhigen, so muss [...] die Verwaltung unablässig bemüht sein, mit allen Mitteln der Staatsgewalt die arbeitende Klasse in ihrem wesentlichsten Interesse, dem Erwerb des Kapitals für jeden einzelnen Arbeiter zu fördern; das heißt, es muss eine Verwaltung der sozialen Reform sein (von Stein, Bd. III, 205f.).

Allein der Wohlfahrtsstaat könnte die Arbeiterschaft veranlassen, die sich aus der Rechtserklärung von 1789 zwingend ergebende Forderung nach **gleichen demokratischen Partizipationsrechten** zurückzustellen und sich mit der verwaltungstechnischen Berücksichtigung ihrer Interessen zu bescheiden. Gelingt es nicht, die Beherrschten dazu zu bewegen, ihr partizipatorisches politisches ‚Erstgeburtsrecht' gegen ein advokativ zugeteiltes ‚Linsengericht' einzutauschen, dann wird – so von Stein – der Kampf um das **allgemeine Wahlrecht** bis zum Bürgerkrieg eskalieren.

*Wenn die nichtbesitzende Klasse daran zweifelt, dass die besitzende Klasse die Verwaltung im Interesse der Nichtbesitzer, namentlich der Arbeiter, ausüben will, so wird sie sofort mit aller Macht sich für das allgemeine Wahlrecht als diejenige Verfassungsform erklären, welche die Staatsgewalt in ihre Hände bringt, weil sie alsdann nur darin die Gewähr für die Verwaltung in ihrem Interesse zu sehen anfängt. Wenn dagegen die besitzende Klasse die Staatsverwaltung im Sinne der nichtbesitzenden Klasse zur Hebung des Loses der Arbeiter für die Bildung und die Möglichkeit eines, wenn auch nur allmählichen, Kapitalerwerbes bietet, so wird diese Klasse in dem Maße **mehr gleichgültig gegen die Form der Verfassung** sein, in welchem die Interessen derselben mehr gefördert werden. Es sind bei dieser Verwaltung **Königtum, Diktatur, Aristokratie und Demokratie gleichmäßig** möglich, und zwar darum, weil der erworbene Besitz die Unfreiheit doch am Ende unmöglich macht, und weil die Förderung des Erwerbs zur Förderung der Freiheit wird* (Bd. III, 206 f.).

Für die Klasse der Kapitaleigner soll sich die Anzahl politischer Handlungsoptionen auf genau zwei reduzieren, was sich mit der Formel *Sozialstaat oder Revolution* zwar verkürzt, aber dennoch treffend beschreiben lässt. Entweder werde die Sozialverwaltung dazu bestimmt, die Bedingungen dafür zu schaffen, dass sich der pragmatische Optionsspielraum der Arbeiter in der Sphäre des Privatrechts erweitert oder aber man zwinge sie dazu, sich diesen mittels gewaltsamen Umsturzes des Staatsrechtes zu erobern.

So hell- und weitsichtig Lorenz von Steins Prognose zweifellos war, so hat seine Sozialstaatstheorie doch ein erhebliches Manko: Sie lässt einen internen Bezug zu den klassischen Freiheitsrechten vermissen. Ähnlich wie Fichte begründet von Stein die Notwendigkeit sozialstaatlicher *Daseinsvorsorge* (Forsthoff 1976, 52) ausschließlich funktional: Der ökonomisch bedingte Klassenantagonismus könne nur dann in den Grenzen des gegebenen Staatsrechts gehalten werden, wenn in erheblichem Ausmaß sozialstaatliche Kompensationen geleistet würden, die eine sich sonst immer weiter vertiefende Einkommensasymmetrie in erträglichen Grenzen hielten.

Lorenz von Steins *Geschichte der sozialen Bewegung in Frankreich* lässt sich als Entwurf einer Reformstrategie lesen, die die Errungenschaften der Französischen Revolution in den preußischen Zustand einer verfassungslosen Monarchie ,übersetzen' sollten. Von Steins Plädoyer zugunsten des sozialen Verwaltungsstaates behandelt demnach auch das Problem, wie die ,soziale Frage' im Rahmen der preußischen Monarchie gelöst werden könnte. Jedoch im Unterschied zu Kant, der den freiheitsrechtlichen Gehalt der *Déclaration* durch eine Reform der *Regierungsart* zur Geltung gebracht sehen wollte, die über kurz oder lang nicht nur private Selbstbestimmung, sondern legislative Volkssouveränität ermöglichen sollte, zielt von Steins (wie auch schon Fichtes) Argumentation in die entgegengesetzte Richtung:

Die partizipatorischen Freiheitsrechte sollen aus Gründen politischer Stabilität zwar zugunsten der Besitzenden ungleich verteilt bleiben, jedoch durch ,Sozialtransfers' ausgeglichen werden. Der Sozialstaat fungiert hier als institutionelle Sicherung der pragmatischen Voraussetzungen für den Gebrauch der Freiheitsrechte des *status negativus*. In Bezug auf die politischen Rechte des *status activus* sind die sozialen Rechte des *status positivus* nicht anderes als deren ‚negatives Surrogat' (zur Statuslehre vgl. Jellinek 1919, 87, 94 ff.). Auch von Steins Sozialstaatstheorie folgt demnach letztlich der Losung: **Distributive Gerechtigkeit statt demokratische Partizipation**.

6. 5. Die Weimarer Debatte

Die Reichsverfassung von 1919 war sicher kein in sich homogenes Ganzes, und sie konnte es nicht sein. Denn in deren Text schlugen sich zwangsläufig all diejenigen Wertorientierungen gesellschaftlicher Gruppen nieder, die nach dem verlorenen Krieg und dem Zusammenbruch des Kaiserreichs noch leidlich intakt waren. Neben dem sozialdemokratischen und dem sozialistischen waren dies das liberale und das dem Katholizismus nahestehende Milieu sowie, allerdings abgeschwächt, national-konservative Strömungen.

Es wundert daher nicht, dass die Reichsverfassung **kein** klares Bekenntnis zu einer bestimmten Wirtschafts- und Sozialordnung (etwa privatkapitalistischer Art) enthält, sondern, ähnlich wie das Grundgesetz der Bundesrepublik, dem Gesetzgeber einen sehr weiten Ausgestaltungsspielraum eröffnet. So besagt Art. 153 der Reichsverfassung: Das *Eigentum wird von der Verfassung garantiert. Sein Inhalt und seine Schranken ergeben sich aus den Gesetzen.*

Diese wirtschafts- und gesellschaftspolitische Offenheit der Reichsverfassung wurde freilich nur von wenigen Staatsrechtslehrern begrüßt. Einer der bedeutendsten von ihnen war **Hermann Heller** (1881–1933). Ausdrücklich verteidigte er das pluralistische Gesellschafts- und Demokratiemodell der Reichsverfassung auch gegen linke Kritiker, die eine eindeutige Aussage zugunsten einer auf Staatseigentum gegründeten ‚Zentralverwaltungswirtschaft' vermissten. Gerade die gesellschafts- und wirtschaftspolitische Offenheit der Verfassung sei positiv zu werten. Auf diese Weise werde nämlich die Frage nach der ‚gerechten' Eigentumsordnung

dem ‚gesellschaftlichen Diskurs' überlassen, anstatt ihn verfassungsrechtlich zu reglementieren:

> *Besonders kultiviert und geistreich kommen sich dabei jene*
> *Kritiker von links und rechts vor, die der Weimarer Verfassung*
> *Mangel an Stil vorwerfen, den einheitlichen Geist vermissen und*
> *ihr nachsagen, sie habe die politischen Grundentscheidungen nicht*
> *getroffen, sondern sei ihnen ausgewichen, habe sie vertagt. [...]*
> *Man braucht gewiss kein scharfsinniger Staatstheoretiker zu sein,*
> *um die Widersprüche im zweiten Hauptteil der Reichsverfassung,*
> *in den Grundrechten und Grundpflichten aufzudecken. [...] Dass*
> *man leicht eine sozialistische oder eine von allen öffentlichen Bin-*
> *dungen und Soziallasten freie Wirtschaft auf dem geduldigen Pa-*
> *pier hätte dekretieren können, ist ebenso sicher wie die Tatsache,*
> *dass diese Dekrete Papier geblieben wären* (Grundrechte, 375).

Häufig genug aber wurde der Kompromisscharakter der
Verfassung als struktureller Mangel gewertet. Ja, manche
waren gar davon überzeugt, dass die Verfassung als solche,
besonders aber deren demokratische Eigentumskonzeption
geeignet wäre, gesellschaftliche Konflikte zu verschärfen.
Denn schließlich biete, so **Carl Schmitt** (1888–1985), eine
pluralistische Verfassung jeder gesellschaftlichen Gruppe
die Möglichkeit, ihre besonderen Interessen quasi höchstins-
tanzlich zu legitimieren.

> *Auch die Verfassung löst sich in ihre widersprechenden Be-*
> *standteile und Auslegungsmöglichkeiten auf, und keine norma-*
> *tivistische Fiktion einer ‚Einheit' wird es verhindern, dass jede*
> *kämpfende Gruppe sich desjenigen Verfassungsstückes und Verfas-*
> *sungswortes bemächtigt, das ihr am besten geeignet scheint, die*
> *Gegenpartei auch im Namen der Verfassung zu Boden zu schla-*
> *gen. Legalität, Legitimität und Verfassung würden dann, statt den*
> *Bürgerkrieg zu verhindern, nur zu seiner Verschärfung beitragen*
> (Schmitt, Verfassungslehre, 163).

Die Frage nach den systematischen Beziehungen zwischen liberalen, demokratischen und sozialstaatlichen Verfassungskomponenten spielte in den Kontroversen um die
Weimarer Reichsverfassung eine erhebliche Rolle. Besonders
heftig wurde um die Frage nach dem juristischen Stellenwert
sozialstaatlicher Verfassungsgarantien gestritten. In jenem
Streit traten Carl Schmitt und Hermann Heller als Antipo-
den auf, deren Argumentationen bis heute aktuell geblieben

sind, weil sie sich jeweils durch eine besondere Stringenz auszeichnen.

Carl Schmitts **Verfassungslehre** von 1928 gilt mit einer gewissen (allerdings eingeschränkten) Berechtigung noch heute als ein Standardwerk der Staatsrechtslehre. Besondere Sorgfalt verwendet er auf die *[s]achliche Einteilung und Unterscheidung der Grundrechte.* Mit ihrer Hilfe soll es gelingen, den systematischen Ort zu ermitteln, den die sogenannten sozialen Grundrechte im liberaldemokratischen Verfassungsbau einnehmen.

Bereits die einleitende Definition des *Allgemeinbegriff[s] der Grundrechte* lässt jedoch vermuten, dass den sozialen Rechten eine prekäre Position zugedacht ist: *[Grundrechte sind] Rechte [...], die als vor- und überstaatliche Rechte gelten können, die der Staat nicht nach Maßgabe seiner Gesetze verleiht, sondern als vor ihm gegeben anerkennt und schützt und in welche er in einem prinzipiell messbaren Umfang und nur in einem geregelten Verfahren eingreifen kann. Diese Grundrechte sind also ihrer Substanz nach keine Rechtsgüter, sondern Sphären der Freiheit, aus der sich Rechte und zwar Abwehrrechte ergeben* (Verfassungslehre, 163).

Als Grundrechte im eigentlichen Sinn sollen nur spezifisch antipolitische Rechte gelten können, die einen *prinzipiell unkontrollierten Spielraum der individuellen Freiheit* voraussetzen (164). Echte Grundrechte grenzen demnach staatsfreie Handlungsräume aus, die im Ideal vollständig der privaten Selbstbestimmung überlassen werden. So gelten die klassischen Abwehrrechte der Religionsfreiheit, der persönlichen Freiheit, des **Eigentums**, des Rechtes der freien Meinungsäußerung als vorstaatliche Rechte, die dem Einzelnen vermöge seines **Menschseins** und nicht nur seines **Staatsbürgerseins** zukommen.

Ob es sich bei verfassungsrechtlichen Garantien jeweils um echte Grundrechte handelt, kann man nach Schmitt daran feststellen, ob sie dem **asymmetrischen** *Verteilungsprinzip* des bürgerlichen Rechtsstaates genügen: *nämlich die prinzipielle* **Unbegrenztheit** *der menschlichen* **Freiheit** *und prinzipielle* **Begrenztheit** *des Staates* (ebd.).

Besonders greifbar wird die für Abwehrrechte kennzeichnende Asymmetrie im Verhältnis zwischen Individuum und

Staat wenn man den *Grad der Gewährleistung* beachtet, der diesen besonderen Rechten zukommt: *Alle echten Grundrechte sind* **absolute** *Grundrechte, d. h. sie werden nicht nach ,Maßgabe der Gesetze' gewährleistet, ihr* **Inhalt** *ergibt sich nicht aus dem Gesetz, sondern der gesetzliche* **Eingriff** *erscheint als* **Ausnahme** *und zwar als prinzipiell begrenzte und messbare, generell geregelte Ausnahme* (166).

Typischerweise unterstreicht der Verfassungstext den absoluten Geltungsgrad der echten Grundrechte, indem er sie als *unverletzlich* bezeichnet. Demgegenüber stünde die Geltung ,**relativer' Grundrechte** regelmäßig unter **Gesetzesvorbehalten**. So gewährleiste beispielsweise Art. 151, Abs. 3 der Reichsverfassung die Gewerbe- und Vertragsfreiheit nur *nach Maßgabe der Gesetze*. Im Unterschied zu den echten Freiheitsgrundrechten sei ein unter Gesetzesvorbehalt gestelltes ,Grundrecht' ein *Gut, das mit andern Gütern in eine Interessensabwägung eintreten könnte* (167).

Jedoch dürfe bei derartigen Klauseln, die dem Gesetzgeber ein unbeschränktes Normierungsrecht einzuräumen scheinen, nicht vergessen werden, dass kein einfaches Gesetz gegen das fragliche Grundrecht **als solches** gerichtet sein darf (ebd.). Freilich sei es im Spezialfall des Art. 153 RV fraglich, ob das Recht auf Privateigentum lediglich ein relatives Grundrecht sei, dessen abwehrrechtliche Funktion allein noch durch eine solche ,**Wesensgehaltsgarantie'** gestärkt würde, oder ob es sich hier, allen missverständlichen Formulierungen zum Trotz, nicht doch um ein absolutes Abwehrgrundrecht handele. Immerhin nämlich sei es die Verfassung und nicht der Gesetzgeber, dem die Gewährleistung dieses Grundrechts anvertraut worden sei. Schmitt hält es daher für evident, dass das **Privateigentum nur** *scheinbar kein absolutes Recht* ist (166).

Doch was ergibt sich aus alledem hinsichtlich der Verpflichtung, die der Grundrechtsadressat gegenüber dem Grundrechtssubjekt haben kann? Wozu verpflichten eigentlich die absoluten Freiheitsgrundrechte den Staat: zum Tätigwerden oder zum Unterlassen?

Wegen des für Abwehrrechte typischen **asymmetrischen Verteilungsprinzips** sei der **liberale Staat** ein unselbständiges Gebilde, das seinen Zweck außer sich hat. Seine

Handlungsverpflichtungen sind vor allem **Unterlassungs-pflichten**. Der negative *Not- und Verstandesstaat* (Hegel) des liberalen Modells ist ein ‚Minimalstaat', dessen einziger Zweck darin besteht, die Freiheitssphären der Privatpersonen zu maximieren und sie als Diener der Privatfreiheit durch ein rechtlich-institutionelles ‚Gehege' abzusichern: *Die Freiheit des Einzelnen sei nämlich dem liberalen Verständnis nach prinzipiell unbegrenzt, während die Befugnis des Staates zu Eingriffen in diese Sphäre prinzipiell begrenzt sei* (124).

Nichts anderes als diese unpolitische Individualfreiheit sei es, die einem liberalen ‚Nachtwächterstaat' Legitimität verleihen könne. Nur schwer lässt sich die Geringschätzung überhören, mit der Schmitt, aller gegenteiligen Beteuerungen zum Trotz, die liberalen Grundrechte als zwar echt, aber ‚privatistisch' abwertet. Verliehen sie dem Staat doch bestenfalls eine relative, instrumentelle und kontraktuelle Legitimität. Dass der Ton, mit dem Schmitt den **liberalen Rechtsstaat als unpolitisch** diskreditiert, ab 1932 an Schärfe zunahm, kann nicht verwundern. Schließlich soll nun der souveräne Regierungsstaat, der einer Einschränkung durch Grundrechte nicht mehr bedürftig sei, gegen eine angeblich drohenden Juridifizierung aller Politik als die vorzuziehende Option verteidigt werden. Eine de facto souveräne Verfassungsrechtsprechung wäre nämlich die unvermeidliche Konsequenz einer liberalen, auf Abwehrrechte gebauten Verfassung.

Die liberale Staats- und Verfassungskonstruktion rechnet also mit einer einfachen und unmittelbaren Gegenüberstellung von Staat und privatem Einzelnen. Nur von dieser Gegenüberstellung aus ist es ein natürliches und sinnvolles Bestreben, ein ganzes Gebäude von Rechtsschutzmitteln und -einrichtungen aufzubauen, um die hilf- und schutzlose, arme, isolierte Einzelperson vor dem mächtigen Leviathan ‚Staat' zu schützen. Nur zur Sicherung des armen Individuums haben die meisten Rechtsschutzeinrichtungen des sog. Rechtstaates einen Sinn und lässt es sich rechtfertigen, dass der Schutz gegen den Staat immer justizförmiger wird und immer mehr in der Entscheidung einer vom Staat unabhängigen richterlichen Instanz endet (Staat, Bewegung, Volk, 164).

Eine liberale Verfassung, die die innere Stimmigkeit ihrer Prinzipien nicht preiszugeben bereit wäre, könnte nach Schmitt nur eine ganz bestimmte Art von Grundrechten anerkennen: die **absoluten** Freiheitsrechte der Individuen, deren Geltungsbereich wesentlich vor und außerhalb des Staates liege. Durch diese Art von Grundrechtsgarantien würden dem Staat keinerlei Interventionsverpflichtungen, sondern lediglich Unterlassungspflichten erwachsen. Echte Grundrechte, wie z. B. die Gewissensfreiheit oder die Unverletzlichkeit der Wohnung seien insofern ‚**negative Freiheitsrechte**', als der in seinen Rechten geschützte *nicht aus dem unpolitischen Zustand des bloß Gesellschaftlichen heraustritt und nur die freie Konkurrenz [...] anerkannt werden soll* (Verfassungslehre, 164). Diesen negativen Freiheitsrechten des isolierten Einzelnen entspreche der klassische liberale ‚Nachtwächterstaat', der sich auf die Erfüllung seiner minimalen ‚Kernaufgaben' – die rechtliche Sicherung der Vertragsfreiheit und des Privateigentums – beschränke.

Carl Schmitt überträgt offensichtlich einen frühbürgerlichen Begriff der Freiheitsrechte, der zugunsten privatwirtschaftlicher Autonomie gegen die bevormundende Verwaltung der monarchischen Obrigkeitsstaaten des 17. und 18. Jahrhunderts gerichtet war, auf einen wesentlich veränderten gesellschaftlichen Kontext: den der hoch industrialisierten Klassengesellschaft, in der **wirtschaftliche Interessenszusammenschlüsse** nicht mehr die Ausnahme, sondern die Regel geworden sind.

Zwar müssten einerseits die *Rechte der Einzelnen in Verbindung mit anderen einzelnen [...] noch als echte Grundrechte betrachtet werden, solange der Einzelne nicht aus dem unpolitischen Zustand des bloß Gesellschaftlichen heraustritt* (165). Doch bereits mit der grundrechtlichen Gewährleistung der Pressefreiheit oder der Vereinsfreiheit werde – so die Behauptung – die *Sphäre des Privaten* definitiv verlassen. Insofern diese Art von Freiheitsrechten *soziale Betätigungen* einschlössen, könnten sie nicht mehr beanspruchen, lediglich Zonen der Privatautonomie vor staatlichen Zugriffen schützen: *Sie können dann nicht mehr dem Verteilungsprinzip [der liberalen Grundrechte] entsprechen und verlieren mit dem individualistisch-menschlichen Charakter auch die Absolutheit ihres Schutzes* (165).

Die intersubjektiven Individualrechte, wie insbesondere die Vereinigungsfreiheit, sind in Schmitt Sichtweise ‚trojanische Pferde', durch das sich ein völlig anderes Staats- und

Verfassungsverständnis geltend mache als das liberale: *Sobald die Vereinigungsfreiheit zu Koalitionen führt, d. h. zu Verei-
nigungen, die einander bekämpfen und mit spezifischen, sozialen
Machtmitteln wie Streik oder Aussperrung einander gegenüber-
stehen, ist der Punkt des Politischen erreicht und ein individua-
listisches Grund- und Freiheitsrecht infolgedessen nicht mehr vorhanden* (ebd.).

Denn diese Art Rechte widersprächen dem Subjektbe-
griff, der den liberalen Grundrechten zugrunde liege, insofern nun nicht nur interagierende Privatpersonen, sondern
privatrechtliche Organisationen zu Grundrechtsträgern erklärt würden: *Freiheitsrechte der hier in Frage stehenden Art
können Körperschaften, Verbänden oder Kollektivitäten als solchen
nicht zustehen; sonst würde sich die organisatorische Struktur des
Staates in ihr Gegenteil verwandeln und aus der republikanischen
Demokratie der geltenden Reichsverfassung ein **pluralistischer
Verbandsstaat** werden* (Grundrechte, 212).

Gegen Schmitts Verdikt über diesen ersten Typ sozialer
Grundrechte, die die Kooperation, die Kommunikation und
die Interessenskoordination schützen, ließe sich einwenden,
dass diese Rechte keineswegs vorhandene Interessensorga-
nisation als solche unter Grundrechtsschutz stellt, sondern
nach wie vor Ansprüche der Individuen auf Freiheitssphären formulieren, die insofern abwehrrechtlichen Charakter
haben, als sie ‚negative Kompetenznormen' des Staates feststellen, in deren Schutzbereich einzugreifen dem Staat nur
unter der Wahrung der Wesensgehaltsgarantie und nur unter erschwerten Bedingungen gestattet wäre. Das Recht, sich
um der Förderung seiner ökonomischen Interessen willen einer Organisation anzuschließen, hätte aus diesem Blickwinkel keine schlechterdings andere Qualität als etwa die freie
Wahl des Berufes. Eine klassifikatorische Alternative bestünde darin, diese Organisationsrechte den demokratischen
Partizipationsrechten des *status activus* zuzuordnen, die nun
allerdings ihren Referenzrahmen gewechselt hätten: Statt
Teilhaberechte an der Staatswillensbildung formulierten sie
nun Teilhaberechte an wirtschaftlichen Entscheidungen. Ein
zwingendes Argument gegen den Grundrechtsrang wirt-
schaftlich-organisatorischer Individualansprüche kann Carl
Schmitt also nicht beibringen.

Deutlich günstiger stehen seine Chancen, eine Ausgrenzung sozialer Leistungsansprüchen aus der Klasse der echten Grundrechte, einsichtig zu machen. Wurden die privatwirtschaftlichen Partizipationsrechte vor allem zurückgewiesen, weil sie ‚juristische Personen' wie z. B. Gewerkschaften zu Grundrechtsträgern erklärten, so wird nun sowohl der **vorpolitische Charakter** als auch die **inhaltliche Negativität** als auch die **unbeschränkte Geltung** der liberalen Freiheitsrechte betont, die positive soziale Grundrechte ausschließen müsse:

Grundrechte könnten keine *sozialen Forderungen* enthalten, die z. B. dem Staat zu bestimmten positiven Leistungen verpflichten würden. *Sozialistische Rechte des Einzelnen auf positive Leistungen an einen Staat* kämen als Grundrechtskandidaten deswegen nicht in Frage, weil sie erstens als relative Ansprüche allemal begrenzt wären.

*Sie können nicht unbegrenzt sein, denn jedes Recht auf die Leistung eines anderen ist begrenzt, jedenfalls aber ein Recht Aller auf Leistungen des Staates. Derartige Rechte setzen eine staatliche Organisation voraus, welcher der berechtigte Einzelne eingefügt ist. Dadurch wird sein Recht bereits relativiert. Es ist bedingt und zwar von einer das Individuum erfassenden, ihm seinen Platz zuweisenden, seinen Anspruch zumessenden und **rationierenden Organisation*** (Verfassungslehre, 169).*

Als staatsgerichtete Leistungsansprüche wären sie im Unterscheid zu den liberalen Grundrechten zweitens allemal konkretisierungsbedürftig, um anwendbar zu sein:

Für die geltende Reichsverfassung ergeben sich solche Ansprüche des Einzelnen [...] **nicht aus der Verfassung, sondern erst** *aus einem (die in einem Verfassungsgrundsatz oder einer Zielsetzung enthaltene Verfassungsanweisung vollziehbar machenden) Gesetz, z. B. der Anspruch auf Arbeitslosenunterstützung [...]. Diese Bestimmungen sind Richtlinien für den Gesetzgeber, im zuständigen Bereich auch für die Verwaltung und die Rechtspflege. Das Wort ‚Anspruch' beweist nicht, dass hier unmittelbar rechts- oder gar klagebegründende (Leistungs-, Unterlassungs- oder Schadloshaltungs-) Ansprüche der Interessenten vorliegen* (Grundrechte, 212).

Damit ist nach Schmitt zur Genüge demonstriert, dass zwei Typen von sozialen Rechten mit liberalen Verfassungsbestandteilen unvereinbar sind: Grundrechtliche Ansprüche auf staatliche Leistungen einerseits und demokratische Partizipationsrechte in der Privatwirtschaft andererseits. Wenn soziale Rechte ihrer *logischen und juristischen Struktur nach in einem Gegensatz zu den echten Grund- und Freiheitsrechten* stehen (ebd.), dann steht der Souverän vor einem rechtlichen Problem: Weil die verfassunggebende Gewalt versäumt hätte, ausschließlich die liberalen Freiheitsgrundrechte auf Kosten der sozialen Rechte als echte Grundrechte auszuzeichnen, müsse dies nun mittels unterverfassungsrechtlicher Normsetzung klargestellt werden.

Nach Schmitt wäre es jedenfalls fatal, angesichts einer heterogenen, in sich widersprüchlichen Verfassung dieser Entscheidung auszuweichen. Während eine Erweiterung der klassischen Grundrechte um demokratische Partizipationsrechte in der Privatwirtschaft die liberale Demokratie in einen *pluralistischen Verbandsstaat* verwandelte, transformierten ihn *Rechte des Einzelnen auf positive Leistungen sozialer oder kultureller Art* in einen *sozialistische[n] Rechtsstaat, der eine andere staatliche Organisation und andere als prinzipiell unbegrenzte Freiheitsrechte* voraussetzte (ebd.).

Leider ist die Sachlage bei Carl Schmitt noch ein wenig komplizierter: Die sozialen Rechte widerstreiten seiner Auffassung nach nicht nur der liberalen Verfassungskomponente, sondern richten sich jedenfalls teilweise auch gegen die demokratischen Grundrechte, die ihrerseits nach ihrer *logischen und juristischen Struktur [...] in einem Gegensatz* zu den freiheitsrechtlichen Verfassungsnormen stehen sollen (ebd.).

*Durchaus **anderer Art** sind die wesentlich demokratischen Staatsbürgerrechte. Auch sie können als Grundrechte bezeichnet werden, aber in einem ganz anderen Sinne als die individualistischen Freiheitsrechte. Dem Dualismus der Bestandteile einer modernen rechtsstaatlichen Verfassung [...] entspricht hier ein Dualismus der Grundrechte* (168).

Schmitts Verfassungslehre unterstellt demnach keine **Dichotomie**, sondern eine *logische und juristische* **Trichotomie der sogenannten Grundrechte**: den klassischen **Freiheitsrechten** stehen einerseits die **demokratischen Partizipationsrechte** gegenüber, während die **sozialen Rechten** teils den ersten, teils den zweiten widersprechen.

Die *sozialen Leistungsansprüche* sollen mit den liberalen Grundrechten unvereinbar sein, weil die Anerkennung jener den freiheitsrechtlichen Zweck der rechtsstaatlichen Organisation der Staatsgewalt vereiteln würden – statt negative Autonomiesphären der Einzelnen aus der Regelungssphäre des Politischen herauszustellen, würden distributive Egalisierungsansprüche positive Interventionen des Staates in die privatautonome Sphäre erfordern. Dagegen sieht er bei wirtschaftlich-politischen Grundrechten ,juristischer Personen', z. B. dem Koalitionsfreiheitsartikel 159 RV, die entgegengesetzte Tendenz am Werk. Könnten individuenübergreifende Organisationen – seien es eher interessenbedingte wie z. B. Gewerkschaften, seien es eher weltanschauungsgebundene wie z. B. Religionsgemeinschaften oder auch politische Parteien als interessen- und ideengebundene Organisationen – ihre Selbstbestimmungsansprüche von der Idee unveräußerlicher Freiheitsrechte herleiten und sie vorzüglich gegen den parlamentarischen Gesetzgeber ins Feld führen, dann wäre der unvermeidliche Effekt die pluralistische Zersplitterung und im Exremfall die Verunmöglichung der demokratischen Willensbildung.

Der terminologische und argumentative Scharfsinn, der Carl Schmitts Grundrechtstypologie, aber auch seine Verfassungslehre als Ganze auszeichnet, ist unstrittig. Ungeachtet dessen, lassen sich doch eine Reihe von **sachlichen Einwänden** nicht von der Hand weisen, die auch die verfassungstheoretische Begrifflichkeit diskreditieren:

Es liegt im Interesse der Grundrechtstypologie Schmitts, die Weimarer Reichsverfassung als inkonsistente Menge von Rechtsnormen darzustellen, die auf höchst ungleichartigen politischen Ordnungs- und Legitimationskonzepten beruht. So würden liberale, demokratische und sozialstaatliche Verfassungskomponenten in ein- und derselben Verfassung zusammengezwungen, obwohl allein schon die **dichotome** Beziehung zwischen den ersten beiden Normenkomplexen genügen würde, um das mit ihrer Hilfe konstruierte Staatswesen zur Instabilität zu verurteilen.

Was Schmitt übersieht und was er durch ein sorgfältigeres Quellenstudium hätte erkennen müssen, ist zunächst das komplementäre Verhältnis zwischen klassischen liberalen Abwehrrechten des *status negativus* und den Partizipationsrechten des *status activus*: **Auch und vor allen die demokratischen Teilhaberechte sind Freiheitsrechte mit abwehrrechtlichem Charakter.** Denn die demokratische, d. h. gesetzgeberische Rechtsnormsetzung dient der Kontrolle der Staatsgewalt und der Verhinderung freiheitswidriger Machtausübung. Die demokratischen Partizipationsrechte, wie sie in der Staatslehre der Aufklärung gedacht waren, maximieren sozusagen den staatsmachtbegrenzenden Effekt der klassischen Abwehrrechte, indem sie die Staatsgewalt dem Normierungsvorbehalt der Gesellschaft unterwerfen.

Auch die demokratischen Rechte besitzen ebenso wie die liberalen eine vorstaatliche und zugleich staatliche Dimension ihrer Geltung. Denn zum Demokratieprinzip, das sich in der Gesetzgebungskompetenz des Volkes innerhalb des verfassten Zustandes äußert, gehört allemal das ursprüngliche, vorstaatliche Recht der Verfassunggebung. Schließlich unterschieden die klassischen Theorien der Aufklärung durchgängig zwischen zwei Dimensionen der Volkssouveränität, eine konstituierende und eine konstituierte Betätigungsart.

Soziale Rechte im Sinne von positiven Leistungsansprüchen an den Staat können nach Schmitt schon deswegen nicht als echte Grundrechte bezeichnet werden, weil ein konkreter, justiziabler Rechtsanspruch sich für den Einzelnen erst aus einfachen Gesetzen herleiten lasse, aber nicht unmittelbar aus einem Verfassungsgesetz folgen könne (Grundrechte, 212). Das schließt aber nicht aus, dass der Anspruch des Bürgers auf Ausfallbürgschaften des Staates, die er im Notfall zu übernehmen hätte, als solcher verfassungsgesetzlich festgeschrieben ist und sich nur die (allerdings nicht beliebig variierbaren) Anspruchsquanten aus der einfachen Gesetzgebung bestimmen würden. Schließlich werteten sowohl Friedrich Naumann als auch Hugo Preuß die sozialen Grundrechte als verfassungsrechtlich substanzielle, wenn nicht zentrale Normen, von deren einfachgesetzlicher Umsetzung man sich die Realisierung der Option zugunsten eines ‚dritten Weges' zwischen Kapitalismus und Sozialismus versprach.

Auch die sozialen Grundrechte der Reichsverfassung, selbst diejenigen, die **Interessensorganisationen** unter Grundrechtsschutz zu stellen scheinen, sind ebenso wie die demokratischen Grundrechte immer noch Rechte, die Individuen geltend machen können. Schmitt vermischt die Frage nach dem Ausübungskontext mit der Frage nach dem Träger des Grundrechtes und kann so den Eindruck erwecken, die Vereinigungsfreiheit wäre ein Recht, das nur Kollektiven bzw. Organisationen zuzurechnen wäre.

Schmitts Grundrechtstypologie will nachweisen, dass moderne Verfassungen nicht nur inkonsistent, sondern dichotom, wenn nicht gar trichotom gebaut seien. In jedem Fall betrachtet er soziale Grundrechte als konstitutionelle Fremdkörper, die eine Überdehnung und Uminterpretation des liberalen Grundrechtsverständnisses zu verantworten hätte. Dabei wird übersehen, dass sozialstaatliche Gewährleistungen die pragmatischen Bedingungen sichern sollen, ohne die die in den klassischen Grundrechten verheißenen elementaren Freiheitsspielräume verschwänden. Sowohl die liberalen als auch die demokratischen Grundrechte wären ohne sozialstaatliche ‚Daseinsvorsorge‘ lediglich formelle Deklarationen, die nicht den mindesten praktischen Wert für die Individuen besäßen, um derentwillen sie doch kodifiziert worden waren. Für einen Wohnsitzlosen ist das Recht auf Unverletztlichkeit der Wohnung ebenso irrelevant, wie das Recht auf innerbetriebliche Mitbestimmung für einen Arbeitslosen.

Während nationalkonservative Staatsrechtler wie Carl Schmitt den ‚Wertepluralismus‘ der Reichsverfassung aufs Schärfste tadelten, fanden sich auf der Linken bedauerlicherweise nur wenige Autoren, die die wirtschafts- und gesellschaftspolitische Offenheit der Reichsverfassung als Vorzug erkannten. Besonders entschieden tat dies **Hermann Heller** (1881–1933).

Er würdigt vor allem die bewusst pluralistisch konzipierte Reichsverfassung, die sich damit im Einklang mit der gesellschaftlichen Realität befinde. Der Verfassungskonvent hätte sich entschlossen, alle diejenigen gesellschaftlichen Wertüberzeugungen verfassungsrechtlich anzuerkennen, die sich in der bisherigen Geschichte als erfolgreich erwiesen hätten. Dies gelte vor allem für den zweiten Teil der Verfassung, der die *Grundrechte und Grundpflichten der Deutschen* benennt:

Der zweite Hauptteil der Verfassung bildet die politische Gesinnungsgrundlage des Deutschen Reiches, wie sie im Laufe der geschichtlichen Entwicklung aus den Kämpfen der gesellschaftlichen Ideale und Interessen herausgewachsen ist (Grundrechte, 287).

Nach Heller sind es genau vier **Ideen**, die sich historisch durchgesetzt hätten und wegen ihrer Allgemeingültigkeit Eingang in den Zweiten Hauptteil der Weimarer Reichsverfassung gefunden hätten: die liberale, die demokratische, die nationale und die soziale Idee.

Die *liberale Idee* leitet sich ab aus der individualistisch-kosmopolitischen Strömung im Naturrecht, die sich insbesondere in der Neuzeit gegen die Thomistische Orthodoxie behaupten konnte (Thomas von Aquin und seine Schüler vertraten eine gemäßigt deterministische Lehre, nach der der unfreie menschliche Wille göttlicher Gnade bedürftig ist, um das Heil erlangen zu können). Die im individualistischen Naturrecht zur Geltung gebrachte natürliche Freiheit der Person richtete sich einerseits gegen den absolutistischen Obrigkeitsstaat und andererseits gegen dessen protektionistische Wirtschaftspolitik, gegen die die Losung des ‚freien Spiels der Kräfte' ins Feld geführt wurde.

Der typische wirtschaftsliberale Staat sei nur als Minimal- oder ‚Nachtwächterstaat' vorstellbar, der lediglich die rechtlichen Bedingungen des Wettbewerbs zu sichern hätte, ohne aber in diesen einzugreifen. Heller betont, dass *das Ideal des liberalen Rechtsstaates im Sinne eines Staates, der lediglich Recht setzt, Recht spricht und Schutz nach außen gewährt, alles andere aber der freien Übereinkunft überließe*, in der Gefahr stünde, über kurz oder lang in die Anarchie zu münden. Denn aus marktrationaler Perspektive spräche nichts Grundsätzliches dagegen, auch die Kernbereiche staatlicher Tätigkeit der Privatinitiative zu überantworten (289).

Auf der anderen Seite war die Konzeption des liberalen Rechtsstaates gegen die Despotie der Verwaltungsbürokratie der absoluten Monarchien gerichtet, die sich häufig genug durch *willkürliche Gebote und Verbote* auszeichnete. Hier sollte das Prinzip der Gesetzmäßigkeit der Verwaltung dem

Untertanen Rechtssicherheit verschaffen. Diese aber erforderte eine organisatorische Trennung von Legislative und Exekutive einerseits und die Einrichtung einer selbständigen Rechtsprechung andererseits. Eine Privatisierung staatlicher Hoheitsfunktionen, die sich dem Wirtschaftsliberalen empfehlen mag, wäre demnach aus der Perspektive des politischen Liberalismus auszuschließen.

Die *demokratische Idee* behebe die staatsformbezogene Leerstelle des politischen Liberalismus. Auf Grundlage der liberalen Idee, die lediglich die Freiheit des Individuums vom Staat fordere, könne nämlich noch keine verbindliche Auskunft über die Person des Gesetzgebers erteilt werden. *Die liberale Idee ist an sich noch an keine bestimmte Staatsform gebunden. Eine absolute Monarchie, die sich streng an den Grundsatz der gesetzmäßigen Verwaltung hält, widerstrebt der liberalen Idee nicht, wohl aber der **demokratischen Idee**, die **Freiheit über den Staat**, Teilnahme der Regierten am Regiment fordert [...] Die demokratische Idee findet ihre Verwirklichung in der Volkssouveränität, die im Gegensatz zur **monarchischen Idee** alle öffentliche Gewalt vom Volke [...] ableitet* (289).

Nicht umsonst spricht Heller hier von der *monarchischen Idee*, ohne in seiner weiteren Verfassungsanalyse aber (im Unterschied zu Carl Schmitt) die Möglichkeit der Präsenz dieser Idee in der Reichserfassung zu bedenken. Stattdessen wird die *nationale Idee* als dritte Prinzipiengrundlage der Reichsverfassung akzentuiert. Sie müsse als Reaktion auf die Napoleonische Imperialpolitik in Spanien, Italien und Deutschland verstanden werden. Die nationale Idee beinhalte im Wesentlichen die Forderung nach *Nationalsouveränität* im Sinne der politischen Freiheit einer Kulturgemeinschaft nach außen. Innenpolitisch werde die nationale Idee regelmäßig beschworen, um Pflichten, die der Bürger der Gemeinschaft gegenüber zu erfüllen habe, eine höhere sittliche Dignität zu verleihen. Der ideologische Gegner, auf den die nationale Idee seit dem 19. Jahrhundert zielt, ist nach Heller offensichtlich die liberale Idee, weil sie den Primat des Einzelnen vor der Gemeinschaft auf ihre Fahnen geschrieben hätte.

Auch die *soziale Idee* sei ein Produkt der 19. Jahrhunderts. In dessen Verlauf sei man zu der Erkenntnis gelangt, dass das wirtschaftsliberale Credo *laissez faire, laissez aller* im

Zuge der industriellen Revolution zunehmend seine Glaub-
würdigkeit eingebüßt hätte: *Was einst Vernunft war, wurde
durch die Entwicklung der Maschinenwirtschaft Unsinn, und
die einstmalige Wohltat der Freiheit wurde für die wirtschaftlich
Schwachen zur Plage [...]. Die proletarische Klasse muss nun notwendig darauf ausgehen, wie* **Lorenz v. Stein** *zum ersten Mal in
Deutschland noch vor Marx erkannt hat, ‚die Staatsgewalt [...] als
Bedingung gesellschaftlicher Freiheit' zu betrachten, ‚um vermöge
der Staatsgewalt ihre gesellschaftliche Stellung zu einer nicht mehr
abhängigen, das heißt ihre Mitglieder zu Teilnehmern am Kapitale
der Nation zu machen.' Diese soziale Idee ist die folgerichtige Fort-
führung der politischen zur* **wirtschaftlichen Demokratie.** *Die
erstere hat die politischen Stände beseitigt, die letztere wendet sich
gegen die wirtschaftlichen Klassen* (292).

Der Ausdruck *wirtschaftliche Demokratie* bezeichnet einerseits die Forderung nach einer Demokratisierung der Wirtschaft und andererseits die Notwendigkeit umverteilender
Eingriffe in die Privatwirtschaft, die zum Teil eine in staatliche Planwirtschaft umgewandelt werden müsse:

*[Die soziale Idee] will somit den reinen Rechtsstaat zum de-
mokratisch-sozialen Wohlfahrtsstaat dadurch umwandeln, dass sie
die ‚Anarchie der Produktion' durch eine gerechte Ordnung des
Wirtschaftslebens zu ersetzen strebt, und zu diesem Ziel das Privateigentum möglichst weitgehend beschränkt* (ebd.).

Dieser Aspekt der sozialen Idee gebiete ein *ordnendes
Eingreifen der Staatstätigkeit in die liberale Wirtschaft (durch
Sozial- und Wirtschaftspolitik),* was neben einer ausgebauten
Arbeiterschutzgesetzgebung, insbesondere die Einrichtung und
Unterhaltung staatlicher Sozialversicherungssysteme ein-
schließe. Keineswegs aber würde die der Reichsverfassung
inkorporierte soziale Idee die Abschaffung des Privateigentums und die Errichtung einer Klassendiktatur beabsichtigen.

*Der Geist dieser Auseinandersetzung – soviel steht nach der
Verfassung außer Zweifel – ist nicht der des marxistischen Klas-
senkampfes und der Diktatur, sondern der der Ausgleichung und
möglichst zweiseitigen Übereinkunft zum Zwecke einer gerechteren
Güterverteilung* (312). Damit spricht sich Heller gegen einen
bolschewistischen und zugunsten eines sozialdemokratischen bzw. sozialistischen Modus der Transformation so-

zialer Machtverhältnisse aus. *Dass keineswegs die Wirtschaft unser Schicksal ist, haben höchst eindrucksvoll gerade die Bolschewisten demonstriert; [Das Ziel der Sozialdemokratie ist es dagegen,] auch die Arbeits- und Güterordnung der materiellen Rechtsorganisation zu unterwerfen, den liberalen in einen sozialistischen Rechtsstaat umzubauen, ohne aber den Rechtsstaat überhaupt zu beseitigen* (Verfassungsreform, 416).

Demnach kommt nur eine gemischte Wirtschaftsverfassung in Betracht, in der staatliche und privatwirtschaftliche Sektoren koexistieren: *Für uns kann es sich nur darum handeln, auch die Arbeits- und Güterordnung der materiellen Rechtsstaatsorganisation zu unterwerfen, den liberalen in einen sozialistischen Rechtsstaat umzubauen, nicht aber den Rechtsstaat überhaupt zu beseitigen.* Konkrete sozialistische Forderungen seien etwa die nach *Außenhandelsmonopol, Sozialisierung der großen Unternehmungen in Landwirtschaft, Bergbau, Industrie und Bankwesen* (416).

Wenn Hermann Heller die eigene Forderung nach einem sozialistischen Rechtsstaat in der Reichsverfassung kodifiziert sieht, dann mag er zwar in Art. 153–154 die *Grundpfeiler der individualistischen Wirtschaft* gewährleistet sehen (Grundrechte, 312). Im Gegensatz zu Carl Schmitt ist es ihm allerdings unmöglich, die Garantien privatwirtschaftlicher Freiheit als vollwertige **Grundrechte** zu verstehen, die als solche zu den unveräußerlichen Verfassungsbestandteilen zählen würden, die auch den Gesetzgeber verpflichteten.

Heller kann das Privateigentum an Produktionsmitteln äußerstenfalls als Institutsgarantie, auf gar keinen Fall aber als Abwehrrecht gelten lassen, durch das eine Zone uneingeschränkter Privatautonomie gegenüber dem Staat ausgegrenzt würden. Schlimmer noch: Nicht genug damit, dass die *Reichsverfassung die bestehende Wirtschaftsordnung* lediglich *nach Maßgabe der Gesetze gegenüber der Verwaltung bestätigt* habe. Die Verfassung habe auch *keineswegs ihr Fortbestehen in der Zukunft garantiert. Ganz im Gegenteil. Die Verfassung habe sogar ihre gesetzliche Umwandlung gemäß den gleich daneben gesetzten Programmen* versprochen.

Zweitens bietet sie aber auch gleich die verfassungsgesetzlichen Hebel zu dieser Umwandlung von der Privatwirtschaft zu einer Gemeinwirtschaft. So wird nach der Garantie des Privateigentums

sogleich ausgesprochen, dass dieses jederzeit, auch ohne Entschädi-
gung, durch Reichsgesetz enteignet werden kann. Es ist nicht mehr
grundsätzlich ‚unverletzliches‘, ‚heiliges Recht‘, wie das liberale
Naturrecht; es verpflichtet und soll neben der individuellen Be-
dürfnisbefriedigung zugleich eine soziale Aufgabe bedeuten (131).
Dementsprechend enthalten die Art. 155 und 156 RV ein
abgestuftes Modell der Sozialisierung von Grund- und Boden
sowie privatwirtschaftlicher Unternehmen. Dieses ‚Kabinett
des Schreckens‘ reicht von der Forderung nach vollständiger
Überführung des Privateigentums in staatliches oder städ-
tisches Eigentum mit oder auch ohne Entschädigung bis zu
kartellrechtlichen Beschränkungen des freien Wettbewerbs
oder innerbetrieblicher Mitbestimmung. Zwar bestätige die
Verfassung die bestehende privatkapitalistische Wirtschaftsordnung nach Maßgabe der Gesetze, also dem Willen des
legislativen Souveräns. Sie garantiert ihren Bestand jedoch
nicht für alle Zukunft, sondern begreift sie als **veränderbare**.

Die Originalität Hellers liegt aber weniger in seiner de-
mokratisch-relativistischen Deutung der verfassungsrechtlichen Eigentumsordnung, als vielmehr in der Verbindung
der sozialistischen Idee mit den partizipatorischen Freiheitsgrundrechten. Die Reichsverfassung enthalte nämlich nicht
umsonst organisatorische und prozedurale Forderungen
nach wirtschaftlicher Demokratisierung im engeren Sinne:
Sozialismus ist wirtschaftliche Demokratie, Demokratie aber be-
steht in der Mitbestimmung der Gemeinschaftsleitung durch die
Gemeinschafter, also auch in ihrer Mitverantwortung (315).

Hermann Hellers Plädoyer zugunsten einer Ausdehnung
demokratischer Rechtsprinzipien auf den Bereich der Privatwirtschaft reagiert einerseits auf den Tatbestand, dass
Machtakkumulationen im ökonomischen Bereich demokratisch nicht konsentiert wurden, obwohl sie den effektiven Gebrauch der Freiheitsrechte massiv beeinträchtigen
können. Andererseits jedoch lässt sich die Losung der wirtschaftlichen Demokratie als Antwort auf faschistische und
nationalsozialistische Ordnungsvorstellungen lesen. Wenn
diese eine Entdifferenzierung von privatrechtlicher Ökonomie und politischem Staat im Zeichen des Neokorporatis-
mus anstreben, so müsse dies als Reaktion auf die Arbeiter-
bewegung verstanden werden:

So heißt es 1929, der Faschismus als *neofeudale Kraftpose und [...] Schrei nach dem starken Mann [sei] Ausdruck einer Verzweiflungsstimmung des Bürgers*. Die Besitzenden wären durch die *Avantgarde der Arbeitermassen* verschreckt worden, wobei *diese soziale Angst als Drohung des Untergangs der gesamten europäischen Kultur* (456) erlebt werde. Besonders deutlich trete Generalisierung sozialökonomischer Befürchtungen in Oswald Spenglers *Untergang des Abendlandes* zutage.

Faschistische Propaganda könne sich allerdings einen offenen Angriff auf die demokratische Staatsform nicht leisten, denn damit würde die *rechtsstaatliche Volkslegislative* diskreditiert, auf die man sich doch demagogisch kontinuierlich beruft. Stattdessen präsentiere man die **Diktatur als die wahre Demokratie**, was eine Überwindung der Demokratie im Zeichen der Demokratie ermöglicht: *Zu diesem Zwecke muss die Diktatur als auch und sogar noch besser demokratisch hingestellt und irgendwie legitimiert werden durch die Autorität des demokratischen Volkswillens.*

Niemand anderes als Carl Schmitt habe die faschistische Methode, die darauf zielt, das Gegenteil der Volkssouveränität als ihr Optimum zu präsentieren, mit besonderem Geschick zu verwenden gewusst. Zunächst würden die klassischen liberalen Persönlichkeitsrechte als Ausdruck bürgerlicher Klasseninteressen dargestellt. Anschließend würden die demokratischen Grundrechte in gleicher Weise diskreditiert, damit schließlich die formlose Akklamation des Herrschaftspersonals als Inbegriff der wahren Demokratie gefeiert werden könne (457 f.).

Diese ideologische ,Dekonstruktion' des liberaldemokratischen Verfassungstyps sei allerdings nur der erste Schritt jener Transformation, die mit einer realen Machtübernahme durch einen Staatsstreich an ihr Ziel käme. In letzter Instanz hätte nämlich die Diktatur dem *Rechtsstaat, der sich die Wirtschaft unterwerfen will, nichts anderes entgegenzusetzen [...] als die ideologisch recht schlecht verhüllte **Gewalt*** (460).

Zwar verteidigt Heller sozialistische Forderungen nach einem Ausbau des Sozialstaats und nach wirtschaftlicher Demokratie, doch wies er ,etatistische' Empfehlungen, die mit diesen Forderungen regelmäßig ausgesprochen wurden, zurück. Zu nah war ihm die deutsche Kontinuität despo-

tischer Wohlfahrtsstaaten; hatte nicht noch das Kaiserreich
die demokratische Abstinenz der Untertanen einerseits mit
Hilfe der ‚Sozialistengesetze' konsolidiert und mit einer ausgebauten Sozialgesetzgebung honoriert.

Heller war sich außerdem darüber im Klaren, dass die faschistische Vision des korporativen Staates sich nicht allein
als ideologischer Reflex auf die Attraktivität sozialistischer
und kommunistischer Krisenlösungsmodelle begreifen
lässt. Vielmehr müsse berücksichtigt werden, dass berufs-
ständische Konzepte der Sozialintegration auch aus einer
objektiven Überlastung des modernen Interventionsstaates
resultieren: *Zweifellos hat man dem heutigen Staate zuviel zu-
gemutet; er hat sich übernommen, nicht in der Gesetzgebung, wohl
aber in der Verwaltung. Und je weiter der Rechtsstaat in die Ar-
beits- und Güterordnung eindringt, desto notwendiger wird die
Beseitigung der staatseigenen zugunsten einer Selbstverwaltung*
(458).

Diese Art von **demokratischem Korporatismus von un-
ten** wäre aber das Gegenteil des faschistischen Staates, der
durch eine *zentralistische Gewaltenvereinigung in der Hand des
Diktators* organisiert ist (459). Nach Heller enthält Art. 165
*die originellsten und vielleicht zukunftsreichsten Gedanken der
Revolution und Verfassung*: Sein Grundgedanke besage, dass
das **Rätemodell** der Sowjetunion durch die Sozialdemokratie modifiziert wurde und nun mit der Republik kom-
patibel geworden sei. Räte würden nun als demokratische
Selbstverwaltungsorgane der Arbeiter und Angestellten **in
der Wirtschaft, nicht aber in der Politik** gedacht, sodass das
politische Parlament vollsouverän erhalten bliebe (315). Außerdem seien sozialdemokratisch verstandene Räte nicht In-
strumente einer Klassendiktatur, sondern gleichberechtigte
Partizipanten an unternehmerischen Entscheidungen. Ausgehend von Betriebsräten, die die Interessen der Lohnab-
hängigen in Einzelunternehmen zu vertreten hätten, sollten
Bezirksarbeitsräte für organisierte Unternehmen gewählt
werden. Schließlich wäre ein Reichsarbeitsrat zu bestellen,
der zusammen mit Arbeitgeberverbänden den Reichswirt-
schaftsrat bilden sollte.

6.6. Das Sozialstaatsprinzip des Grundgesetzes

1959 verfasste **Ernst Forsthoff** (1902–1974), im Nationalsozialismus wie Carl Schmitt als ‚Kronjurist' aktiv, unter
dem Titel *Die Umbildung des Verfassungsgesetzes* einen folgenreichen Aufsatz über die Bedeutung sozialstaatlicher
Garantien für die Verfassungsarchitektur des Grundgesetzes. Dieser Beitrag greift Carl Schmitts elementare Bedenken gegen den liberaldemokratischen Wohlfahrtsstaat auf
und verbindet diese mit einer noch heute aktuellen Kritik
an der Verfassungsrechtsprechung. An den Karlsruher Urteilen und ihren Begründungen lasse sich durchgängig eine
entformalisierende Deutung der Grundrechte ablesen, die
einer *Entformalisierung der Verfassung* als Ganzer den Weg
bereite (Forsthoff, Die Umbildung des Verfassungsgesetzes,
193).

Ernst Forsthoff betont, jene *Umbildung* des liberal-demokratischen Verfassungsrechts betreffe einerseits die Substanz
der Verfassung, habe aber andererseits den *Wortlaut des
Grundgesetzes unberührt gelassen* (177). Nichtsdestoweniger
sei ein Verfassungswandel eingetreten, der das *Gefüge des
Rechtsstaats* angetastet und in seinem Kern verändert hätte.
Im Gefolge der Sozialstaatsparadigmatik habe man sowohl
in der einfachen Rechtsprechung als auch in der Verfassungsrechtsprechung von einem strengen Gesetzesbegriff
Abstand genommen.

Besonders nachhaltig hätte diese Flexibilisierung des Ge-
setzesbegriffs die Grundrechte getroffen. Grundrechte würden nun tendenziell als **überpositive Werte** behandelt, die je
nach den konkreten Bedingungen des Einzelfalls mal in dieses, mal in jenes **Gewichtungsverhältnis** zueinander gestellt
würden. Damit werde das strikt rechtsstaatliche Verständnis
der Grundrechte, das jedem einzelnen Grundrecht für sich
eine klare abwehrrechtliche Bindungswirkung zuerkannt
hätte, aufgelöst. Für ein klassisch-liberales Grundrechtsver-
ständnis wäre es undenkbar gewesen, konkrete Bindungswir-
kungen der Grundrechte allein aus ihrem Zusammenhang

begründen zu wollen: *Zwischen etwa dem Gleichheitssatz, der Meinungsfreiheit, der Freizügigkeit und der Eigentumsgarantie gibt es schlechterdings keinen normimmanenten, systematischen Zusammenhang. Jedes dieser Grundrechte steht mit eigener Logik für sich* (182).

Eine Abwägung des einen Grundrechts gegen den Geltungsbereich des anderen müsste sich demnach verbieten. *Ein Freiheitsrecht ist kein Recht oder Gut, das mit andern Gütern in eine Interessensabwägung eintreten könnte* (Schmitt, Verfassungslehre, 167).

Ebenso auszuschließen wäre ein für den jeweiligen Einzelfall ad hoc vorzunehmende Ermittlung des ‚Sinns' der betreffenden Grundrechte. Doch diese methodische Selbstbeschränkung sei längst aufgegeben worden: *Das Verfassungsrecht ist ‚offen' geworden. Was als Verfassungsrecht zu gelten hat, ergibt sich jeweils im konkreten Fall. Soweit die einschlägigen neuen Grundsätze der Verfassungsinterpretation gelten, ist das Verfassungsgesetz seiner Rationalität und seiner Evidenz beraubt* (Forsthoff, 196).

Nach Ernst Forsthoff hat sich die Jurisprudenz jedoch von der Idee der Rechtsprechung als einer Subsumtion eines Einzelfalls unter eine generelle Regel so weit entfernt, dass sie ihre eigentliche Funktion einzubüßen droht. *Die Jurisprudenz vernichtet sich selbst, wenn sie nicht unbedingt daran festhält, dass die Gesetzesauslegung die Ermittlung der richtigen Subsumtion im Sinne des syllogistischen Schlusses sei* (182).

Wieso scheint es derzeit ausgeschlossen, einen Einzelfall unter ein einzelnes Grundrecht zu subsumieren und zu prüfen, ob ein grundrechtlicher Freiheitsanspruch durch ein Staatsorgan verletzt wurde? Der Grund liegt nach Forsthoff darin, dass ein Verfassungsgrundsatz, der im diametralen Gegensatz zum normativen Gehalt der klassischen Freiheitsrechte, in einen quasi-grundrechtlichen Rang erhoben worden sei: die Sozialstaatsklausel. Dabei sei die positivrechtliche Basis für diese Verfassungsauslegung ausgesprochen dürftig. So könnten die Art. 20, 28, 79 Abs. 3 GG, auch wenn sie aus der Perspektive des Gleichberechtigungsgrundsatzes des Art. 3, Abs. 2 gelesen würden, höchstenfalls ein insgesamt recht diffuses Staatsziel umschreiben, das aber keineswegs in Konkurrenz treten könnte mit den echten Freiheitsgrundrechten. Dies jedenfalls nicht, solange juristisch disziplinierte Dogmatik betrieben würde: *Die Möglichkeit einer solchen Legitimierung an der Verfassung, für die ein Adjektiv dubiosen Sinngehalts genügt, war erst gegeben, nachdem die geisteswissenschaftliche Auslegung die Verfassung zum Wertsystem deklariert hatte* (190).

Nachdem man die Sozialstaatsklausel den klassischen Grundrechten gleichgestellt hätte, sei an eine seriöse Verfassungsexegese nicht mehr zu denken gewesen. An die Stelle disziplinierter Verfassungsauslegung, die rechtspositivistischer Methodenstrenge verpflichtet gewesen war, sei nun zunehmend eine an *überpositiven Werten* orientierte ‚Verfassungsastrologie' getreten, die eine *fließende Geltungsfortbildung des gesetzten Verfassungsrechts* ermöglichte (192).

Da Forsthoff belegen will, dass diese Flexibilisierung der Verfassungssubstanz eine *unvermeidliche* Folge der Integration des Sozialstaatsprinzips ist, muss er zeigen, dass dieses die Schutzfunktion der klassischen Freiheitsgrundrechte untergräbt. Dann aber müsste sich auch zeigen lassen, dass genau in dem Maße, in dem Gerichte dahin tendierten, dem Sozialstaatsprinzip eine Wertigkeit zuzusprechen, die mit den klassischen Freiheitsgrundrechten in Konkurrenz treten kann, letztere ihre überkommene Funktion einbüßen: Je stärker das Prinzip der Sozialstaatlichkeit in der Verfassungsrechtsprechung berücksichtigt würde, desto weniger wären die liberalen Grundrechte in der Lage, *Schutzansprüche der Gesellschaft*, d. h. jeder einzelnen Privatperson gegenüber dem Staat sicherzustellen (182). Zum Beleg führt Forsthoff die Kritik Günter Dürigs an, der die Tendenz zur *Verstaatlichung (Sozialisierung) des Privatrechts* beklagte.

Die Plausibilität dieser Argumentation verdankt sich nicht zuletzt der höchst problematischen Grundrechtstheorie Carl Schmitts. Wie dieser tendiert auch Forsthoff dazu, ausschließlich die normativen Beziehungen zwischen der Sozialstaatsklausel und den liberalen Grundrechten zu untersuchen, um das *Spannungsverhältnis zwischen Sozialstaatlichkeit und Rechtsstaatlichkeit* schließlich auf ihr gegenseitiges Ausschließungsverhältnis zurückführen zu können (195).

Besonders deutlich werde dieser Zusammenhang an der Entwicklung des *Arbeitsrechts*. Schließlich sei die Festschreibung von arbeitsrechtlichen Mindeststandards aus der Sozialstaatsklausel des Art. 20 GG hergeleitet worden, womit man von dem liberalen Prinzip der *Staatsgerichtetheit* der Grundrechte Abschied genommen habe. Statt lediglich die Beziehung zwischen einzelnen Privatpersonen und dem Staat zu normieren, und die Zuständigkeiten des Staates durch die Festschreibung negativer Kompetenznormen zu begrenzen, würde nun behauptet, die Grundrechte beträfen auch rechtliche Beziehungen zwischen Privatpersonen. Damit sei aber nichts Geringeres anerkannt worden, als eine *Drittwirkung der Grundrechte in den gesellschaftlichen Bereich hinein. Sie verwandelt einen ganzen Komplex von wichtigen Verfassungsnormen aus reinen Freiheitsverbürgungen in Pflichten enthaltende Rechtssätze, wobei das Ausmaß der Pflichten offen bleibt. Das bedeutet verfassungspolitisch die Umdeutung der Grundrechte in wesentlich sozial determinierte Pflichtbindungen unter weitgehender Eliminierung ihres liberalen Gehalts* (189).

Ernst Forsthoff selbst hätte seine eigene Stellung zum Sozialstaatsprinzip jedoch keineswegs als Fundamentalopposition beschrieben. Denn er skizziert immerhin eine Argumentationsstrategie, die es erlauben würde, eine Drittwirkung der Grundrechte zu begründen, ohne dass man in gravierender Weise gegen *traditionelle Auslegungsregeln* verstieße. Die Verfassungsdogmatik müsste den empirischen Nachweis antreten, *dass angebbare Veränderungen der gesellschaftlichen Struktur neue Schutzbedürftigkeiten des Einzelnen gegenüber der organisierten gesellschaftlichen Macht hervorgerufen haben, dass es dem Sinn einer Verfassung angesichts der veränderten gesellschaftlichen Wirklichkeit entspreche, auch diesen Schutzbedürftigkeiten Genüge zu tun* (187).

Diese Argumentation ist auf den ersten Blick bestechend, zumal für die Gegenwart relevant sein könnte: Die Deregulierung der Märkte, die der rechtlich kaum beschränkten Bewegungsfreiheit von Kapital, Gütern und Arbeitskräften dienen soll, schwächt die Souveränität der Nationalstaaten: Letztere treten als in einen ‚Standort-Wettbewerb', der über kurz oder lang die Ausübung klassischer Hoheitsrechte beeinträchtigen muss. Damit würden letztlich auch die Grundrechtsverbürgungen ins Leere laufen, da Staaten zunehmend die Verfügung über die Mittel einbüßten, die für die organisatorische Realisierung des Grundrechtsschutzes nötig wären.

Ein weiterer beträchtlicher Vorteil jener pragmatischen Argumentation mag man darin sehen, dass sie den Untiefen einer verfassungsrechtlichen Theorie sozialer Grundrechte auswiche. Denn es wird nicht der Inhalt der Grundrechte im Wege wertorientierter Interpretation konstruiert, sondern der Gehalt der Grundrechte konkretisiert, indem der gesellschaftliche Geltungskontext der Freiheitsrechte in Rechnung gestellt wird.

Diese historisch-pragmatische Grundrechtstheorie würde sich allerdings dem Vorwurf aussetzen, keine strenge Verfassungsexegese darzustellen, sondern verfassungsexterne Faktoren als Interpretamente der Grundrechte ins Feld zu führen. Zwangsläufig verwandelte sich damit die positive Verfassung in eine *lebende Verfassung* (Sternberger), die ihre Rechtsschutzfunktion für den Einzelnen tendenziell einbüßen müsste, weil sie keinen festen Rahmen für legales staatliches Handeln mehr bieten würde. Auch ließe sich einwenden, dass keine bloße Deskription eines historisches Wandels der Sozialstruktur vorliegen könne, wenn sie denn eine Modifikation des Grundrechtsverständnisses motivieren können soll. Würde man nämlich auf die Heranziehung von Wertbegriffen wie *Chancengleichheit, Demokratisierung der Wirtschaft, Verteilungsgerechtigkeit* etc. völlig verzichten, dann könnte nicht erklärt werden, wieso eine grundlegende Modifikation der Grundrechtstheorie und -exegese gefordert würde. Aus dem methodischen Zirkel, der sich aus einer werturteilsgeleiteten Grundrechtsdogmatik ergeben muss, scheint es demnach kein Entrinnen zu geben. Die einzige Chance für eine legitime Art, die Gewichtungen in der Beziehung zwischen liberalen Grundrechten – wozu Forsthoff ohne jede Einschränkung das Privateigentum zählt – und dem Sozialstaatsprinzip auszutarieren, könnte der Rekurs auf das Demokratieprinzip bieten. Dazu wäre eine Grundgesetzänderung hilfreich, die die Entscheidung über *Inhalt und Schranken* dieses speziellen ‚Grundrechts‘ dem bisher nur nominell in dieser verfassunggebenden Funktion auftretenden Volk überantwortet. Dies würde allerdings die

Einführung plebiszitärer Gesetzgebungsverfahren auf Bundesebene erfordern.

Die Gegenposition zur liberalistischen Grundrechtstheorie Forsthoffs nahm in der frühen Bundesrepublik **Wolfgang Abendroth** (1906–1985) ein, den Jürgen Habermas treffend einen *Partisanenprofessor im Land der Mitläufer* nannte, weil er sowohl im nationalsozialistischen Deutschland als auch in der DDR, seiner intellektuellen Eigenständigkeit wegen, unter schweren Repressionen zu leiden hatte (Habermas 1981, 249).

Wenn Art. 20 GG besagt, die Bundesrepublik sei ein *demokratischer und sozialer Rechtsstaat* und Art. 28 Abs. 1 noch einmal unterstreicht, dass die verfassungsmäßige Ordnung auch der Länder den *Grundsätzen des demokratischen und sozialen Rechtsstaates* zu genügen habe, dann wird nach Abendroth hier das Sozialstaatsprinzip in den Rang eines *Grundsatzes* der Verfassung erhoben und mithin zur unaufhebbaren Verfassungssubstanz gerechnet. Daraus dürfe man folgern, dass der Sozialstaatsgrundsatz **kein** Gegenstand von Verfassungsänderungen sein könne, da er unter die in Art. 79, Abs. 3 GG ausgesprochene ‚**Ewigkeitsgarantie**' falle. *Dieser unaufhebbare Verfassungsgrundsatz der demokratischen und sozialen Rechtsstaatlichkeit bildet daher ein Strukturprinzip der verfassungsrechtlichen Ordnung. Es verbindet drei gedankliche Elemente zu einer Einheit* (Grundgesetz, 109 f.). Keine dieser Komponenten könne daher einer *isolierten Interpretation* zur Verfügung stehen.

Der Verfassungsgrundsatz des demokratisch-sozialen Rechtsstaates habe eine doppelte Funktion zu erfüllen: Er sei einerseits eine Auslegungsregel für gegenwärtiges Recht im Sinne einer Interpretationsregel für die Rechtsprechung. Andererseits stellt das Sozialstaatsprinzip eine Gestaltungsmaxime im Sinne eines Normsetzungsauftrages dar, durch den die künftige *Rechtsgestaltung und damit der Gesetzgeber und ebenso die gestaltende Tätigkeit der Exekutive [...] der Bundesrepublik und der Länder* gebunden sei (111).

Diese doppelte Bindung der öffentlichen Gewalten an das verfassungsrechtliche Sozialstaatsprinzip habe weitreichende Implikationen für die Ausgestaltung der bundesrepublikanischen Wirtschafts- und Sozialordnung: Die bestehende liberalkapitalistische Sozialordnung gilt zum einen nicht mehr als grundsätzlich gerecht (ihr kann nun keine immanente Gerechtigkeit mehr zugesprochen werden) und zum anderen nicht mehr als grundsätzlich autonom (115). Vielmehr sei die Sozialordnung nun grundsätzlich zum Gegenstand staatlicher Gestaltung durch den demokratischen Gesetzgeber geworden.

Dies gilt auch, wenn im Grundgesetz keine konkreten sozialen Grundrechte festgeschrieben sind, sondern lediglich liberale und demokratische. Dieser Umstand dürfe jedoch nicht zu dem Trugschluss verleiten, die bestehende privatkapitalistische Ordnung würde für alle Zeiten festgeschrieben. Zutreffend sei vielmehr die Deutung, nach der um der Würde des Menschen willen (Art. 1, Abs. 1 GG) die *Sozial- und Wirtschaftsordnung zur Disposition der Gesellschaft* steht (116). Liberale Grundrechte seien folglich **nicht** als Garantien des Kapitalismus gedacht (wie z. B. Carl Schmitt nahe legt). So beziehe sich etwa das Grundrecht der freien Persönlichkeitsentfaltung (Art. 2 GG) **nicht** auf den homo oeconomicus.

Stattdessen solle der Sozialstaatsgrundsatz gestaltende Eingriffe in **Privateigentum** auf **einfachgesetzlichem** Weg ermöglichen, ohne dass eine Verfassungsänderung nötig wäre. Denn: Art. 14, Abs. 1, S. 2 GG stelle fest, dass *Inhalt und Schranken* möglichen Eigentums *durch die Gesetze bestimmt* werden. Außerdem verfüge Art. 15 GG, dass eine Vergesellschaftung von Privateigentum mit Entschädigung permanent möglich ist. Das Grundgesetz leitet die Zulässigkeit von (entschädigungspflichtigen) Enteignungen (Art. 14, Abs. 3 GG) daraus ab, dass *Eigentum verpflichtet* und sein Gebrauch *zugleich dem Wohle der Allgemeinheit dienen* soll (Art. 14 Abs. 2. GG).

Dieser von Grund auf demokratischen Eigentumslehre entspricht in idealtypischer Weise eine Entscheidung des Bundesverfassungsgerichtes vom 20. 7. 1954 (*Investitionshilfe*), die ausdrücklich den *Grundsatz der wirtschaftspolitischen Neutralität des Grundgesetzes* aufstellt und weiter ausführt, diese Neutralität des *Grundgesetzes besteht lediglich darin, dass sich der Verfassungsgeber nicht ausdrücklich für ein bestimmtes Wirtschaftssystem entschieden hat. [...] Die gegenwärtige Wirtschafts- und Sozialordnung ist zwar eine nach dem Grundgesetz mögliche Ordnung, keineswegs aber die allein mögliche. Sie beruht auf einer vom Willen des Gesetzgebers getragenen wirtschafts- und sozialpolitischen Entscheidung, die durch eine andere Entscheidung ersetzt oder durchbrochen werden kann* (BVerfGE 4, 7, 18). Weil der Verfassunggeber auf eine Positivierung sozialer Grundrechte verzichtete, leitet das Bundesverfassungsgericht konkrete rechtliche Leistungsansprüche Einzelner an den Staat in der Regel aus Kombinationen von Verfassungsartikeln ab (Art. 1 Abs. 1 GG (Menschenwürde) in Verbindung mit Art. 20 Abs. 1 (Sozialstaatsklausel) sowie mit Art. 2 Abs. 1 (allgemeines Persönlichkeitsrecht) und Art. 3 Abs. 1 (Gleichheitsgrundsatz). Eine materiale Überprüfung von Gesetzen in Hinblick auf das Sozialstaatsprinzip erfolge allerdings nur, wenn grobe Verstöße des Parlamentes gegen den Grundsatz der sozialen Gerechtigkeit zu beanstanden sind.

Doch das Sozialstaatsprinzip als Gestaltungsmaxime hat nach Abendroth noch die weitere Konsequenz, dauerhaft Staatsinterventionen zu gebieten, da ein Laissez-Faire-Kapitalismus wegen der ihm eigenen extremen sozialen Ungleichheit ausgeschlossen werde. Eine weitere Folge sei die Forderung nach einer **Demokratisierung der Wirtschaft**, denn die dort höchst ungleich verteilte Macht besitze schließlich keine demokratische Legitimation.

6.7. Die Gegenwart

Jürgen Habermas (geb. 1929) und **Ingeborg Maus** (geb. 1937) stehen dem Zusammenspiel von Sozialstaatsprinzip und Verfassungsrechtsprechung deutlich skeptischer gegenüber als Wolfgang Abendroth, der sich seinerseits in der Tradition Hermann Hellers sah. Aus Habermas' Blickwinkel kann der gewaltenteilende Aufbau des demokratischen Rechtsstaates durch die Rechtssprechung des Bundesverfassungsgerichts beschädigt werden; dies jedenfalls dann, wenn das höchste Gericht die Sozialstaatsklausel des Grundgesetzes zur Einschränkung des Gestaltungsspielraums des Gesetzgebers verwendet.

Diese Gefahr liege insbesondere darin, dass das Bundesverfassungsgericht seine Befugnisse im Rahmen abstrakter Normenkontrollverfahren (richterliche Überprüfung eines Parlamentsgesetzes, ohne dass dieses, wie bei der konkreten Normenkontrolle, Grundlage eines Rechtsstreites war) allzu extensiv wahrnehmen könnte, wozu speziell die Sozialstaatsklausel einlade. Das eigentliche Problem habe allerdings die Verfassungsrechtsprechung selbst produziert: Ihre Neigung, die *verfassungsmäßige Rechtsordnung als ein Sinnganzes* aufzufassen, dessen Inhalt jedoch durch *schöpferische Rechtsfindung* allererst zu ermitteln sei, habe dazu verführt, die Grenze zwischen legitimer Auslegung und illegitimer Verfassungsänderung des Öfteren zu überschreiten (Habermas 1992, 298).

Doch diese Tendenz wird nicht allein Selbstermächtigungsgelüsten des Gerichts zugeschrieben, sondern habe mit gesellschaftlichen Veränderungen zu tun, die sich unvermeidlicherweise im Wesen der Verfassung wiederspiegeln würden: So sei an die Stelle der individuellen Rechtsschutzfunktion, die die Grundrechte im 19. Jahrhundert besaßen, der Zweck der sozialen Sicherheit getreten. Aus liberalen *Unterlassungsansprüchen* seien tendenziell Leistungsansprüche an den Staat getreten. Während dem liberalen Staatsdenken nach die Definition des Gemeinwohls Sache des Gesetzgebers ist, hätten diese nun in die Verfassung selbst Eingang gefunden.

All diese Transformationen hätten das Wesen von Verfassungen verändert: Während sich liberale Verfassungen Lockeschen Zuschnitts auf formale Regeln für die Gesetzgebung und -vollziehung beschränkten, enthielten sozialstaatliche Verfassungen zusätzlich materiale Gerechtigkeitsnormen, die jedoch typischerweise durch ausgesprochen vage Formulierungen repräsentiert würden. Diese sozialstaatlichen *Generalklauseln* hätten die fatale Nebenwirkung, die überkommene Gewaltenteilung auf den Kopf zu stellen. Während im Rahmen des politischen Liberalismus Souveränität allein dem Gesetzgeber zukam, avancierten die ehemals ‚ausführenden Gewalten‘ im Rahmen einer entformalisierten Verfassung zu faktischen Ko-Souveränen, wobei vor allen die höchstrichterliche Grundrechtsauslegung im Zusammenhang mit Normenkontrollverfahren als Katalysator gewirkt hätte.

Als besonders fatal habe sich – so Maus – die Tendenz der Verfassungsrechtsprechung erwiesen, konkrete Streitfälle nach Maßgabe eines Wertesystems zu entscheiden, das einerseits dem Grundgesetz strukturbildend unterlegt sei, jedoch andererseits im Einzelfall jeweils neu und jeweils auf dessen Spezifik hin zu rekonstruieren sei. *Schlechterdings freiheitsgefährdend ist sie [die Rechtssprechung des BVerfG] aber dann, wenn als Prinzipien auch kollektive Güter auftreten können.* So habe man allen Ernstes die *Funktionsfähigkeit der Unternehmen und der Gesamtwirtschaft* als kollektives Gut bewertet, das der Wertordnung des Grundgesetzes zugrunde liege. *Diese [...] kollektiven Güter transformiert das Bundesverfassungsgericht zu unmittelbaren Verfassungsaufträgen, die der Gesetzgeber unter jeweils situativ zu bestimmenden Kosten für die Freiheitsrechte auszuführen gezwungen ist. Nicht nur die freiheitssichernden Grundrechte, sondern auch die freiheitsbeschränkenden Staatsfunktionen selbst sind Maßstab der verfassungsrichterlichen Prüfung* (Maus 1992, 317 f.). Damit aber verlieren *Grundrechtsnormen, deren Inhaltsbestimmung von den Staatsapparaten selbst vorgenommen wird, [...] ihre Funktion, staatliche Macht zu begrenzen* (321).

John Rawls' (1921–2002) schon 1971 publizierte *Theorie der Gerechtigkeit* ist insofern als Klassiker der politischen Theorie zu betrachten, als es hier gelungen ist, die verschiedenen Teilansätze zu bündeln und zu einer jedenfalls nicht inkonsistenten Gesamttheorie zusammenzufassen: Die *Theory of Justice* vermittelt zwischen der klassischen Gesellschaftsvertragstheorie, makroökonomischer Betrachtung, moderner Spiel- und Entscheidungstheorie, Demokratietheorie sowie Rechts- und Moralphilosophie.

Rawls *Theorie der Gerechtigkeit* bietet eine Variante der **Gesellschaftsvertragslehre**, die die Frage beantworten will, welche Art von Verfassung und welche obersten Gerechtigkeitsprinzipien Individuen wählen würden, wenn sie nicht wüssten, ob sie von der Natur oder ihrer sozialen Herkunft nach begünstigt oder benachteiligt wären: *Für uns ist der erste Gegenstand der Gerechtigkeit die **Grundstruktur der Gesellschaft**, genauer: die Art, wie die wichtigsten gesellschaftlichen Institutionen **Grundrechte und -pflichten** und die **Früchte der gesell-**

schaftlichen Zusammenarbeit verteilen. Unter den wichtigsten Institutionen verstehe ich die **Verfassung** *und die* **wichtigsten wirtschaftlichen und sozialen Verhältnisse.** *Beispiele sind etwa die gesetzlichen Sicherungen der Gedanken- und Gewissensfreiheit, Märkte mit Konkurrenz, das Privateigentum an den Produktionsmitteln und die monogame Familie. Zusammengenommen legen die wichtigsten Institutionen die Rechte und Pflichten der Menschen fest und beeinflussen ihre Lebenschancen, was sie werden können und wie gut es ihnen gehen wird. Die Grundstruktur ist der Hauptgegenstand der Gerechtigkeit, weil ihre Wirkungen so tiefgreifend und von Anfang an vorhanden sind* (Rawls, Theorie der Gerechtigkeit, 23).

Wie bei allen Kontraktualisten basiert auch Rawls' Theorie auf dem Konstrukt eines Gesellschaftsvertrags, durch den die Individuen den vorpolitischen Zustand, in dem es keine zentralen Institutionen für die Verteilung von Ämtern, Rechten und Gütern gibt und deswegen auch weder persönliche Sicherheit noch Freiheit, verlassen. Damit dieser Schritt möglich wird, müssen die Individuen Grundsätze der Verteilungsgerechtigkeit wählen, zu deren Einhaltung der Staat verpflichtet werden soll. Die zu eruierenden Gerechtigkeitsgrundsätze lassen sich daher auch als Verfassungsgrundsätze verstehen.

Wir wollen uns also vorstellen, dass diejenigen, die sich zu gesellschaftlicher Zusammenarbeit vereinigen wollen, in einem gemeinsamen Akt die Grundsätze wählen, nach denen Grundrechte und -pflichten und die Verteilung der gesellschaftlichen Güter bestimmt werden. Die Menschen sollen **im Voraus** *entscheiden, wie sie ihre Ansprüche gegeneinander regeln wollen und wie die* **Gründungsurkunde** *ihrer Gesellschaft aussehen soll. Ganz wie jeder Mensch durch* **vernünftige Überlegung** *entscheiden muss, was für ihn das Gute ist, d. h. das System der Ziele, die zu verfolgen für ihn vernünftig ist, so muss eine Gruppe von Menschen* **ein für allemal** *entscheiden, was ihnen als gerecht und ungerecht gelten soll. Die Entscheidung, die vernünftige Menschen in dieser theoretischen Situation der Freiheit und Gleichheit treffen würden, bestimmt die Grundsätze der Gerechtigkeit* (Rawls 28).

Damit diese für jeden potenziell Betroffenen akzeptablen Gerechtigkeitsgrundsätze überhaupt gefunden werden können, muss ein absolute Neutralität verbürgendes **Entschei-**

dungsverfahren bzw. eine **Entscheidungsregel** gefunden
werden. Diese Regel soll ausschließen, dass die Einzelnen lediglich ihre persönlichen Neigungen und Interessen berücksichtigen. Damit ein wahrhaft allgemeingültiges Gerechtigkeitsprinzip auch nur gedacht werden kann, sei es nötig, von
allem interesserelevanten Wissen über die Beschaffenheit der
eigenen Person abzusehen. In der zukünftigen Gesellschaft,
deren normativen Grundriss wir entwerfen wollen, wäre es
immerhin möglich, dass die Berufschancen zwischen den Ge-
schlechtern effektiv ungleich verteilt sind. Folglich hat sich
der moralisch Überlegende in den Zustand der Unkenntnis
seiner Geschlechtseigenschaften zu versetzen. Dasselbe hätte
bezüglich des körperlichen und seelischen Gesundheitszu-
standes, sowie der verfügbaren emotionalen und kognitiven
Fähigkeiten zu gelten.

Damit also niemand die Gerechtigkeitsprinzipien auf
seine eigenen Verhältnisse zuschneiden kann, fehlen den
Personen im (vorrechtlichen) Urzustand bestimmte Informationen: Ihre Entscheidung soll, durch einen **Schleier des
Nichtwissens** (*veil of ignorance*) geschützt, in Unkenntnis
ihrer entscheidungsrelevanten Persönlichkeitsmerkmale geschehen: *Es wird also angenommen, dass den Parteien bestimmte
Arten von Einzeltatsachen unbekannt sind. Vor allem kennt niemand seinen Platz in der Gesellschaft, seine **Klasse** oder seinen
Status; ebensowenig seine **natürlichen Gaben**, seine Intelligenz,
Körperkraft usw. Ferner kennt niemand seine Vorstellung vom
Guten, die Einzelheiten seines vernünftigen Lebensplanes, ja nicht
einmal die Besonderheiten seiner **Psyche** wie seine Einstellung
zum Risiko oder seine Neigung zu Optimismus oder Pessimismus.
Darüber hinaus setze ich noch voraus, dass die Parteien die besonderen Verhältnisse in ihrer eigenen Gesellschaft nicht kennen, d. h.
ihre wirtschaftliche und politische Lage, den Entwicklungsstand
ihrer Zivilisation und Kultur. Die Menschen im Urzustand wissen
auch nicht, zu welcher **Generation** sie gehören* (160).
Der Gesellschaftsvertrag wird in Analogie zu einem ‚Ge-
sellschaftsspiel' konstruiert, in dem die Spieler durch den
Schleier der Unwissenheit in Unkenntnis über ihre Eigenschaften gehalten werden, trotz ihrer Unkenntnis der eigenen Beschaffenheit aber verpflichtet sind, die Regeln für die
Verteilung von Gütern, Lasten und Positionen festzulegen.

Die bei Rawls zentrale Annahme des **Urzustandes** hat dabei folgende Funktionen: Der angenommene Urzustand bezeichnet (1) eine **Modellsituation**, die den Standpunkt eines unparteilichen Gesetzgebers konstruieren soll. Die Annahme bezeichnet (2) ein **kontrafaktisches Gedankenexperiment**: *Dieser Urzustand wird natürlich nicht als ein wirklicher geschichtlicher Zustand vorgestellt, noch weniger als primitives Stadium der Kultur. Er wird als rein theoretische Situation aufgefasst, die so beschaffen ist, dass sie zu einer bestimmten Gerechtigkeitsentscheidung führt* (29). Sie bedeutet (3) eine *verfahrensmäßige Deutung von Kants Begriff der Autonomie und des kategorischen Imperativs im Rahmen einer empirischen Theorie* (289): Wähle das Verteilungsprinzip der zukünftigen Gesellschaft so, dass jeder mögliche Betroffene im Nachhinein deiner Entscheidung vernünftigerweise zustimmen könnte, weil du unter Unsicherheitsbedingungen (hinsichtlich deiner Eigenschaften) entschieden hast.

Der Urzustand bedeutet (4) eine prozedurale Lösung der Frage nach Legitimierbarkeit eines Verteilungsprinzips: Gerechtigkeitsvorstellungen sind danach zu beurteilen, wie annehmbar sie Menschen unter solchen Bedingungen [des Nichtwissens] sind. In diesem Sinne wird die Frage der Rechtfertigung durch Ausführung eines Gedankenexperiments entschieden: man muss feststellen, welche Grundsätze **vernünftigerweise** in der Vertragssituation zu akzeptieren wären (35), womit eine **entscheidungstheoretische** Lösung für ein ethisches Letztbegründungsproblem angestrebt wird: Die konstruierte Modellsituation des Urzustandes soll die Wirkung von Zufälligkeiten beseitigen, die die Menschen in ungleiche Situationen bringen und zu dem Versuch verführen, gesellschaftliche und natürliche Umstände zu ihrem Vorteil auszunutzen (159).

Schließlich bietet sich (5) der Urzustand als ein **Prüfverfahren** hinsichtlich der potenziellen Allgemeingültigkeit der bereits gewählten Gerechtigkeitsprinzipien an.

Sind die genannten Entscheidungsprämissen erfüllt, dann würde nach Rawls jede ihr vernünftiges Eigeninteresse verfolgende Person genau die folgenden zwei **Gerechtigkeitsgrundsätze** wählen: 1. **Das Freiheitsprinzip:** *Jedermann soll gleiches Recht auf das umfangreichste System von Grund-*

freiheiten haben, das mit dem gleichen System für alle anderen verträglich ist (81). 2. Das **Differenzprinzip**: *Soziale und wirtschaftliche Ungleichheiten sind so zu gestalten, dass (a) vernünftigerweise zu erwarten ist, dass sie zu jedermanns Vorteil dienen, und (b) sie mit Positionen und Ämtern verbunden sind, die jedem offen stehen* (81).

Der *Ungleichheitsgewinn* (Kersting 1993, 58) muss also für alle Marktakteure von Vorteil sein. Also wäre eine Ungleichverteilung des Einkommens bzw. Vermögens nur dann legitim, wenn sie den am schlechtest gestellten wirtschaftlichen Akteuren eher nützt, als eine völlige Gleichverteilung. Einen solchen Verteilungszustand würde man als *pareto-optimal* bezeichnen, weil es *unmöglich wäre, die Position auch nur eines Individuums zu verbessern, ohne zugleich die Position eines anderen zu verschlechtern* (ebd., 55 f.).

Ungleichverteilungen an natürlichen oder sozialen Gaben seien weder gerecht noch ungerecht, sondern bloß eine ethisch indifferente Tatsache, aus der sich kein Gerechtigkeitsprinzip ableiten lasse: *Wer von der Natur begünstigt ist, sei es, wer es wolle, der darf sich der Früchte nur so weit erfreuen, wie das auch die Lage der Benachteiligten verbessert. Die von der Natur Bevorzugten dürfen keine Vorteile haben, **bloß weil sie begabter sind**, sondern nur zur Deckung der Kosten ihrer Ausbildung und zu solcher Verwendung ihrer Gaben, dass auch den weniger Begünstigten geholfen wird. **Niemand hat seine besseren natürlichen Fähigkeiten oder einen besseren Startplatz in der Gesellschaft verdient*** (122).

Weil die natürliche Ausstattung der Individuen mit Fähigkeiten ebenso zufällig ist (*Lotterie der Natur*), wie der soziale Kontext, in den sie hineingeboren werden, kann beides weder als ein Verdienst noch als ein Verschulden gewertet werden. Die natürlich oder gesellschaftlich bedingte Ungleichheit von Chancen sei somit ein bloßes Faktum, das ethisch neutral sei: *Die natürliche Verteilung ist weder gerecht noch ungerecht es ist auch nicht ungerecht, dass die Menschen in eine bestimmte Position der Gesellschaft hineingeboren werden. Das sind einfach natürliche Tatsachen. Gerecht oder ungerecht ist die Art, wie sich die Institutionen angesichts dieser Tatsachen verhalten* (123).

Eine (im weiteren Sinne) aristokratische Gesellschaft wäre aber definitiv ungerecht, weil (zugeschriebene oder empirische) natürliche Ungleichheiten, unmittelbar die Verteilung gesellschaftlicher Vorrechte bestimmten: *Die Grundstruktur dieser Gesellschaften übernimmt die Willkür der Natur* (123). Der **umverteilung**srelevante Grundsatz der Rawlsschen Gerechtigkeitstheorie, das **Differenzprinzip**, besagt dagegen, dass niemand von seinem zufälligen Platz in der Verteilung der natürlichen Gaben oder seiner Ausgangsposition in der Gesellschaft Vor- oder Nachteile hat, ohne einen **Ausgleich** zu geben oder zu empfangen (123).

Es ließe sich gegen Rawls Theorie allenfalls einwenden, dass er bestimmte psychologische Dispositionen generalisiert. Er scheint vorauszusetzen, alle Personen würden in Unkenntnis ihrer Eigenschaften, zu einem ‚pessimistischen' Wahrscheinlichkeitskalkül neigen, innerhalb dessen die Maximin-Regel als ratsam erscheinen muss. Im Rawlsschen Modell scheint es also ausgeschlossen, dass Personen mit einer **Spieler**- oder **Hasardeursmentalität** für eine ungerechte Verteilungsregel plädieren, nach der die Begünstigten größtmöglich bevorzugt und die Benachteiligten entsprechend diskriminiert würden (Maximax-Regel). Dagegen wäre immerhin einzuwenden, dass Spieler als Süchtige weder in der Lage sind, aufgeklärt-rationale Entscheidungen zu fällen noch dauerhafte Verpflichtungen einzugehen, weswegen sie nicht zu den Personen zählen können, mit denen man vernünftigerweise einen Gesellschaftsvertrag abschließen würde.

7. AUSBLICK

Der moderne Sozialstaat ist – wer wollte das bestreiten – in keiner guten Verfassung. Im Bereich der Rentenversicherung, aber auch in dem des Gesundheitssystems zeichnen sich immer neue Dilemmata ab, wobei politische Gegenmaßnahmen eher einen aktionistischen Eindruck vermitteln als den einer systematischen ‚Reform nach Prinzipien'. Zahlreiche ‚Experten' plädieren für einen mehr oder minder radikalen Entstaatlichungsprozess, in dessen Verlauf immer weitere Materien aus den ‚Leistungskatalogen' der Sozialversicherungssysteme herausgenommen werden sollten. Jene vermeintliche Notwendigkeit zur Reprivatisierung der Vorsorge gegen ‚Lebensrisiken' wird teils mit demographischen Argumenten begründet, teils wird ein kausaler Zusammenhang mit Imperativen einer globalisierten Ökonomie hergestellt. Nur selten freilich räumt man ein, dass die meisten europäischen Sozialversicherungssysteme einen grundsätzlichen Konstruktionsmangel aufweisen: Fatalerweise sind sie auf relativ stabile ökonomische Wachstumsprozesse und entsprechend niedrige Arbeitslosenquoten zugeschnitten.

Zusätzlich zu rein wirtschaftlichen, speziell den Staatshaushalt betreffenden Argumenten, wurde und wird in der politischen Kontroverse ein prinzipieller Einwand gegen den Sozialstaat erhoben. Der ‚überversorgende' Sozialstaat untergrabe, so das Argument, die Autonomie des Individuums. Der ‚soziale Leistungsstaat' drücke die Bürger auf den Status bloßer Leistungsempfänger herab, er fördere einen *passiven Versorgungskonsumismus* und schwäche damit den *Anreiz zu aktiver Eigenverantwortung*. ‚Eigeninitiative' und ‚Eigenvorsorge' sind demgegenüber die Losungen, mit denen ein erheblicher Abbau der Sozialleistungen legitimiert werden soll (dazu Kersting 1997, 180ff). Problematisch ist an solchen und ähnlichen Aussagen, dass die ‚Feststellung' entsprechender paternalistischer Mentalitätslagen niemals aus der Binnenperspektive Betroffener, sondern stets aus der Außenperspektive Nichtbetroffener erfolgt. Bei derartigen Pauschalurteilen wird gar nicht erst in Rechnung gestellt, dass sie projektiver Natur sein könnten (Neumann 1995, 16).

Aber auch die verfassungsrechtliche Problemdimension wird noch kaum diskutiert. Nur selten wirft man die Frage auf, ob die drastische Zunahme sozialer Ungleichheit, die aus einer forcierten Deregulierungspolitik resultieren würde, z. B. mit den sozialstaatlichen Vorgaben des Grundgesetzes überhaupt vereinbar wäre. Zwar erklärt das Grundgesetz die Ausgestaltung des Sozialstaatsprinzips zur Domäne des Gesetzgebers und das Bundesverfassungsgericht hat wohlweislich dem Parlament einen weiten Gestaltungsspielraum (vgl. BVerfGE 59, 231 (263), BVerfGE 82, 60 (80), BVerfGE 22, 180 (204)) und den *Vorbehalt des Möglichen* eingeräumt (BVerfGE 43, 291 (314), BVerfGE 82, 60 (80), BVerfGE 84, 90 (125). Doch dies darf sicher nicht, wie Ernst-Wolfgang Böckenförde betont, im Sinne einer Blankovollmacht zur *Untätigkeit oder [...] grobe[n] Vernachlässigung* gedeutet werden. Denn auch wenn sozialstaatliche Leistungsansprüche nicht als echte Grundrechte gelten können, so seien sie doch auch keine *normativ unverbindlichen politischen Programmsätze*, sondern deutlich erkennbar *Verfassungsaufträge*, d. h. *an die staatlichen Organe in Gesetzgebung und Verwaltung adressierte objektivrechtliche Verpflichtungen* (Böckenförde, Die sozialen Grundrechte, 155 f.).

Seit seinen frühesten Urteilen hatte das Bundesverfassungsgericht das Sozialstaatsprinzip zur Kernsubstanz des Grundgesetztes gerechnet und war davon ausgegangen, dass sowohl die privaten Abwehrrechte als auch die demokratischen Partizipationsrechte sozialstaatlicher Garantien bedürfen, um effektiv wahrgenommen werden zu können (vgl. z. B. BVerfGE 22, 180 (204) sowie BVerfGE 82, 60 (80) und BVerfGE 84, 90 (125).

Indem das Grundgesetz die soziale Komponente des demokratischen Rechtsstaates akzentuierte, rekurrierte es zugleich auf die Weimarer Erfahrung. Nicht zuletzt Carl Schmitts Doktrin von den Dichotomien zwischen liberalen, demokratischen und sozialen Grundrechten hatte damals eine verfassungsgeschichtlich fatale Rolle gespielt (dazu Thiele, Volkssouveränität, 298 ff.). Dessen eingedenk, wollte man an der Einsicht festhalten, dass sich individuelle Abwehrrechte, demokratische Partizipationsrechte und soziale Grundrechte gegenseitig bedingen. Besonders in einer modernen von Kapitalbewegungen dominierten Gesellschaft bedeutet dies, dass auf keine der drei Grundrechtsarten verzichtet werden kann, ohne die effektive Gewährleistung der beiden anderen zu gefährden.

Unbestreitbar besteht zwischen liberalen, demokratischen und sozialen Grundrechten keine prästabilierte Harmonie. Auch ist einzuräumen, dass sie je für sich einen konfliktträchtigen Eigensinn besitzen mögen. Doch in ein antagonistisches Verhältnis zueinander können die drei Grundrechtsarten nur in einem Staatswesen treten, dessen Verfassung von vornherein erhebliche Strukturdefekte aufweist. Ein Staat ließe sich demnach nicht bereits deswegen unter Totalitarismusverdacht stellen, weil er, um soziale Grundrechte gewährleisten zu können, in erheblichem Ausmaß umverteilende Eingriffe in die Privateigentumsordnung vornähme. Ob ein Staat nämlich als totalitär zu bezeichnen ist, hängt von ganz anderen Faktoren ab. Denn auch ein Staat, der sich für eine extrem liberalistische Wirtschaftsordnung entschieden, muss nicht notwendigerweise und für alle Zeiten politisch liberal bleiben. Ökonomischer und politischer Liberalismus sind nämlich keineswegs zwei Seiten derselben Medaille. Marktfundamentalisten, die dies unterstellen, leiden häufig unter interessebedingten Eintrübungen politischen Urteilsvermögens.

Eine der wichtigsten Lehren der deutschen Geschichte besteht darin, dass demokratische Partizipationsrechte ebenso wie liberale Abwehrrechte auf Dauer weder effektiv noch konstruktiv genutzt werden können, wenn sie nicht durch soziale Rechte ergänzt sind. Deswegen bilden die Verfassungsgrundsätze des Art. 20 GG ein System komplementärer Momente, von denen keines beschädigt werden kann, ohne dass über kurz oder lang auch die anderen in Mitleidenschaft gezogen würden.

Leider ist gegenwärtig nicht nur der sozialstaatliche Verfassungsgrundsatz des Grundgesetzes gefährdet. Vielmehr sind auch die Prinzipien der Volkssouveränität und der Gewaltenteilung unter Druck geraten: Derzeit lassen sich zwei Prozesse beobachten, die eine massive Verschiebung von demokratischen Souveränitätsrechten der Parlamente zugunsten der Exekutiven bewirken:

Zum einen bezeichnet das sprichwörtliche *Demokratiedefizit* der EU eine Privilegierung der nationalen Regierungen, deren zusätzliche Rechtsetzungskompetenzen eine Teilentmachtung der nationalstaatlichen Parlamente zur Folge haben, womit die liberale Substanz der klassischen Gewaltenteilungslehren aufs Spiel gesetzt wird. Vom Volk direkt gewählte nationalstaatliche Parlamente werden tendenziell in ausführende Organe supranationaler Rechtsnormsetzung verwandelt, wodurch die (mehr oder minder ausgeprägte) volkssouveränitäre Logik bisheriger nationalstaatlicher Gewaltenteilungsarrangements vollständig auf den Kopf gestellt wird: Je größer der Kreis der von europäischen Rechtsnormen Betroffenen, desto geringer ist der effektive Einfluss der Rechtsadressaten auf deren Zustandekommen; je souveräner der Rechtsnormsetzer, desto schwächer ist seine demokratische Legitimation ausgeprägt. Das legitimatorische Prinzip der Demokratietheorie der Aufklärung lautete demgegenüber: Je ,bedeutsamer und schwerwiegender' der Gegenstand der Gesetzgebung für die ,bürgerliche Freiheit' ist, desto größer ist das entsprechende Legitimationserfordernis und desto mehr hat sich das jeweilige Entscheidungsverfahren am Ideal der reinen Republik, der Selbstgesetzgebung der Normadressaten, zu orientieren (Thiele, Repräsentation, 106).

Tendenziell trifft damit auf die EU das zu, was Kant über Regierungen sagt, die als Spitze der Exekutive Gesetzgebungskompetenzen usurpieren, die *nach der Vernunft* nur dem Volk oder den von ihm gewählten Vertretern zustehen können: *Der Republikanism ist das Staatsprinzip der Absonderung der ausführenden Gewalt (der Regierung) von der gesetzgebenden; der Despotism ist das der eigenmächtigen Vollziehung des Staats von Gesetzen, die er selbst gegeben hat, mithin der öffentliche Wille, sofern er von dem Regenten als sein Privatwille gehandhabt wird* (Kant, Frieden, 352; vgl. dazu Thiele Repräsentation, 26 ff.).

Zum anderen droht dem Rechtsstaatsprinzip und den liberalen Freiheitsrechten eine spezielle Gefahr durch einen sich abzeichnenden Wandel des Grundrechtsverständnisses, das seit dem 11. September 2001 fatalerweise an Plausibilität gewinnt: Das immer wieder gegen die klassischen Freiheitsrechte ins Feld geführte *Grundrecht auf Sicherheit* (Isensee 1983) droht zu einer Trumpfkarte im juristischen und politischen Diskurs zu avancieren, die immer dann stechen würde, wenn terroristische Gefährdungspotenziale existieren (oder als existent behauptet werden). Sollte sich jenes Grundrecht auf Sicherheit effektiv als neues ‚Supergrundrecht' etablieren, dann würde sich das mit den klassischen Freiheitsgrundrechten angestrebte Verhältnis zwischen Staat und Bürger umkehren: Statt das Individuum vor der Staatsgewalt zu schützen, würden Grundrechte den Staat zu Eingriffen in Privatsphären ermächtigen, wenn nicht verpflichten (vgl. dazu Thiele 2012).

8. VERWENDETE
LITERATUR

Abendroth, Wolfgang: Zum Begriff des demokratischen und sozialen Rechtsstaats im Grundgesetz der Bundesrepublik Deutschland (zitiert als *Grundgesetz*), in: ders., Antagonistische Gesellschaft und politische Demokratie, Neuwied/Berlin 1967, 109–138.

Abromeit, Heidrun: Volkssouveränität, Parlamentssouveränität, Verfassungssouveränität: Drei Realmodelle der Legitimation staatlichen Handelns, in: Politische Vierteljahresschrift, Jg. 36, H. 1 (1995), 49–66.

Achenwall, Gottfried / Pütter, Johann Stephan: Anfangsgründe des Naturrechts, hg. und übers. v. Jan Schröder, Frankfurt am Main/ Leipzig 1995.

Alexy, Robert: Theorie der Grundrechte, Frankfurt am Main 1986.

Augustinus, Aurelius: Vom Gottesstaat, 2 Bde.. Zürich 1955.

Aristoteles, Politik: Schriften zur Staatstheorie, übers. u. hg. v. Franz. F. Schwarz, Stuttgart 1989.

Bastid, Paul: La place de Sieyès dans l'histoire des institutions, in: Revue d'histoire politique et constitutionnelle, 3e année, No. 1, Éd. Jan-Mars, Paris 1939.

Becker, Michael / Schmidt, Johannes / Zintl, Reinhard: Politische Philosophie, Paderborn 2006.

Beyme, Klaus v.: Politische Theorien im Zeitalter der Ideologien. 1789–1945, Wiesbaden 2002.

Bibliographisches Institut & F. A. Brockhaus AG, 2002.

Bleicken, Jochen: Die athenische Demokratie, Paderborn/München/ Wien/Zürich 1985.

Bodin, Jean: Les six Livres de la République, 10. Aufl. Lyon 1593, Neudruck 1986.

Ders.: Sechs Bücher über den Staat, Bücher I bis III, eing. u. hg. v. Peter C. Mayer-Tasch, übers. v. Bernd Wimmer, München 1981.

Böckenförde, Ernst-Wolfgang: Die sozialen Grundrechte im Verfassungsgefüge, in: ders., Staat, Verfassung, Demokratie, 2. Aufl. Frankfurt am Main 1992, 146–158.

Ders.: Demokratie und Repräsentation, in: ebd., 379–405.

Ders., Lorenz von Stein als Theoretiker der Bewegung von Staat und Gesellschaft zum Sozialstaat, in: ders., Recht, Staat, Freiheit, 2. Aufl., Frankfurt am Main 1992, 170 ff.

Brandt, Reinhardt: Eigentumstheorien von Grotius bis Kant, Stuttgart-Bad Cannstatt 1974.

Ders., Freiheit, Gleichheit, Selbständigkeit bei Kant, in: Blasche, Siegfried/Köhler, Wolfgang R./Kuhlmann, Wolfgang/Rohs, Peter (Hg.), Die Ideen von 1789 in der deutschen Rezeption, Frankfurt am Main 1989, 90 ff.

Ders.: Das Problem der Erlaubnisgesetze im Spätwerk Kants, in: Otfried Höffe (Hg.), Immanuel Kant. Zum ewigen Frieden, Berlin 1995, 69–86.

Brodocz, André / Gary Schaal (Hg.): Politische Theorien der Gegenwart 2 Bde., Opladen 2006.

Brunkhorst, Hauke: Einführung in die Geschichte der politischen Ideen, München 2000.

Denninger, Erhard: Menschenrechte und Grundgesetz, Weinheim 1994.

Ders.: Der gebändigte Leviathan, Baden-Baden 1990.

Dworkin, Ronald, Taking Rights Seriously, London 1977.

Fetscher, Iring: Rousseaus politische Philosophie. Zur Geschichte des demokratischen Freiheitsbegriffs. Frankfurt am Main 1975.

Fichte, Johann Gottlieb: Der Geschloßne Handelsstaat, in: Johann Gottlieb Fichte, Ausgewählte Politische Schriften, hg. v. Zwi Batscha u. Richard Saage, Frankfurt am Main 1977, 59–168.

Ders.: Das System der Rechtslehre. Vorgetragen von Ostern bis Michaelis 1812 (zitiert als *Rechtslehre*), in: Fichtes Werke, hrsg. v. Immanuel Hermann Fichte, Berlin 1971, Bd. X.

Ders.: Grundlage des Naturrechts nach Prinzipien der Wissenschaftslehre, Neudruck a. d. Grundlage d. 2. Aufl., Hamburg 1991.

Forsthoff, Ernst: Die Umbildung des Verfassungsgesetzes, in: Mehdi Tohidipur (Hg.): Der bürgerliche Rechtsstaat, Frankfurt am Main 1978, Bd. 2, 177 ff.

Ders.: Rechtsstaat im Wandel, 2. Aufl., München 1976.

Fraenkel, Ernst: Die repräsentative und plebiszitäre Komponente im demokratischen Verfassungsstaat (1958), in: Strüwe/Weber, 201–206.

Fulda, Hans Friedrich: Georg Wilhelm Friedrich Hegel, München 2003.

Gierke, Otto von: Althusius und die Entwicklung der naturrechtlichen Staatstheorien. Zugleich ein Beitrag zur Geschichte der Rechtssystematik, 5. Aufl., Aalen 1958.

Habermas, Jürgen: Faktizität und Geltung, Frankfurt am Main 1992.

Ders.: Wolfgang Abendroth. Der Partisanenprofessor (1966), in: ders., Philosophisch-politische Profile, Frankfurt am Main 1981, 249–252.

Ders.: Wahrheitstheorien, in: ders., Vorstudien und Ergänzungen zur Theorie des kommunikativen Handelns. Frankfurt am Main 1972, 127–183.

Ders.: Drei normative Modelle der Demokratie, in: ders.: Die Einbeziehung des Anderen, Frankfurt am Main 1996, 277–292.

Häberle, Peter: Die Wesensgehaltsgarantie des Art. 19 Abs. 2 Grundgesetz, 3. Aufl. Heidelberg 1983.

Hafen, Thomas: Staat, Gesellschaft und Bürger im Denken von Emmanuel Joseph Sieyes, Bern 1994.

Hamilton, Alexander/Madison, James/Jay, John: The Federalist Papers, New York 1961, übers., eingel. u. komm. v. Barbara Zehnpfennig, Darmstadt 1993.

Hayek, Friedrich August von: Die Verfassung der Freiheit, Tübingen 1960.

Hegel, Georg Wilhelm Friedrich: Grundlinien der Philosophie des Rechts (zitiert als *Grundlinien*), in: ders., Werke, hrsg. v. Eva Moldenhauer u. Karl Markus Michel, 2. Aufl., Frankfurt am Main 1989, Bd. 7.

Ders.: Über die englische Reformbill (zitiert als *Reformbill*), in: Werke, Bd. 11.

Ders.: Vorlesungen über die Philosophie der Religion I, in: ebd., Bd. 16.

Ders.: Vorlesungen zur Philosophie der Geschichte, Bd. III, in: ebd., Bd. 12.

Ders.: Vorlesungen über Naturrecht und Staatswissenschaft, Heidelberg 1917/18 mit Nachträgen aus der Vorlesung 1818/19. Nachgeschrieben von P. Wannenmann (zitiert als *Naturrecht*), hg. v. C. Becker u. a., Hamburg 1983.

Heller, Hermann: Ziele und Grenzen einer deutschen Verfassungsreform, in: ders., Gesammelte Schriften, 3 Bde., hrsg. v. Martin Drath, Otto Stammer, Gerhardt Niemeier und Fritz Borenski, Leiden 1971, Bd.2, 411 ff.

Ders.: Grundrechte und Grundpflichten, in: ebd., 283 ff.

Hereth, Michael: Montesquieu, Hamburg 1995.

Herb, Karlfriedrich: Verweigerte Moderne. Das Problem der Repräsentation, in: Jean-Jacques Rousseau: Vom Gesellschaftsvertrag oder Prinzipien des Staatsrechts (Reihe: Klassiker Auslegen), hrsg. v. Reinhard Brandt u. Karlfriedrich Herb, Berlin 2000, 168–188.

Ders.:/Ludwig, Bernd: Kants kritisches Staatsrecht, in: Jahrbuch für Recht und Ethik, 2, 1994, 431 ff.

Hobbes, Thomas: Leviathan oder Stoff, Form und Gewalt eines bürgerlichen und kirchlichen Staates, hg. u. eing. v. Iring Fetcher, übers. v. Walter Euchner, Frankfurt am Main 1966.

8. Verwendete Literatur

Ders.: Vom Menschen. Vom Bürger (De Cive), übers. v. Max Frischeisen-Köhler u. Günter Gawlick, Hamburg 1959.

Höffe, Otfried (Hg.): Immanuel Kant, Metaphysische Anfangsgründe der Rechtslehre, Berlin 1999.

Ders. (Hg.): Immanuel Kant, Zum ewigen Frieden, Berlin 1995.

Hoffmann, Thomas Sören: Hegel. Eine Propädeutik, Wiesbaden 2004.

Isensee, Josef: Das Grundrecht auf Sicherheit, Berlin 1983.

Jellinek, Georg: System der subjektiven öffentlichen Rechte, 2. Aufl., Tübingen 1919.

Kant's gesammelte Schriften, hg. v. d. Preußischen Akademie der Wissenschaften, Berlin 1900 ff. (zitiert als *AA*).

Kant, Immanuel: Metaphysische Anfangsgründe der Rechtslehre (zitiert als *Rechtslehre*), in: AA, Bd. VI.

Ders.: Über den Gemeinspruch: Das mag in der Theorie richtig sein, taugt aber nicht für die Praxis (zitiert als *Gemeinspruch*), in: AA, Bd. VIII.

Ders.: Zum ewigen Frieden (zitiert als *Frieden*), in: AA, Bd. VIII.

Ders.: Der Streit der Fakultäten (zitiert als *Fakultäten*), in: AA, Bd. VII.

Ders.: Vorarbeiten zur Rechtslehre, in: AA, Bd. XXIII.

Ders.: Reflexionen zur Rechtslehre, in: AA, Bd. XIX.

Ders.: Idee zu einer allgemeinen Geschichte in weltbürgerlichen Absicht (zitiert als *Idee*), 5. Satz, in: AA, Bd. VIII.

Ders.: Über ein vermeintes Recht aus Menschenliebe zu lügen (zitiert als *Menschenliebe*), in: AA, Bd. VIII.

Ders.: Naturrecht, gelesen im Winterhalben Jahre 1784, Mitschrift Gottfried Feuerbach (zitiert als *Naturrecht*), in: AA, Bd. XXVII.

Kelsen, Hans: Das Problem des Parlamentarismus (zitiert als *Parlamentarismus*), in: Klecatsky, Hans /Marcić, René / Schambeck, Herbert (Hrsg.): Die Wiener rechtstheoretische Schule, Bd. 2, Wien / Frankfurt am Main/Zürich 1968, Bd. 2., 1661–1687.

Ders.: Die Lehre von den drei Gewalten oder Funktionen des Staates (zitiert als *Gewalten*), in: ebd., 1625–1660.

Ders.: Allgemeine Staatslehre, 1. Aufl. 1925, unv. Nachdruck, Wien 1993.

Kersting, Wolfgang: Die politische Philosophie des Gesellschaftsvertrags, Darmstadt 1994.

Ders.: Wohlgeordnete Freiheit. Immanuel Kants Rechts- und Staatsphilosophie, Berlin/New York 1984.

Ders.: Liberalismus, Kommunitarismus, Republikanismus, in: Karl-Otto Apel/Matthias Kettner (Hg.), Zur Anwendung der Diskursethik in Politik, Recht und Wissenschaft, Frankfurt am Main 1992, 127–148.

Ders.: John Rawls zur Einführung, Hamburg 1993.

Ders.: Recht, Gerechtigkeit und demokratische Tugend, Frankfurt am Main 1997.

Kielmannsegg, Peter Graf: Volkssouveränität. Eine Untersuchung der Bedingungen demokratischer Legitimität, Stuttgart 1977.

Kühl, Kristian: Eigentumsordnung als Freiheitsordnung. Zur Aktualität der Kantischen Rechts- und Eigentumslehre, Freiburg/München 1984.

Langer, Claudia: Reform nach Prinzipien. Untersuchungen zur politischen Theorie Immanuel Kants, Stuttgart 1986.

Locke, John: Über die Regierung (The Second Treatise of Government), übers. v. Dorothee Tidow, hg. v. Peter Cornelius Maier-Tasch, Stuttgart 1966.

Loewenstein Karl: Verfassungslehre, Tübingen 1959.

Luhmann, Niklas: Rechtssoziologie, Opladen 1980.

Ders.: Die Politik der Gesellschaft, Frankfurt am Main 2002.

Macpherson, Crawford B.: Die politische Theorie des Besitzindividualismus, Frankfurt am Main 1967.

Maier, Hans u. a. (Hg.): Klassiker des politischen Denkens, 2. Bde., 5. Aufl. München 1987.

Marx, Karl/Engels, Friedrich: Das Kommunistische Manifest, in: Dies., Werke, Berlin 1972, Bd. 4.

Maunz, Theodor/Zippelius, Reinhold: Deutsches Staatsrecht, 24. Aufl., München 1982.

Maus, Ingeborg: Zur Aufklärung der Demokratietheorie. Rechts- und demokratietheoretische Überlegungen im Anschluss an Kant, Frankfurt am Main 1992.

Dies.: Das Verhältnis der Politikwissenschaft zur Rechtswissenschaft. Bemerkungen zu den Folgen politologischer Autarkie, in: M. Becker/R. Zimmerling (Hg.), Politik und Recht, PVS Sonderheft (2006), 76–120.

Merle, Jean-Christophe (Hg.): Johann Gottlieb Fichte, Grundlage des Naturrechts, Berlin 2001.

Mill, John Stuart: Über die Freiheit (On Liberty), hg. v. Bernd Gräfrath, Paderborn 1992, zitiert in: Stüwe/Weber 189 ff.

Möllers, Christoph: Gewaltengliederung. Legitimation und Dogmatik im nationalen und internationalen Rechtsvergleich, Tübingen 2005.

Montesquieu, Charles-Louis de Secondat, Baron Brède et de: De l'Esprit des Lois, Ed. Garnier-Flammarion, Paris 1979.

Ders.: Vom Geist der Gesetze, übers. u. hg. v. Ernst Forsthoff, 2 Bde., Tübingen 1992.

Müller, Christoph: Das imperative und freie Mandat. Überlegungen zur Lehre von der Repräsentation des Volkes, Leiden 1966.

8. Verwendete Literatur

Müller, Friedrich: Juristische Hermeneutik, 5. Aufl., Berlin 1993.

Ders.: Fragment (über) Verfassunggebende Gewalt des Volkes, Berlin 1995.

Neumann, Franz L.: Der Funktionswandel des Gesetzes im Recht der bürgerlichen Gesellschaft, in: ders., Demokratischer und autoritärer Staat, hg. v. Herbert Marcuse, Frankfurt am Main 1986, 31 ff.

Neumann, Volker: Menschenwürde und Existenzminimum, in: Neue Zeitschrift für Verwaltungsrecht, 1995, 426 ff.

Niesen, Peter: Kants Theorie der Redefreiheit, Baden-Baden 2005.

Nippel, Wilfried: Mischverfassungstheorie und Verfassungsrealität in Antike und früher Neuzeit, Stuttgart 1980.

Ogorek, Regina: Richterkönig oder Subsumtionsautomat? Zur Justiztheorie im 19. Jahrhundert, Frankfurt am Main 1986.

Pasquino, Pasquale: Sieyés et l'Invention de la Constitution en France, Ed. Jacob, Paris 1998.

Pfetsch, Frank. R.: Theoretiker der Politik. Von Platon bis Habermas, Paderborn 2003.

Platon: Der Staat, in: ders., Sämtliche Werke, übers. v. Friedrich Schleiermacher u. Franz Susemihl, hg. v. Karlheinz Hülser, Bd. V, Frankfurt am Main 1991.

Ders.: Protagoras, griechisch/deutsch, übers. v. Hans-Wolfgang Krautz, Stuttgart 1987.

Quaritsch, Helmuth: Souveränität. Entstehung und Entwicklung eines Begriffs in Frankreich und Deutschland vom 13. Jh. bis 1806, Berlin 1986.

Rawls, John: Eine Theorie der Gerechtigkeit, 5. Aufl., Frankfurt am Main 1990.

Reibstein, Ernst: Volkssouveränität und Freiheitsrechte, 2 Bde. Freiburg/München 1972.

Riklin, Alois: Machtteilung. Geschichte der Mischverfassung, Darmstadt 2006.

Ritter, Joachim u. a. (Hg.): Historisches Wörterbuch der Philosophie, Darmstadt 1971 ff.

Rousseau, Jean-Jacques: Vom Gesellschaftsvertrag oder Grundsätze des Staatsrecht, übers. v. Hans Brockard, Stuttgart 1977.

Schluchter, Wolfgang: Entscheidung für den sozialen Rechtsstaat, Köln/Berlin 1968, Baden-Baden 1983.

Schmidt, Manfred G.: Demokratietheorie, Hagen 1993.

Schmitt, Carl: Grundrechte und Grundpflichten (zitiert als *Grundrechte*), in: ders., Verfassungsrechtliche Aufsätze aus den Jahren 1924–1954. Materialien zu einer Verfassungslehre, 1. Aufl. Berlin 1958, 3. Aufl. Berlin 1985, 181–231.

Ders.: Staat als ein konkreter, an eine geschichtliche Epoche gebundener Begriff (zitiert als *Staat*), in: ebd., 375–385.

Ders.: Verfassungslehre, 8. Aufl., Berlin 1989.

Ders.: Der Begriff des Politischen, unver. Nachdruck der 2. Aufl. mit einem Vorwort und drei Corollarien, Berlin 1963.

Ders.: Die Diktatur. Von den Anfängen des modernen Souveränitätsgedankens bis zum proletarischen Klassenkampf, 1. Aufl. München/Leipzig 1921, 6. Aufl. Berlin 1994.

Ders.: Gesunde Wirtschaft im starken Staat, in: Mitteilungen des Vereins zur Wahrnehmung der gemeinsamen wirtschaftlichen Interessen in Rheinland und Westfalen (Langnamverein), Nr. 1, 1932 (zitiert als *Wirtschaft*), 13–32.

Ders.: Staat, Bewegung, Volk. Die Dreigliederung der politischen Einheit, 1. Aufl. Hamburg 1933, 3. Aufl. Hamburg 1935.

Ders.: Grundrechte und Grundpflichten, 1932, in: Verfassungsrechtliche Aufsätze, 181 ff.

Schottky, Richard: Untersuchungen zur Geschichte der staatsphilosophischen Vertragstheorie im 17. Und 18. Jahrhundert, München 1963.

Siep, Ludwig: Praktische Philosophie im Deutschen Idealismus, Frankfurt am Main 1992.

Ders. (Hg.): G. W. F. Hegel, Grundlinien der Philosophie des Rechts, Berlin 1997.

Sieyes, Emmanuel Joseph: Oeuvres, 3 Bde., hrsg. von Marcel Dorigny, Edition Edhis, Paris 1989.

Ders.: Was ist der Dritte Stand?, in: ders., Politische Schriften 1788–1790, übers. und hg. v. Eberhard Schmitt und Rolf Reichardt, München/Wien 1981, 117 ff.

Ders.: Überblick über die Ausführungsmittel, die den Repräsentanten Frankreichs zur Verfügung stehen, 2. Aufl., 1789 (zitiert als *Überblick*), in: ebd., 17–90.

Ders.: Empfehlung Sr. Hoheit des Herzogs von Orléans an seine Vertreter in den Bailliagen (zitiert als *Empfehlung*), in: ebd., 197 ff.

Ders.: Einleitung zur Verfassung. Anerkennung und erklärende Darstellung der Menschen- und Bürgerrechte (zitiert als *Einleitung*), in: ebd., 239 ff.

Ders.: Rede des Abbé Sieyes über die Frage des königlichen Vetos (zitiert als *Veto*), in: ebd., 259–276.

Ders.: Meinung über die Grundverfassung, der Konvention in der Sitzung des 2ten Thermidor (20ten Julii 1795) vorgelegt von Sieyes (zitiert als *Grundverfassung*), in: ders., Politische Schriften, übers. v. Johann Gottfried Ebel, hrsg. v. Konrad Engelbert Oelsner, 2 Bde. o. O., 1796, Bd. 2, 363 ff.

Ders.: Meinung über die Gerichtsbarkeit und die Einrichtung des über die Verfassung wachenden Gerichts der Geschwornen von Sieyes (zitiert als *Gericht*), in: ebd., 401 ff.

Stein, Ekkehart: Staatsrecht, 11. Aufl., Tübingen 1988.

Stein, Lorenz von: Geschichte der sozialen Bewegung in Frankreich von 1789 bis auf unsere Tage (zitiert als *Geschichte*), 1. Aufl. 1850, 3 Bde., hg. v. Gottfried Salomon, München 1921.

Sternberger, Dolf: Lebende Verfassung, Meisenheim 1956.

Stüwe, Klaus / Weber, Gregor (Hg.): Antike und moderne Demokratie, Stuttgart 2004.

Talmon, Jacob L.: The Origins of totalitarian Democracy, London 1952, dt.: Die Ursprünge der totalitären Demokratie, Köln-Opladen 1961.

Thiele, Ulrich: Distributive Gerechtigkeit und demokratischer Staat. Fichtes Rechtslehre von 1796 zwischen vorkantischem und kantischem Naturrecht, Berlin 2002.

Ders.: Repräsentation und Autonomieprinzip. Kants Demokratiekritik und ihre Hintergründe (zitiert als *Repräsentation*), Berlin 2003.

Ders.: Advokative Volkssouveränität. Carl Schmitts Konstruktion einer ‚demokratischen' Diktaturtheorie im Kontext der Interpretation politischer Theorie der Aufklärung (zitiert als *Volkssouveränität*), Berlin 2003.

Ders.: Vom Sicherheitsstaat zum Rechtsstaat – und zurück, in: Rüdiger Voigt (Hg.): Sicherheit versus Freiheit. Verteidigung der staatlichen Ordnung um jeden Preis?, Wiesbaden 2012, S. 101-123.

Tocqueville, Alexis de: Über die Demokratie in Amerika, ausg. u. hg. v. J. P. Mayer, Stuttgart 1985.

Vorländer, Karl: Kant, Fichte, Hegel und der Sozialismus, Berlin 1920.

Weber, Max: Wirtschaft und Gesellschaft. Grundriss der verstehenden Soziologie, 5. rev. Aufl., Tübingen 1980.

Ders.: Politik als Beruf. Gesammelte politische Schriften, hg. v. J. Winkelmann, 5. Aufl. Tübingen 1988, 505–560.

Ders.: Die Wirtschaftsethik der Weltreligionen. Einleitung, in: ders., Soziologie, Universalgeschichtliche Analysen, Politik, hg. von Johannes Wickelmann, 5. Aufl., Stuttgart 1973, 398–440.